W0057807

Bernhard Kuttner

JÜDISCHE SAGEN UND LEGENDEN

Bernhard Kuttner

JÜDISCHE SAGEN UND LEGENDEN

*für jung und alt gesammelt
und wiedererzählt*

arani

Die Deutsche Bibliothek – CIP-Einheitsaufnahme

Jüdische Sagen und Legenden : für jung und alt gesammelt
und wiedererzählt / Bernhard Kuttner. – Berlin : arani-Verl., 1998
   ISBN 3-7605-8674-0

Unveränderter Nachdruck der 4-bändigen Ausgabe 1902–1906

© 1998 by arani-Verlag GmbH, Berlin
Printed in Germany
Satz: Volker Spiess, Berlin
Umschlag: Yvonne Götz, Berlin
Gesamtherstellung: Ebner Ulm
ISBN 3-7605-8674-0

Vorwort

Jüdische Sagen und Legenden sind wohl schon früher gesammelt worden – ich erinnere z.B. an die sogenannten Maaßebücher – aber diese Sammlungen sind entweder wegen ihrer Sprache und Auswahl für weitere Kreise ungenießbar, oder sie sind verschollen und schwer zugänglich. Daher kommt es, daß selbst Gebildete von dem Vorhandensein eines reichen jüdischen Sagenschatzes, an dem unsere Vorfahren sich erfreuten und erbauten, keine Kenntnis haben und bei Erwähnung eines solchen ungläubig den Kopf schütteln.

Und doch steht der jüdische Sagenschatz keinem andern nach! Und doch birgt er echtes Gold, das nur zutage gefördert werden braucht, um auch heute noch jung und alt zu erfreuen und namentlich ein Zeugnis abzulegen nicht nur von der schöpferischen Phantasie unserer Vorfahren, von ihrem kindlichen Gemüt und ihrer lauteren Frömmigkeit, sondern auch von ihren Leiden und Freuden, ihrem Wünschen und Hoffen. Daraus erhellt aber auch die hohe Bedeutung des jüdischen Sagenschatzes.

In einer Zeit, in der so viele Erzeugnisse der jüdischen Literatur aus ihrer Verborgenheit hervorgezogen und allgemein zugänglich gemacht werden, um ihr endlich die ihr gebührende Stellung zu verschaffen, darf auch wohl eine Auswahl jüdischer Sagen und Legenden eine freundliche Aufnahme hoffen.

Frankfurt a.M., Juni 1902   Kuttner

Abkürzungen

T. wej.   = Sefer Tam wejaschar, Sulzbach 1783
R. Mb.   = Maassebuch, Rödelheim 1753
W. Mb.   = Maassebuch, Wilmersdorf (=Wilhermsdorf b. Nürnberg) o.J.
Pr. Mb.   = Maassebuch, Prag, z.Z. Leopolds I. (17. Jahrhundert)
M. ad.   = Sefer maasse adonai umaasse nissim, Amsterdam 1723
M. niss.   = Sefer maasse adonai umaasse nissim, Amsterdam 1723
S. han.   = Sefer Simchas hanefesch, Amsterdam 1723
All. Gesch. = Allerlei Geschichten o.O., o.J.
K. haj.   = Kaw hajaschar, Sulzbach 1805
Zeënu ur'enu, Metz 1768
Midr. Koh. = Der Midrasch Kohelet, übers. von Aug. Wünsche
Midr. meg. Esth. = Der Midrasch z. Buche Esther, übers. von Aug. Wünsche
Z. h. G.   = Zeitschr. der histor. Gesellschaft für die Prov. Posen

Inhalt

1. Josef

Als die Ismaeliten Josef um 20 Silberlinge gekauft hatten, setzten sie ihren Weg nach Ägypten fort.

Aber Josef weinte und schrie, da er seiner Heimat und seinem Vater den Rücken kehren sollte, so daß die Ismaeliten ungeduldig wurden und einer von ihnen ihm einen Backenstreich versetzte.

Nun weinte und klagte Josef nur um so bitterlicher; und da seine Betrübnis gar so groß war, vermochte er sich nach einiger Zeit nur noch mühsam auf den Füßen zu halten. Aber die Ismaeliten schlugen und trieben ihn unbarmherzig weiter. So näherten sie sich der Stadt Bethlehem, wo sich Rahels Grab befindet.

Da eilte Josef voran, warf sich auf das Grab seiner Mutter und rief weinend aus:

„O Mutter, Mutter, wach' auf und sieh deinen Sohn als Sklaven verkauft, und niemand erbarmt sich seiner!

Wach' auf und sieh die Tränen über seine Wangen rinnen!

Wach' auf, o Mutter, und weine mit ihm über die Herzlosigkeit seiner Brüder!

Erwach' aus deinem Schlafe und richte zwischen mir und meinen Brüdern, die mir mein Ehrenkleid ausgezogen und mich als Sklaven verkauft haben – und keiner, der sich meiner annimmt!

Wach' auf und erhebe Klage für mich vor Gottes Thron, damit er richte zwischen mir und meinen Brüdern!

Wach' auf, o Mutter, und tröste meinen alten Vater, daß er nicht in seinem Schmerz erliege; denn er hat sonst keinen Tröster!"

So klagte er noch eine Weile, dann aber schwieg er und blieb stumm.

Da hörte er eine Stimme aus dem Grabe; sie klang so dumpf und traurig:

„O Josef, Josef, mein Kind! Dein Weinen und dein Klagen habe ich vernommen, und mein Herz ist gar sehr betrübt um deinetwillen. Doch fasse Mut, vertraue auf Gott, er ist mit dir und wird dich auch in Ägypten nicht verlassen."

Betroffen horchte Josef auf, die Sehnsucht nach seiner Mutter kam noch heftiger über ihn, und wieder begann seine Klage, und wieder flossen seine Tränen auf das Grab.

Aber fluchend und polternd nahte einer der Ismaeliten, schlug nach Josef und zog ihn gewaltsam von dem Grabe.

„Laßt mich Gnade finden in euren Augen", flehte Josef, „und bringt mich zu meinem Vater zurück! Ihr werdet reiches Lösegeld von ihm bekommen. Ich bin kein Sklave."

Aber sie hörten nicht auf ihn, sondern trieben ihn mit unbarmherzigen Schlägen und Stößen weiter.

Da erbarmte sich seiner Gott im Himmel. Er sandte ein entsetzliches Unwetter; der Himmel wurde finster, ein Sturmwind erhob sich, gewaltiger Donner ließ die Erde erzittern, und schreckliche Blitze drohten jeden Augenblick die Männer zu erschlagen. Auch die Saumtiere gerieten in Furcht und wollten in der unheimlichen Finsternis nicht von der Stelle. Wohl schlugen die Treiber auf sie ein, aber die Tiere legten sich auf die Erde und waren nicht weiterzubringen.

Da wurden die Ismaeliten ängstlich, und ihr Gewissen erwachte. „Warum hat uns doch Gott dieses schreckliche Unwetter geschickt?" sprach einer; „ob er eine Sünde an uns bestrafen will?"

Ein anderer meinte: „Vielleicht haben wir uns an dem gekauften hebräischen Jüngling versündigt."

Da sprach ein dritter: „Wir wollen ihm Abbitte tun und sehen, ob dann das Unwetter aufhört."

So traten sie zu Josef und sprachen: „Wir sehen ein, daß wir gegen dich und deinen Gott gesündigt haben; nun aber vergib und bete zu deinem Gott, daß auch er vergebe und das schreckliche Unwetter aufhören lasse!"

Josef erfüllte ihre Bitte, betete zu Gott, und das Unwetter ließ nach. Nun erhoben sich auch die Tiere wieder, und der Zug konnte seinen Weg fortsetzen.

Die Ismaeliten aber sprachen unter sich: „Wir wissen nun, daß

Gott uns wegen des hebräischen Sklaven heimgesucht hat; was wollen wir mit ihm tun?"

Da sagte einer, man solle ihn seinem Vater zurückbringen, wie er selbst gebeten hatte. Ein anderer aber meinte, das ginge nicht an, weil sie dann einen zu großen Weg zurückgehen müßten. Ein dritter endlich riet, ihn bei ihrer Ankunft in Ägypten sogleich zu verkaufen, um nicht seinetwegen noch ins Unglück zu geraten.

Dieser Rat schien allen gut, und so wurde Josef in Ägypten an Potiphar, den Obersten der königlichen Leibwache, verkauft.

(T. wej. 45 a)

2.   Moses Tod

Als Mose sterben sollte, bat er Gott inständig, ihn doch über den Jordan ziehen zu lassen, um das verheißene Land mit eigenen Augen zu sehen. Aber die Bitte ward ihm abgeschlagen und der Todesengel ausgesandt, die Seele Moses zu Gott zu bringen.

Als nun Mose den Todesengel sah, sprach er: „Geh von hinnen, denn ich will nicht sterben, sondern leben und das Lob des ewigen Gottes singen."

Doch der Todesengel erwiderte: „Bist du so unbescheiden? Weißt du nicht, daß vorlängst schon die Himmel erzählen die Ehre Gottes und die Erde das Werk seiner Hände rühmt[1]? Dazu bedarf es also deiner nicht."

Und Mose sprach: „Ich kann wohl Himmel und Erde zum Schweigen bringen. Denn die Himmel merken auf, wenn ich rede, und die Erde horcht auf die Worte meines Mundes[2]. Darum sage ich dir noch einmal: geh von hinnen!"

Dann rief er betend aus: „Mein Gott im Himmel, laß mich leben gleich dem Tier des Feldes, das in Wald und Flur seine Nahrung findet und Wasser aus dem Bache trinkt! Oder gleich dem Vöglein, das hinfliegt durch die Welt und singend sich sein Futter sucht und nachts im Neste ruht, nur übergib mich nicht dem Todesengel!"

[1]   Psalm 19, 2
[2]   Deut. 32, 1

Gott aber sprach: „Laß es genug sein, rede mir nicht mehr von dieser Sache[3]!"

Doch Mose bat von neuem: „O Herr, du hast in deiner heiligen Thora selbst also gesprochen (Deut. 15, 16): „Wenn dein Knecht zu dir spricht, daß er nicht von dir gehen will, weil er dich und dein Haus liebt, weil ihm bei dir wohl ist, so soll er dir für immer dienen." Nun, ich liebe dich und auch dein Volk und will euch nicht verlassen."

Und abermals sprach Gott: „Laß es genug sein! Mein Spruch ist so ergangen, daß du und Aron nicht in das Land sollt kommen, weil ihr bei dem Haderwasser gegen mich gesündigt habt."

Da ergab sich Mose in sein Schicksal und lobte Gott, indem er ausrief (Deut. 32,4): „Mein Hort, des Tun ist ohne Fehl, denn alle seine Wege sind Gerechtigkeit, ein Gott der Treue, sonder Trug, gerecht und redlich ist er."

Da aber Mose dem Todesengel nicht überliefert sein wollte, so sprach Gott zum Engel Gabriel: „Geh hin und bringe mir die Seele Moses!" Der Engel aber sprach: „O Herr, der Mann Mose wiegt ganz Israel auf, wie soll ich ihm etwas Böses zufügen können!"

Da entbot Gott den Engel Michael, er solle Moses Seele holen. Der aber sprach: „O Herr der Welt, ich war sein Lehrer und er mein treuer Schüler, wie könnte ich ihn sterben sehen!"

Da sandte Gott den Todesengel zu Mose, und freudig eilte der hinab, in Unbarmherzigkeit gehüllt, das Schwert in seiner Hand.

Mose hatte soeben die Worte seiner Lehre niedergeschrieben, und sein Antlitz strahlte in überirdischem Glanze wie das eines Engels. Bei diesem Anblick erschrak der Todesengel, und er begriff nun klar, warum die Engel sich scheuten, Moses Seele zu holen.

Doch Mose begann nun und sprach: „Was willst du hier?" Der Todesengel erwiderte: „Deine Seele." „Und wer hat dich gesandt?" fragte Mose weiter. „Mich sendet der," erwiderte der Todesengel, „der die ganze Welt geschaffen hat." Doch Mose rief: „Geh von hinnen, du nimmst mir meine Seele nicht."

Und der Todesengel sprach: „Die ganze Welt ist mir übergeben; warum willst du mehr sein als die ganze Welt?"

---

[3]   Deut. 3,26

„Weil ich mehr vermag als die ganze Welt," erwiderte Mose. „Als ich geboren ward, da konnte ich schon sprechen; als ich zur Welt kam, erfüllte sich das ganze Haus mit Licht; ich habe dem Pharao die Krone vom Haupte genommen, habe den Ägypter erschlagen, habe Zeichen und Wunder in Ägypten vollführt, habe das Meer gespalten, habe das Manna herabgebracht, bin zum Himmel hinaufgestiegen und habe dem Volke die Lehre Gottes herabgeholt, habe hinter Gottes Thron geweilt, habe Sihon und Og, die beiden mächtigen Könige besiegt – wo auf der ganzen Erde ist ein Mensch, der mehr getan hat? Darum muß mein Los ein anderes sein als das aller Welt, und darum sage ich dir: geh von hinnen!"

Und da der Todesengel ihm wieder näher kam, hob Mose seinen Stab, und der Todesengel wandte sich zur Flucht.

Da erscholl die Stimme Gottes: „Mose, Mose, nun ist die Zeit, da du scheiden mußt von der Erde!"

Aber Mose flehte: „Ach Herr, gedenke, wie du dich mir im Dornbusch und auf dem Berge Sinai offenbart hast, und gibt mich nicht in die Gewalt des Todesengels!"

Da erscholl abermals die Stimme Gottes: „So sei getrost, ich selbst will deine Seele holen."

Und Mose badete in lauterem Wasser, ein Engel stellte eine Bahre hin, ein zweiter breitete das weiße Leintuch drüber, ein Engel stellte sich zu Häupten, ein anderer zur Linken, ein anderer zur Rechten; Mose selbst aber legte sich auf Gottes Geheiß auf die Bahre, schloß die Augen, legte die Hände auf seine Brust und die Füße nebeneinander.

Und Gott sprach: „Nun, du reine Seele Moses, ich habe dich 120 Jahre in diesem reinen Körper gelassen; jetzt ist die Zeit gekommen, daß du ihn verlassest!" Dann drückte er einen Kuß auf Moses Mund, und in dem Kusse nahm er ihm die Seele.

„Nun ist er hin," sprach Gott, „der mich so oft mit meinen Kindern hat versöhnt."

„Dahin der frömmste Mann der Erde," so klang es durch die Himmel.

„Und so gerecht wie er, lebt keiner mehr hienieden," erklang es von der Erde.

Josua aber, als er seinen Herrn nicht mehr fand, rief trauernd aus: „So ist der Fromme hin, und die Wahrheit schwand unter den Menschen."

Und ganz Israel rief wehklagend: „Wer wird uns die rechten Wege lehren?"

Im Himmel aber kamen die Engel Gottes der Seele Moses freudig entgegen.   *(R. Mb. 8 a.)*

3.   Josef, der Sabbatehrer

Es war einmal ein frommer Mann, der hieß Josef. Der hatte sich vorgenommen, den gottgebotenen Sabbat nicht nur zu heiligen, sondern auch zu ehren nach allen Kräften. Und wie ein gutes Kind bei allem, was es tut, an seine Eltern denkt, um ihnen Ehre und Freude zu machen; wie ein edler Mensch bei allem, was er tut, an seinen Gott denkt, ob es ihm auch wohlgefällig sei, so dachte Josef schon die ganze Woche hindurch nur immer an den Sabbat und wie er ihn am besten ehren könnte. Nahte aber der Sabbat, so war ihm zu Mute, als käme der beste Freund bei ihm zu Gast, und er ging aus, um das Schönste und Beste ihm auf den Tisch zu setzen. Da durfte es an Fleisch und Fisch nicht fehlen, und nicht an Leckerbissen, mochte es die Woche hindurch auch noch so knapp hergehen, seine Ernährung auch noch so dürftig und sein Erwerb noch so kärglich sein. Aber was er verdiente, das bestimmte er in seinen Gedanken sogleich zur Verherrlichung seines Freundes Sabbat. War der nun wirklich gekommen, so saß Josef glückselig an seinem festlichen Tische, dünkte sich ein König und sang die Sabbatlieder zum Preise Gottes und des Sabbats.

Neben ihm wohnte ein reicher Mann, ein Geizhals, der weder sich noch andern etwas Gutes tat, sondern seine einzige Freude daran fand, sein Geld zu vermehren und es zu hüten. Der sagte eines Tages zu Josef: „Was hilft es dir, daß du deine Sabbate so üppig feierst? Du bist und bleibst ja doch der arme Josef. Da sieh mich an! Ich feiere keine solche Sabbate, feiere den Sabbat überhaupt nicht durch besondere Gerichte, und ich bin ein reicher Mann."

Der fromme Josef schwieg dazu; er glaubte fest daran, daß die

Ehrung des Sabbats ein gottgefälliges Werk sei, und fuhr fort in seinem Tun.

Nun lebte in derselben Stadt ein Sterndeuter, der sprach zum Reichen: „Was nützt dir all dein Reichtum, da du ihn weder jetzt genießt, noch in Zukunft behalten wirst? Denn in den Sternen habe ich gelesen, daß der arme Josef, der das Wenige, was er hat, zu seines Gottes Ehre am Sabbat genießt, alle deine Schätze bekommen wird."

Entsetzen packte den reichen Geizhals. Als er sich erholt hatte, dachte er: „Der Heuchler Josef? Nimmermehr!" Darauf verkaufte er alles, was er hatte, und kaufte für all sein Geld nur kostbare Perlen, zog sie auf eine Schnur und schmückte seinen Hut damit. Dann bestieg er ein Schiff, um sich in einem fremden Lande niederzulassen.

Aber auf dem Meere erhob sich ein starker Wind, der entführte ihm seinen Hut, daß er ins Wasser fiel. So waren alle Schätze mit einem Male hin.

Es begab sich aber zu einer Zeit, an einem Freitag, da wurde auf dem Markte ein gar stattlicher Fisch zum Verkaufe angeboten, für den ein Preis verlangt wurde, den keiner zahlen wollte. Auch Josef kam auf den Markt, und als er den Fisch sah, so stattlich, wie er noch nie einen gesehen hatte, da jauchzte sein Herz vor Freude. „Eine Sünde wäre es, einen so herrlichen Fisch an einem anderen Tage zu essen, als am Sabbat," so dachte er und erstand den Fisch um einen hohen Preis.

Glückstrahlend eilte er heim. Aber als er den Fisch öffnete, da fand sich in ihm eine Schnur mit kostbaren Perlen. Es waren die des reichen Geizhalses, der zu Schiffe in die weite Welt gegangen war.

So wurde Josef ein reicher Mann, und alle seine Not hatte ein Ende. Den Sabbat aber ehrte er jetzt erst recht, denn nur dem Sabbat verdankte er seinen Reichtum. *(R. Mb. 13 d.)*

4. R. Chanina ben Doßa

1. Der Ofen voll Brot

R. Chanina b. Doßa war sehr arm, aber er wie auch sein frommes Weib trugen diese Armut in Geduld und bemühten sich sie vor anderen zu verbergen. Deshalb pflegte die Frau am Freitag, wo die Leute allerlei auf den Sabbat backen und kochen, in ihrer Küche ein Feuer aus Tannenreisern zu unterhalten, das recht starken Rauch entwickelte, damit alle Nachbarn meinen sollten, auch sie backe und koche.

Sie hatte aber eine böse Nachbarin, die dachte: „Warte, Heuchlerin, ich will dich schon entlarven." Also ging sie hin, klopfte an die Türe von Chaninas Haus und begehrte Einlaß. Die Frau erschrak und flüchtete zur Hintertür hinaus.

Derweilen trat die boshafte Nachbarin ein und sah die Mulde voll Teig und den Ofen voll Sabbatbrote. Sie war nicht wenig erstaunt und rief mit lauter Stimme in den Hof: „Frau Nachbarin, so kommt doch nur, sonst muß euer Brot verbrennen!"

„Ich komme ja," erwiderte die alte Frau, „ich muß nur erst die Schaufel holen."   (R. Mb. 19 b.)

2. Trost im irdischen Leid

Einmal sagte R. Chaninas Weib zu ihrem Manne: „Du bist nun so ein frommer Mann, selbst Wunder läßt der Himmel dich vollführen – wie lange sollen wir noch in dieser Armut seufzen? Ach, bete doch zu Gott, daß er von dem reichen Lohne, der deiner im künftigen Leben wartet, dir schon ein wenig in diesem Leben gebe!"

R. Chanina betete inbrünstig, und – o Wunder! – eine Hand ward sichtbar, und diese Hand hielt einen goldenen Fuß von einem Tische. Nun hatte ihre Not ein Ende, denn für das Gold konnten sie viel Geld bekommen.

In der Nacht hatte die Frau einen wunderbaren Traum. Sie träumte, sie wäre im himmlichen Speisesaal, alle Frommen saßen an goldenen Tischen, die auf 4 festen Füßen standen, nur sie und ihr Mann hatten einen Tisch, der nur 3 Füße hatte; der vierte war abgebrochen, und der Tisch stand nicht fest.

Diesen Traum erzählte sie ihrem Manne und bat ihn flehentlich, doch zu Gotte zu beten, daß er den Fuß wieder von ihnen nehme. R. Chanina betete, und da geschah ein noch größeres Wunder als das erste Mal: die Himmelshand erschien abermals und nahm den goldenen Fuß zurück.

Sie aber trugen ihre Armut weiter, da sie ihres Lohnes im Himmel sicher waren.

(R. Mb. 19 a.)

3. Essig brennt so gut wie Öl

An einem Freitag, kurz vor Beginn des Sabbats, bemerkt Chanina, daß seine Tochter sehr traurig sei. Besorgt fragt er sie. „Meine Tochter, was ist dir? Warum bist du gar so traurig?"

Da erwidert sie: „Ich wollte die Sabbatlichter besorgen, nahm den Ölkrug und goß die Lampen voll. Aber zu spät bemerkte ich, daß ich mich vergriffen hatte; es war der Essigkrug. O Gott, nun wird der Sabbat gleich beginnen, und wir können keine Lampen entzünden."

Chanina aber erwiderte: „Deshalb, mein Kind, brauchst du noch nicht trauern; wir zünden dennoch die Lampen zu Ehren des Sabbats an, und der Gott, der das Öl brennen heißt, wird auch den Essig brennen heißen."

Und wie er zuversichtlich gehofft, so ist es geschehen: die Lampen brannten von Beginn des Sabbats bis zum Ausgang.

(R. Mb. 19 c.)

4. Herr und Diener

Einstmals war der Sohn des R. Jochanan b. Sakkai schwer erkrankt, und dieser bat den Chanina, er solle sein Gebet zu Gott emporsenden, daß der Kranke genesen möge. R. Chanina tat seinen Kopf zwischen des Kranken Kniee und betete heiß und innig, und der Kranke genas.

Da sprach R. Jochannan: „Hätte ich meinen Kopf auch in die Erde getan, es hätte nichts genützt." Da meinte sein Weib: „So ist R. Chanina hervorragender als R. Jochanan?"

„Laß dir sagen," erwiderte ihr R. Jochanan, „und merke dir: R. Chanina gleicht dem Diener eines Königs; wie dieser keiner besonderen Erlaubnis bedarf, um vor seinen Herrn zu treten, so ist auch R. Chanina ein Diener Gottes und tritt vor ihn, so oft es ihm beliebt. Ich aber bin wie ein Minister, der nicht jeden beliebigen Augenblick vor seinen König tritt, wie ein Diener es tut. Deshalb habe ich R. Chanina angegangen für mich zu beten." *(R. Mb. 31 a.)*

5.   Der Weg zur Seligkeit

R. Baroka aus Be Chofaë war schon oft mit dem Propheten Elias auf dem Markte zusammengetroffen.

Einstmals traf er ihn wieder, und der Prophet sprach: „Heute darfst du eine Frage an mich richten; ich will dir gerne antworten." Und Baroka fragte: „Mein Herr Elias, kannst du von all den Leuten auf dem Markt mir einen sagen, der sicher eingehen wird zur ewigen Seligkeit?" Der Prophet erwiderte: „Sieh dort die beiden Brüder im Gespräch, sie beide haben teil am ewigen Leben."

Sogleich ging Baroka zu ihnen hin und sprach: „Verzeiht, ihr lieben Herren, wenn ich eure Rede störe; allein ich muß euch etwas Wichtiges fragen und bitte herzlich, mir darauf zu antworten: Wie lebet ihr? Und was ist euer liebstes Tun?"

Sie erwiderten: „Wenn wir einen traurig sehen, so machen wir ihn wieder fröhlich; und wo wir finden, daß zwei Leute miteinander zanken oder streiten, so lassen wir mit unserer Mühe nicht eher nach, als bis sie wieder einig sind."

Diese Antwort merkte sich Baroka und erzählte sie auch anderen. *(R. Mb. 20 d.)*

6.   Onias (Choni), der Kreisdreher

Einst war der Frühregen so lange ausgeblieben, daß das jüdische Volk besorgt wurde, und Choni wurde bestimmt, sein Gebet um Regen zum Himmel emporzusenden.

Da zog er einen Kreis um sich und gelobte nicht eher herauszutreten, bis der Himmel Regen gesandt hätte. Dann hob er an und betete also: „O Herr der Welt, dein Volk hat sich an mich gewendet, daß ich mein Gebet zu dir erhebe, weil sie glauben, daß, gleichwie ein Sohn von seinem Vater, also auch ich von dir verlangen könne, was ich will. Darum bitt' ich und beschwör' ich dich bei deinem heiligen Namen: erhöre mein Gebet, erbarme dich und sende Regen, damit dein Volk nicht Hungers sterbe!"

Alsbald begann es sanft und leise zu tröpfeln.

Aber die Gelehrten-Jünger kamen zu ihm und sagten: „Lieber Rabbi, wohl regnet es, doch kann uns das vom Hungertod nicht retten, weil es viel zu wenig ist."

Choni erwiderte: „Ich habe um einen ausgiebigen Regen gebeten, so ausgiebig, daß alle Brunnen und Zisternen sich füllen."

Alsbald fielen dicke Regentropfen nieder, daß jeder Tropfen ein Maß füllte.

Die Jünger eilten erschreckt herbei und riefen: „Ach lieber Rabbi, wohl regnet es jetzt ausgiebig, doch kann auch dieser Regen uns nicht vom Tode retten; im Gegenteil: wir fürchten eine Sintflut." Doch Choni erwiderte: „Seid getrost! Ich habe um einen gnädigen, segensreichen Regen gebetet."

Aber der starke Regen hielt an und R. Choni wurde bestürmt, er solle doch um Aufhören des Regens beten.

Nach einigem Sträuben ließ er sich einen Stier bringen, brachte ihn als Brandopfer dar und betete also: „Herr der Welt! Dein Volk Israel, das du aus Ägypten geführt hast, vermag es nicht zu ertragen, wenn du ihm allzuviel Gutes tust, aber auch nicht, wenn du ihm allzuviel Böses schickst; wenn du ihm zürnest, so kann es nicht bestehen; wenn du ihm gnädig bist, so kann es auch nicht bestehen. So möge es denn dein heiliger Wille sein, daß der Regen diesmal aufhöre, damit dein Volk zur Ruhe komme!"

Alsbald erhob sich ein Wind, der die Regenwolken wegfegte, so daß die Sonne wieder freundlich lachte und alle hinausgehen konnten auf ihre Felder.

Aber der Vorsitzende des Synhedrions zu Jerusalem, R. Simon ben Schetach, hörte davon mit Unwillen und ließ dem Choni sagen: „Wenn du nicht ein so vortrefflicher Mann wärest, so würden wir den Bann über dich aussprechen dafür, daß du Gott versuchst. Aber du gleichst einem widerspenstigen Sohne, der, auch wenn er seinem Vater Mühe und Verdruß macht, doch immer noch geliebt wird und seine Wünsche erfüllt sieht. So hast Du den Namen Gottes entweiht, und doch hat er dein Gebet um Regen erhört."

(R. Mb. 22 b.)

7.   Ein siebzigjähriger Schlaf

Der Anfang von Psalm 126: „Wenn Gott die Vertriebenen Zions zurückführt, dann sind wir wie die Träumenden," hat dem frommen Choni sein Leben lang Pein gemacht. Er sagte sich nämlich: „Die babylonische Gefangenschaft hat doch siebzig Jahre gedauert, und das soll nur wie ein Traum gewesen sein? Kann ein Traum überhaupt siebzig Jahre dauern? Kann denn ein Mensch so lange schlafen? Was will also dieses Psalmwort sagen?"

Einstmals ritt nun R. Choni auf seinem Esel über Land und sah auf dem Felde einen ältlichen Mann, der einen Nußbaum pflanzte. Er näherte sich ihm und fragte, wie lange es wohl dauere, bis so ein Baum eßbare Früchte trage. „Siebzig Jahre," erwiderte der Landmann. „Ei, ei, mein Sohn," sagte R. Choni, „das ist ja recht lange! Weißt du denn auch gewiß, daß du noch siebzig Jahre leben wirst, um die Früchte deiner Arbeit zu genießen?" „Mein lieber Rabbi," sagte darauf der Landmannn, „es ist doch gar nicht nötig, daß ich selbst die Früchte genieße. Was mein Vater und Großvater gepflanzt hat, das genieße ich; und so hoffe ich, daß mein Sohn genießen wird, was ich pflanze."

Mit dieser Antwort war Choni wohl zufrieden und setzte sich nieder, um ein Stück vom mitgebrachten Brote zu verzehren und ließ den Esel grasen. Da er aber müde war, so schlief er alsbald ein.

Da erhob sich rings um ihn ein Felsgestein, das ihn vollständig einschloß und ihn so den Augen der Menschen entzog. In dieser Verborgenheit schlief er siebzig Jahre.

Als er endlich erwachte, sah er einen Mann, der holte die Nüsse von einem Nußbaum herunter und aß sie mit großem Behagen. Er trat zu ihm und fragte: „Bist du der Mann, der den Nußbaum gepflanzt hat?" „Nein," erwiderte der Mann, „diesen Baum hat mein Großvater vor siebzig Jahren gepflanzt."

Da merkte Choni, daß er die ganze Zeit geschlafen habe, ging heim und fragte da, ob Chonis Sohn noch lebe. „Der ist schon lange tot," lautete die Antwort, „aber sein Enkel lebt noch."

„Nun," sagte er, „der alte Choni bin ich selbst."

Aber das wollte keiner glauben, denn der war ja längst gestorben.

Da ging er ins Lehrhaus und lehrte mit den anderen Schriftgelehrten. Diese aber sprachen einer zum anderen: „Der lehrt ganz in der Weise, wie der selige Choni gelehrt hat; seine Ausführungen und Gründe sind aber noch in Erinnerung."

Als er das hörte, rief er aus: „Ich selber bin Choni!" Aber sie wollten es ihm nicht glauben und meinten, der wäre längst gestorben; deshalb kümmerten sie sich nicht weiter um ihn und erwiesen ihm auch keinerlei Ehren, wie er es doch in seinem früheren Leben gewohnt war.

Daß ihn nun keiner kennen und keiner beachten wollte, das betrübte ihn so sehr, daß er Gott bat, ihn aus dem Leben zu nehmen. Sein Gebet ward erhört, und er starb bald darauf.

Daher das Sprichwort des Rabba: „Besser tot als ungeehrt."

(R. Mb. 22 d.)

8. Worüber die bösen Geister Gewalt haben

Unter eine Wassertraufe sich zu stellen, ist nicht ratsam; denn erstens kann man wider seinen Willen naß werden und zweitens halten sich dort gern böse Geister auf.

Einstmals setzten zwei Lastträger, um sich ein wenig zu verschnaufen, ein Faß mit Wein unter einer Traufe ab. Es regnete zwar eben nicht, aber das Faß bekam ein Leck, und der Wein floß auf die Straße. Da der Wein nicht ihr eigen war, sondern sie nur um Lohn das Faß getragen hatten, so waren sie in großer Betrübnis. Sie klagten ihre Not dem Rabbi Aschi, dem bekannten Schriftgelehrten und Kabbalisten.

Der merkte aus ihrem Berichte alsbald, daß hier böse Geister im Spiele seien. Er sprach den Geisterbann aus, und sogleich erschien der Geist, der den Schaden angerichtet hatte.

„Sag' an," fragte ihn der Rabbi, „warum hast du das getan?"

Und der Geist erwiderte: „Die Tölpel setzten mir das Faß gerade auf mein Ohr, derweil ich schlief."

Darauf sprach R. Aschi: „Warum legst du dich auch an einen Ort schlafen, an den die Leute hinzukommen pflegen? Das ist nun deine Schuld, und du mußt den Schaden bezahlen."

„Das will ich tun," erwiderte der Geist; „bestimme mir die Frist!" Der Rabbi bestimmte sie, und der Geist verschwand. Aber die Frist lief ab, und der Geist kam nicht.

Nach einiger Zeit jedoch stellte er sich ein. „Warum bist du denn nicht zur festgesetzten Zeit gekommen?" fragte R. Aschi. Und der Geist erwiderte: „Es war mir nicht möglich, den Schaden zu ersetzen. Denn was gezählt, verschlossen oder zusammengebunden ist, darüber haben wir Geister keine Gewalt; erst wenn wir finden, was nicht gezählt, nicht verschlossen und nicht zusammengebunden ist, davon dürfen wir nach Belieben nehmen. Nun weißt du es, warum ich deine Frist versäumen mußte."

Dann legte er die Summe nieder und verschwand. *(R. Mb. 24 b.)*

9. Salomo und Asmodai

Als König Salomo den Tempel zu Jerusalem erbauen wollte, war er in großer Verlegenheit, wie er die dazu nötigen Quadersteine brechen sollte. Denn mit eisernen Werkzeugen das zu tun (also mit Werkzeugen, die zu Kampf und Mord gebraucht werden), das sollte er vermeiden.

Er berief also die Weisen seines Reiches und bat um ihren Rat. Diese erwiderten ihm, es gebe einen Wurm von der Größe eines Gerstenkornes, Schamir genannt, vor dem die härtesten Steine sich gleich den Tafeln eines Buches teilen, wenn man ihn den Steinen entgegenhalte. Diesen Wurm habe schon Mose benutzt, als er die Namen der zwölf Stämme auf die Edelsteine des priesterlichen Ephods einzugraben hatte.

Hocherfreut rief Salomo: „Habt Dank, ihr weisen Männer; nur sagt mir auch, wie ich den Wurm bekomme!"

„O Herr und König," erwiderten sie, „wir können dir nur raten, mehr aber nicht; doch zwinge ein Geisterpaar vor deinen Thron und frage dieses, es wird dir sichere Auskunft geben."

Sofort ließ der König ein Geisterpaar vor seinem Thron erscheinen und fragte dieses, wo der Schamir hause. Doch sie erwiderten: „O König, das wissen wir selbst nicht, das kann dir nur allein Asmodai, unser König, sagen." „So halte ich euch so lange hier

gefangen, bis ihr mir saget, wo ich euren König Asmodai finde."
„Wohlan denn," riefen sie, „wir wollen dir seinen Aufenthalt verraten. Am Fuße jenes Berges hat er sich einen Brunnen gegraben, voll herrlichsten Quellwassers. Auf der Öffnung des Brunnens aber liegt zum Schutze des Wassers ein Stein, und darauf Asmodais Siegel. Er selbst steigt täglich in den Himmel hinauf, um die himmlischen Beschlüsse zu erfahren. Dann steigt er zur Erde herab, durstig von der Reise, untersucht das Siegel seines Brunnens, ob es noch unversehrt und niemand das Wasser getrübt hat, und labt sich dann am reinen, kühlen Trunke. Darauf versiegelt er den Brunnen und verschwindet. Soviel, o König, wissen wir zu sagen. Was nun zu tun ist, das wirst du selbst in deiner Weisheit finden."

Da berief Salomo seinen treuen Berater und mutigen Kriegsmann, den Benaja, und gab ihm eine Kette, auf deren Ringen der Name Gottes eingegraben war; desgleichen ein Bündel Wolle, hinreichend, um ein großes Loch zu verstopfen; dazu mehrere Schläuche des köstlichen Weines. Hiermit ausgerüstet, machte sich Benaja mit einigen Begleitern auf den gefahrvollen Weg.

Nachdem sie den Brunnen des Geisterkönigs gefunden, machten sie sich hurtig an die Arbeit. Zuerst gruben sie unterhalb des Brunnens, dessen Deckel sie wegen des Siegels nicht abnehmen durften, eine Grube, brachten durch eine Bohrung diese in Verbindung mit dem Brunnen Asmodais, so daß dessen Wasser in die Grube floß. Dann stopften sie das Bohrloch mit Wolle zu. Darauf gruben sie oberhalb des Brunnens eine zweite Grube, füllten sie mit Wein und ließen diesen durch eine Bohrung in den leeren Brunnen Asmodais fließen. So war dieser mit Wein gefüllt, ohne daß der Deckel herabgenommen oder das darauf befindliche Siegel des Königs der Geister versehrt worden war.

Nachdem sie alles vollbracht, eilten sie von dannen, nur Benaja erstieg einen Baum, hinter dessen Gezweige er ungesehen die Rückkehr des Geisterfürsten abwartete.

Am Abend fuhr dieser vom Himmel hernieder; sein Aussehen und seine Größe versetzten Benaja in Schrecken; aber er verzagte nicht. Asmodai prüfte nun das Siegel über seinem Brunnen, und da er es unversehrt fand, hob er den Deckel ab, um zu trinken.

Kaum aber hatte er den Trank an die Lippen gesetzt, als er den

Betrug merkte. „Ha, Wein!" rief er aus; „den trinke ich nicht; der Wein raubt die Besinnung und trübt den Verstand; kein Weiser trinkt Wein." Allein der Durst quälte ihn zu sehr, er wollte wenigstens seine Zunge anfeuchten; das, meinte er, werde ihm noch nicht schaden. Er setzte den Becher an die Lippen; es sollte nur ein Tropfen werden, es wurden zwei, drei – und ehe er sich versah, war ihm der edle, süße Saft die trockene Kehle hinuntergeglitten. Die Wirkung blieb nicht aus: er verfiel in einen tiefen Schlaf.

Darauf hatte es Benaja von Anfang an abgesehen. Er stieg vom Baume, schlich sich leise an den Geisterfürsten heran und legte ihm die mitgebrachte Kette mit dem Gottesnamen um den Hals.

Als Asmodai erwachte und die Kette an seinem Hals gewahrte, wollte er sie zornig zerreißen, doch Benaja rief ihm zu: „So sieh dir die Kette genauer an: auf jedem Gliede derselben steht der Name Gottes eingegraben; du kannst sie nicht zerreisen, sondern bist in meine Gewalt gegeben."

Auf diese Rede war der Geist wie umgewandelt; dem Namen Gottes gegenüber schwand jeder Widerstand, und willig folgte er dem Benaja und seinen Leuten.

Auf dem Wege kamen sie an einen Baum, an den wollte er sich ein wenig anlehnen, aber der mächtige Geist entwurzelte den Baum durch die bloße Berührung. Ein andermal wollte er an dem Häuschen einer Witwe ruhen; aber wie er sich anlehnte, stürzte die Witwe erschreckt heraus und bat mit schmeichelnden Worten, ihre Hütte zu verschonen. Dann begegneten sie einem Blinden, der sich verirrt hatte, und Asmodai brachte ihn, um ihn vor Schaden zu bewahren, auf den rechten Weg. Darüber verwunderte sich Benaja, denn er meinte, der Geist Asmodai tue nur Böses. Aber dieser sagte: „Der Blinde ist ein frommer Mann, wohlgeachtet im Himmel, und wer ihm Gutes erweist, erwirbt sich ein Verdienst bei Gott." Als sie einer Hochzeit begegneten, weinte Asmodai laut auf. „Warum weinst du?" fragte Benaja. „Weil der junge Ehemann morgen sterben muß." Als sie an der Werkstätte eines Schuhmachers vorbeikamen, hörten sie, wie sich einer ein Paar Schuhe für sieben Jahre bestellte. Der Schuhmacher versprach es. Da lachte Asmodai: „Auf sieben Jahre ein Paar Schuhe – und ich weiß, daß er keine sieben Tage mehr leben wird." Wieder begegneten sie einem Betrunkenen, der, von seinem Wege abgeirrt, sich einer Grube näherte, und Asmodai brachte ihn auf den richtigen Weg, um ihn vor Schaden zu bewahren. Diese Menschenfreundlichkeit des Geisterkönigs wunderte den Benaja abermals; aber Asmodai antwortete auf seine Frage: „Dieser Betrunkene ist allerdings ein Bösewicht, wie ich im Himmel vernommen habe; aber gerade deshalb erweise ich ihm einen Gefallen, damit er für das wenige Gute, was er getan, seinen Lohn dahier habe, um im zukünftigen Leben nur noch Strafe zu empfangen." Ein andermal begegneten sie einem Schatzgräber, der mit Hilfe von allerlei Zauberwerk den Schatz finden wollte. Bei seinem Anblick lachte Asmodai auf. „Da siehst du das Trügerische alles Zaubers! Denn der Mann steht gerade auf einem Schatze, wie Salomos, und weiß es nicht! Wie will er andere Schätze finden?"

Endlich kamen sie nach Jerusalem. Sobald der Herr der Geister sich dem Throne des Königs gegenüber befand, maß er mit einem Stabe einen Raum von vier Ellen ab und blickte den König zornig an. „Sieh her," rief er aus, „so du stirbst, mußt du dich mit einem so kleinen Raume begnügen! Und dennoch hast du alle Länder unter dein Szepter gezwungen! Allein, wenn du nun schon ein solcher Nimmersatt bist, mußtest du auch den König der Geister unter deine Herrschaft zwingen?"

Da erwiderte Salomo: „Zürne nicht, mächtiger Geist! Denn nicht aus Ehrgeiz und nicht aus Habgier habe ich dich vor meinen Thron gerufen, sondern nur allein, weil ich Rat und Beistand von dir wünsche zu einem Werke, das ich zu Ehren Gottes unternehmen will. Ich weiß, daß auch ihr Geister Gott verehrt. Vernimm also: Ich habe von meinem Vater David den Auftrag überkommen, den Tempel Gottes zu erbauen, den er selbst nicht bauen durfte. Die Quadersteine, die ich dazu brauche, darf ich nicht mit Eisenwerkzeugen brechen lassen. Und so war ich in großer Verlegenheit. Da hörte ich vom Wurme Schamir, der durch die bloße Berührung die härtesten Steine spalten kann. Ich hörte aber auch, daß du allein ihn mir verschaffen kannst. Das ist der Grund, weshalb ich dich vor meinen Thron habe führen lassen."

Da erwiderte Asmodai besänftigt: „Mein Herr und König! So tue ich dir hiermit kund, daß ich über den Schamir keinerlei Gewalt habe. Gewalt über ihn hat nur der Herr des Meeres; der aber hat ihn dem Auerhahn in der Wüste übergeben, der ihm geschworen hat, ihn sicher zu bewahren und jederzeit zurückzubringen."

Als Salomo das gehört hatte, sandte er Benaja aus, den Auerhahn aufzusuchen und sich in den Besitz des Schamir zu setzen.

Benaja nahm eine dicke Glasglocke mit und machte sich auf die Suche nach dem Neste des Auerhahnes. In einer wilden und öden Berggegend, wohin sich keines Menschen Fuß sonst verirrte, fand er es endlich auf einem Felsen. Sogleich holte er die Glasglocke hervor und stülpte sie über das Nest. Als der Auerhahn hinkam und seine Jungen speisen wollte, sah er die Glasglocke darüber, so daß er nicht zu ihnen konnte. Alsbald holte er den Schamir herbei, hielt ihn vor das Glas, und es zersprang. Wie aber der Auerhahn den Wurm wieder zurücktragen wollte, stürzten Benaja und seine Leute plötzlich mit solchem Geschrei hervor, daß der Auerhahn erschreckt den Schamir fallen ließ. Hastig griff Benaja nach ihm und eilte davon.

Der Auerhahn aber, der nun seinen Eid dem Dämon des Meeres gegenüber nicht halten konnte, erwürgte sich selbst.

Nun konnte der Bau des Tempels von statten gehen, und nach sieben Jahren war er vollendet.

Während dieser ganzen Zeit hatte Salomo den Asmodai gefangen gehalten, um ihn in seiner Nähe zu haben, sofern er etwas wissen wollte. Eines Tages war er mit ihm allein in einem Gemache und sprach: „Sage mir, du mächtiger Geist, der sich so lange in meiner Gewalt befindet, ohne sich befreien zu können, was habt ihr Geister denn vor uns sterblichen Menschen voraus? Was vermöget ihr, was wir nicht können?" Und Asmodai erwiderte: „Nimm mir die Kette ab und gib mir die deinige, sowie deinen Siegelring, so will ich deine Wißbegierde wohl befriedigen, und du sollst Wunderdinge erfahren."

Salomo, der schon soviel Wissen in seinem Geiste vereinigte, war glückselig in dem Gedanken, nun von dem Geisterfürsten neue Geheimnisse zu lernen und erfüllte freudig und hastig das Verlangen des Geistes. Aber kaum ist dieser seiner Kette ledig, so wächst er zu einem Riesen an, der die Decke des Gemaches sprengt, mit einem Fuße die Erde berührt und mit dem andern die Wolken. Zornig greift er nach dem König und schleudert ihn 400 Meilen weit hinweg.

Als Salomo aus seiner Betäubung erwachte, erkannte er, daß er sich in einer unbekannten Gegend unter fremden Menschen befand, aber er faßte Mut und Hoffnung und bettelte vor den Türen. Seinen Worten: „Ich, Kohelet, war König von Israel" schenkte natürlich keiner Glauben, man lachte ihn aus. So kam er endlich nach langen Jahren als Bettler wieder in Jerusalem an.

Hier führte Asmodai seither die Herrschaft. Salomo trat nun vor das Synhedrion, das war der oberste Gerichtshof zu Jerusalem, und wiederholte auch dort seine Worte immer wieder: „Ich bin Kohelet, der König von Israel in Jerusalem."

Anfangs hielt man ihn für einen Narren; da er aber diese Rede immerfort wiederholte und im übrigen durchaus weise und verständig sich zeigte, so entschloß sich die Behörde, die Sache zu prüfen. Gegen Asmodai war ohnehin mancherlei Verdacht rege geworden, namentlich da er niemals, auch wenn er ins Bett stieg, die Schuhe ablegte (denn er hatte Hahnenfüße). Man holte also die Kette mit dem Namen Gottes darauf; den königlichen Siegelring, gleichfalls mit dem Namen Gottes darauf, hatte Salomo inzwischen in einem Fische gefunden, und mit beiden angetan, mußte Salomo auf dem Throne Platz nehmen. Als Asmodai bei seinem Eintritt den König Salomo und den Gottesnamen erblickte, stieß er ein Geschrei aus, daß das ganze Haus erdröhnte, und verschwand.

Aber Salomo fürchtete immer noch die Rache des mächtigen Geistes und ließ des Nachts sein Bett von 60 Helden bewachen, wie geschrieben ist im Hohel. 3, 7. 8: „Alle fassen das Schwert, kriegskundig, jeglicher sein Schwert an der Hüfte, gegen nächtlichen Schrecken."   *(R. Mb. 32 b.)*

10.   Salomos Weisheit

König Salomo war ein Meister des Schachspiels. Einstmals saß er mit Benaja, seinem vertrautesten Ratgeber, vor dem Schachbrett, und Benaja hätte gern einmal den König matt gesetzt, was ihm bisher noch nie gelungen war. Da entstand ein großer Lärm auf der Straße, der König sprang auf und eilte ans Fenster, um zu sehen, was es gäbe. Diese Zeit benutzte Benaja und entfernte einen Stein, den sog. Ritter, aus dem Spiele des Königs; als dann das Spiel fortgesetzt wurde, verlor der König.

Er sagte nichts, aber es verdroß ihn, und in seinen Gedanken ging er das Spiel immer wieder durch, um nachträglich dahinter zu kommen, wo er einen Fehler gemacht haben könnte. Dann holte er das Schachbrett, stellte alle Steine wieder auf und wiederholte Zug um Zug, bis er endlich den Ritter vermißte und klar erkannte, wieso er matt gesetzt worden war und also das Spiel verloren hatte. Dem Benaja den Betrug ins Gesicht sagen wollte er nicht, aber er sann auf ein Mittel, um ihn zum freiwilligen Geständnis zu bringen.

Da sah er auf der Straße zwei Männer gehen, die hatten jeder einen Sack über die Achsel hängen und sahen nicht gerade wie ehrliche Leute aus. Alsbald legte der König seine kostbaren Kleider ab und schlechte an, daß er aussah, wie ein Arbeitsmann, eilte den beiden nach und sprach zu ihnen: „Gott zum Gruß, ihr lieben Gesellen, euer Handwerk ist mir wohlbekannt; ich habe es auch gelernt. Seht her, das sind die Schlüssel, die zu der Schatzkammer des Königs passen. Allein wage ich es nicht, dort einzudringen; doch wollt ihr helfen, so holen wir uns soviel, daß wir alle drei genug für unser ganzes Leben haben." Damit waren die Diebe einverstanden, und so beschlossen sie, in tiefer Nacht, wenn alles schliefe, den Einbruch zu unternehmen.

Salomo übernahm die Führung und so kamen sie in ein Gemach, in dem Gold und Silber und gemünztes Geld in Menge vorhanden war; aber der König führte sie noch weiter, in ein anderes Gemach, in dem sie Edelsteine genug sahen; davon hieß er jeden seinen Sack füllen, während er selbst achtgeben wollte, daß keiner sie überrasche. Das ließen sie sich nicht zweimal sagen und machten sich hurtig daran, ihren Sack zu füllen.

Inzwischen schloß der König heimlich die Türe von außen, so daß die Diebe gefangen waren, und kehrte in seine Gemächer zurück. Hier legte er seine königliche Kleidung an, rief nach einigen Dienern und sagte ihnen, er habe Diebe in seiner Schatzkammer gehört, sie sollten ihm mit ihrem Kopfe dafür haften, daß diese nicht entkämen. So hielten sie vor der Schatzkammer Wache.

Am Morgen berief der König den Gerichtshof. Auch Benaja erschien, denn er gehörte zu den Richtern. Und der König begann:

„Ihr weisen Richter, gebt euren Wahrspruch ab! Was gebührt dem, der einem anderen etwas stiehlt, insbesondere, der dem Könige etwas stiehlt?"

Nun hatte Benaja schon den ganzen Tag und die ganze Nacht Reue empfunden, daß er den Stein genommen, und die heimliche Angst, der König könne es doch bemerkt haben, ließ ihn vollends nicht zur Ruhe kommen. Als er nun die Anklage des Königs vernahm, fühlte er sich getroffen und erschrak, denn er fürchtete, der Gerichtshof möchte ein hartes Wort, vielleicht gar das Todesurteil aussprechen. So erhob er sich denn, trat vor den König, fiel ihm zu Füßen und sprach: „O König, laß mich zuvor mein Vergehen gegen dich bekennen! Denn auch ich bin ein Dieb und habe dich bestohlen. Denn wisse: du hast das Schachspiel nicht durch ein Versehen oder durch meine Geschicklichkeit verloren, sondern dadurch, daß ich dir den Ritter wegnahm, während du zum Fenster hinaussahest. Darum sieh mich hier zu deinen Füßen um Gnade flehen."

Da lachte der König herzlich und sprach: „Mein lieber Benaja, sei ohne Sorge! Den bösen Streich, den du nun selber eingestehst, habe ich schon vergessen und will dir gern verzeihen. Den Gerichtshof aber habe ich nicht deinetwegen berufen, sondern ich habe wirklich zwei Diebe in meiner Schatzkammer gefangen, und diese will ich von euch aburteilen lassen."

So hatte der weise König zweierlei erreicht: erstens, daß Benaja seine Schuld freiwillig eingestand, und zweitens, daß zwei Diebe gefangen wurden.

Über diese aber erging das Urteil, daß sie gehängt werden sollten. (R. Mb. 77 a.)

11.　　　　　R. Jose aus Galiläa

R. Jose aus Galiläa hatte eine gar böse Frau, die ihn oft vor allen Leuten schmähte. Da sprachen die Schriftgelehrten zu ihm: „Lieber Rabbi, warum scheidet Ihr Euch nicht von Eurem Weibe? Wie könnt Ihr es dulden, daß sie Euch vor aller Welt lästert und schmäht!" Aber R. Jose sprach: „Ich lasse mich nicht von ihr scheiden, weil sie aus einer sehr guten Familie ist."

Einmal hatte R. Jose wieder im Lehrhause seinen Vortrag gehalten; nach ihm lehrte ein anderer Gelehrter, Namens R. Eleasar b. Asarja, und als auch dieser Vortrag zu Ende war und alle das Lehrhaus verließen, bat R. Jose den R. Eleasar mit ihm zu gehen und bei ihm zu speisen.

Als nun das Weib des R. Jose sah, daß ihr Mann einen Gast mitbrachte, eilte sie in die Küche, beseitigte flugs den Topf mit Fleisch, der eben auf dem Herde stand, und setzte Linsen auf.

Bei seinem Eintritt fragte R. Jose sogleich: „Frau, was hast du Gutes zum Essen gekocht?" Da sprach sie: „Ach, ich habe nur Linsen auf dem Feuer stehen, nichts weiter." Das dünkte dem Rabbi doch gar zu wenig, und er ging selbst in die Küche, um sich umzusehen. So hob er auch den Deckel von dem Topfe und sah junge Tauben darin dämpfen. Erstaunt kehrte er zurück und sprach zu seinem Weibe: „Warum sagst du, du habest nur Linsen, da ich doch lauter junge Tauben finde? Du willst mich wohl überraschen!" Aber die Frau versicherte noch einmal, sie wisse nur, daß sie Linsen aufs Feuer gestellt habe. „Nun denn," rief R. Jose aus, „so ist kein Zweifel mehr, daß Gott hier ein Wunder getan hat."

Alsbald setzten sie sich und aßen, und die jungen Tauben schmeckten ihnen ausgezeichnet.

Nach dem Essen sprach R. Eleasar zu R. Jose: „Lieber Rabbi, du mußt dich von deinem Weibe trennen; sie ist nicht wert, deine Frau zu sein." Aber R. Jose erwiderte, er sei nicht in der Lage, ihr die Mitgift zurückzuerstatten. Da legten seine Genossen, die Gelehrten der Hochschule, soviel zusammen, daß er sich von ihr scheiden und ihr ihre Mitgift zum Lebensunterhalt zurückerstatten konnte. Er heiratete dann eine andere Frau, ein braves Weib, die ihren Mann schätzte und ehrte, wie es ihm zukam, und ihm ein behagliches Hauswesen schuf. So lebten sie recht glücklich miteinander.

Auch die geschiedene Frau heiratete wieder, und zwar einen Gemeindevorsteher, einen reichen Mann. Aber das Unglück verfolgte ihn bald, er verlor allmählich seinen Reichtum und ward ein armer Mann. Und nicht bloß das – er erblindete auch. So blieb ihm nichts anderes übrig, als von Almosen zu leben, und seine Frau mußte ihn zu den Leuten führen, von denen er Almosen empfing.

Er kannte trotz seiner Blindheit jede Straße, durch die ihn seine

Frau führte, und so fiel es ihm auf, daß sie immer umwandte, wenn sie an die Straße kam, in der R. Jose wohnte. Er fragte nach der Ursache, und die Frau erwiderte, das habe weiter keinen Grund, und wenn sie wieder an die Straße kämen, dann wollte sie auch hineingehen. Aber sie tat das nächste Mal doch wieder, wie seither. So fragte der Blinde wieder: „Frau, warum meidest du die Straße, in der R. Jose wohnt? Und doch weiß ich, daß er ein Mann ist, der gern und reichlich Almosen gibt." Doch die Frau sträubte sich hartnäckig, auch vor R. Joses Tür zu gehen, so daß der Mann im Zorne nach ihr schlug und laut vor R. Joses Haus geführt zu werden verlangte. Das hörte der fromme Gelehrte und schaute durch das Fenster. Er erkannte seine frühere Frau, empfand Mitleid und gab ein reichliches Almosen. Aber er tat noch mehr. Er mietete die verarmten Eheleute in einem Nebenhause ein und sorgte für ihren Lebensunterhalt.

R. Joses zweite Frau war, wie schon gesagt, eine brave Frau, die ihrem Manne nicht nur jede körperliche Pflege angedeihen ließ, sondern ihn auch vor jeder Gemütsbewegung zu bewahren suchte. So hatte sie auch die Gewohnheit, zu Beginn des Sabbats und der Festtage den Tisch tadellos festlich zu richten, und wenn ihr Mann aus der Synagoge kam, ihm mit einem Becher Wein entgegenzugehen, daß er darüber das Kiddusch sprechen konnte, ohne ihn erst verlangen zu müssen.

Als nun die Zeit kam, daß R. Jose sterben sollte, kam der Todesengel zu ihm, um seine Seele zu holen. Als er vom Todesengel erfuhr, wer er sei und was er wolle, sprach er: „Ich weiß recht gut, daß du keine Macht über mich hast, solange ich im Gotteswort forsche. Darum geh hinweg!" Da kehrte der Todesengel zu Gott zurück und erhob Klage darüber, daß er dem R. Jose nichts anhaben könne. Da sprach Gott: „So hülle dich in dein Gewand der Unbarmherzigkeit und geh abermals zu ihm! Diesmal wirst du ihm beikommen können."

Nun ist der Todesengel so groß, daß er von der Erde bis zum Himmel reicht, so daß ihm nichts widerstehen kann, und ist am ganzen Leibe mit Augen versehen, so daß ihm nichts entgehen kann. Er kam also abermals zu R. Jose, und als dieser ihn in seiner Furchtbarkeit sah, erschrak er heftig, ließ ab vom Buche, fiel ihm zu Füßen und sprach: „Ach lieber Tod, ich kenne dich gar wohl und bin auch bereit zu sterben, denn ich bin nicht besser als meine Väter; aber laß es mich zuvor meinem Weibe ansagen!" Und der Todesengel sprach: „Geh hin, nimm Abschied von ihr und bestelle dein Haus!"

So ging R. Jose zu seinem Weibe und sprach: „Du liebes, frommes Weib, ich kann es dir nicht länger verhehlen, daß ich dich allein lassen muß; nun mußt du zusehen, wie du allein hier fertig wirst." Über diese Worte war die Frau nicht wenig verwundert und sprach: „Herzlieber Mann, wie soll ich das verstehen?" Und R. Jose erwiderte: „Herzliebes Weib, ich muß nun die weite Reise antreten, von der ich nicht mehr zurückkehre." Da das Weib das hörte, begann sie sehr zu weinen und zu klagen. Aber R. Jose sagte: „Herzliebes Weib, das kann nun nicht anders sein, ich muß von hinnen. Aber das verspreche ich dir: ich will auch in Zukunft an jedem Freitag Abend zu Beginn des Sabbats, wie zu Beginn der Feste kommen und dir Kiddusch machen wie seither." Das waren seine letzten Worte, und damit starb er. Er ward in Ehren begraben, und alle trauerten um den frommen Rabbi.

Am nächsten Freitag Abend erschien R. Jose in seiner Wohnung, machte seiner Frau Kiddusch und verschwand wieder, ohne zu essen und zu trinken. Das wiederholte er lange Zeit.

Da gingen an einem Freitag Abend Leute an dem Hause R. Joses vorbei, als dieser eben darin das Kiddusch laut vortrug, und dachten, die Frau hätte irgend einen fremden Mann bei sich. Sie teilten ihre Wahrnehmung und Vermutung den Schriftgelehrten mit, und diese ließen die Witwe ihres ehemaligen Genossen kommen und forderten sie auf, sich zu der gegen sie erhobenen Beschuldigung zu äußern. Da erwiderte die Frau, es wäre noch nie in ihrer Behausung ein fremder Mann gewesen, die Beschuldigung sei einfach eine Lüge. „Aber es haben es doch zwei glaubwürdige Männer bekundet!" hieß es darauf. Da nun die Frau sah, daß ein Leugnen unmöglich und zwecklos sei, so berichtete sie der Wahrheit gemäß, wie ihr verstorbener Mann zu jedem Sabbat und Feiertag am Vorabend komme und Kiddusch mache. Aber die weisen Männer machten recht ungläubige Gesichter dazu. Da sagte die Frau, die sich über den Verdacht, in den sie geraten war, sehr betrübte, sie sollten bis Freitag Abend warten, da könnten sie sich selber überzeugen.

Zur gewohnten Zeit erschien R. Jose, um Kiddusch zu machen; aber er fand sein Weib sehr traurig, und sie hatte vor großer Traurigkeit auch keinerlei Speisen auf den Sabbat gekocht. Da fragte er sie, warum sie so traurig sei, und sie erzählte ihm den ganzen Hergang. „Nun," erwiderte R. Jose, „sei deswegen nicht weiter traurig! Ich selber will deine Ehre so verteidigen, daß sie es mir glauben werden." Und ging mit seinem Weibe zu den frommen Gelehrten.

Als sie ihn sahen, erschraken sie gewaltig und fielen auf ihr Angesicht. R. Jose aber sprach: „Wohlan, ihr Zeugen, nun berichtet einmal, was ihr gesehen oder gehört habt! Denn ich bin der Mann, der jeden Sabbat und Feiertag dieser Frau Kiddusch gemacht hat; ich bin Jose aus Galiläa. Ihr aber wollt meine rechtschaffene Frau in üblen Ruf bringen; Gott richte zwischen euch und ihr!"

Als die Männer dieser Worte hörten, erschraken sie noch mehr, und keiner konnte ein Wort antworten.

Und R. Jose fuhr fort: „Ihr antwortet nicht? Nun, so sollt ihr fortan weder mich noch auch mein Weib wieder auf Erden sehen." Damit gingen beide heim. Kurze Zeit darauf starb die Frau des R. Jose. *(R. Md. 63 b.)*

12. Ehre Vater und Mutter!

Rabbi Josua träumte, er werde dereinst im Paradiese einen Genossen haben mit Namen Nanus. Alsbald faßte er den Entschluß, diesen Nanus aufzusuchen, um ihn schon im Diesseits kennen zu lernen. Er zog also, begleitet von seinen Schülern, von Stadt zu Stadt und wurde überall wegen seiner Gelehrsamkeit von den Ältesten in Ehren aufgenommen. Aber ihrer Einladung, mit ihnen zu essen und zu trinken, folgte er nicht eher, als bis er von ihnen Auskunft erhalten hatte, ob ein Nanus unter ihnen wohne.

Endlich kam er in die Stadt, wo ein solcher wohnte. Aber die Ältesten sagten erstaunt: „Was habt Ihr mit diesem armseligen Manne zu schaffen? Der ist doch wahrhaftig nicht würdig, auch nur neben Euch zu stehen." Aber R. Josua antwortete: „Ich will ihn gleichwohl sehen und sprechen." Da eilten einige zu Nanus und sagten ihm, R. Josua wünsche ihn zu sprechen. Darüber lachte

Nanus, denn er glaubte ihnen nicht, und kam auch nicht. Da kehrten sie zu R. Josua zurück und berichteten ihm, Nanus wolle nicht kommen, weil er glaubte, sie spotteten seiner.

Nun begab sich R. Josua selbst mit seinen Jüngern auf den Weg zu Nanus. Als dieser den berühmten Gottesgelehrten mit seinem Gefolge sich seinem Hause nahen sah, erschrak er, eilte ihm entgegen, fiel ihm zu Füßen und rief: „Hochwürdiger Rabbi, was hat das zu bedeuten, daß du zu meinem armen Hause kommst? Bin ich doch ein so gar geringer Mann!"

„Mein Lieber," erwiderte R. Josua, „ich bin zu dir gekommen, um dich zu fragen, wie du lebst und was deine Werke hier auf Erden sind." Und Nanus sprach: „Vielverehrter Rabbi, ich bin ein gar armer Mann und habe nichts zu eigen, als einen kleinen Garten, in dem ich alle Tage arbeite, um soviel zu erwerben, daß ich und meine Eltern notdürftig leben können. Denn ich habe einen alten Vater und eine alte Mutter, die versorge ich mit Speise und Trank und mit Kleidern und hege und pflege sie, soviel nötig ist."

Da sprach R. Josua: „So wohl mir, daß ich einen solchen Mann zum Paradiesesgenossen haben soll! Denn keine Tat ist gottgefälliger, als Vater und Mutter zu ehren." *(R. Mb. 40 b.)*

13. Sagen von R. Juda dem Frommen

1. Seine Jugend

R. Juda war wohl 18 Jahre alt, als er noch nichts von Thora und Talmud wußte; ja nicht einmal die täglichen Gebete konnte er verrichten. Dagegen trieb er ein freies und ungebundenes Leben mit Pfeil und Bogen.

Als sein Vater R. Samuel einst im Lehrhause zu Regensburg vor seinen Jüngern lehrte, stürmte Juda zum Ärger desselben gerade durch das Lehrzimmer. Da sprachen sie zu R. Samuel: „Lieber Rabbi, Eure Vorfahren sind große Gelehrte gewesen, und Ihr seid selbst einer – wie könnt Ihr Euren Sohn so wild aufwachsen lassen? Soll er denn ein Räuber werden?" R. Samuel erwiderte: „Ihr habt recht! Und ihr sollt sehen, daß ich fortan meinen Sohn anders erziehen will."

Als sie fort waren, rief er seinen Sohn Juda und sprach zu ihm: „Mein Sohn, ich muß mich deinetwegen schämen. Darum sprich: Willst du nicht etwas Rechtes lernen?" Und Juda antwortete: „Gern, mein Vater, will ich lernen, sofern du mich unterrichten willst, wie du andere Schüler auch unterrichtest."

Darauf führte ihn R. Samuel in das Lehrhaus, setzte ihn auf einer Seite neben sich, und seinen Sohn Abraham auf der anderen Seite. Dann sprach er einen Gottesnamen aus; da erfüllte ein Lichtglanz den Lehrsaal, daß Juda zu Boden sank und sein Antlitz mit dem Mantel bedeckte. Da sprach R. Samuel zu seinem Sohne R. Abraham: „Gott hat sich für Juda entschieden. Wohl bist du ein großer Gelehrter, aber dein Bruder Juda wird dich übertreffen; eine Schule wird er nicht leiten, wie du, aber er wird wissen, was im Himmel und auf Erden vorgeht und manches Wunder tun."

Nun begann R. Samuel mit seinem Sohn zu lernen, und dieser lernte sehr gut, daß er alles, was ihm sein Vater vortrug, alsbald auswendig wußte. Als dann R. Samuel den Schülern Vortrag hielt, beteiligte sich Juda und tat dabei so viele und so scharfsinnige Fragen, daß die Schüler sich verwunderten; denn er übertraf sie, die doch schon so lange studierten.

Nunmehr nahm sein Vater Pfeil und Bogen und zerbrach sie, indem er seinem Sohne zurief: „Damit hast du bisher deine Zeit verbracht; fortan soll die Beschäftigung mit der Gotteslehre deine ganze Zeit ausfüllen." Juda tat also und ward nachmals der berühmte R. Juda, mit dem Beinamen Chaßid, „der Fromme", von dem so manche Wundertat berichtet ist. *(R. Mb. 48 c.)*

2. R. Juda und der Herzog

Zu R. Judas Zeiten lebte in Regensburg ein mächtiger Herzog, der tat allzeit nur das, was der Rabbi ihm riet.

Da kam einstmals der römische König Philipp und begehrte des Herzogs Hilfe zu einem Kriege. Aber der Herzog sprach: „Ich will doch zuvor hören, was mein Jude mir rät." Also ließ er den Rabbi kommen, erzählte ihm, was König Philipp von ihm begehrte, und sprach: „Nun, mein lieber Rabbi, wie dünkt Euch: soll ich mitziehen oder nicht?" Sprach der Rabbi: „Ew. Gnaden sei hiermit gewarnt, so lieb Euch Euer Leben ist, nicht mitzuziehen; denn wisset, wenn ihr mitzieht, so kehrt Ihr nicht lebendig heim."

Da kam der Herzog zurück zum Könige und berichtete ihm, daß er für diesmal nicht mitziehen könne; sein weiser Jude hätte ihm abgeraten. „Zürnet mir also darob nicht, mein königlicher Herr, daß ich Euch nicht Heeresfolge leiste, denn ich weiß, daß wir alle beide erschlagen werden." „So glaubt Ihr den Worten eines falschen Juden," rief der König aus, „und meinet, der Jude könne es im voraus wissen, wie es uns ergehen werde? Nun gut, so bleibet daheim, und ich will allein zum Streite ziehen. Aber wenn mir Gott gewährt, daß ich siegreich heimkehre, so streite ich mit Euch, Herr Herzog, und wenn ich Euch bezwungen, so lasse ich Euren weisen Juden an den Beinen aufhängen. Das soll der Lohn für seine Weisheit sein." Und damit zog er ohne den Herzog in den Krieg.

Es stand nicht lange an, so kam die Kunde, König Philipp sei mit seinem ganzen Heer umgekommen. Sogleich sandte der Herzog nach dem Rabbi Juda und las ihm die Nachricht vor. Doch dieser sprach: „Ich wußt' es wohl, daß er nicht lebend wiederkehren werde. Und wäret Ihr mit ihm gezogen, so wär' es Euch ebenso ergangen. Nun aber sei es Gott gedankt, daß Ihr am Leben geblieben seid, und sei Gott gelobt, der die bösen Absichten unserer Feinde vereitelt hat.."

Gerührt umarmte der Herzog den frommen Rabbi und küßte ihn; und hatte er ihn bisher geschätzt und geliebt, so tat er es fortan noch mehr. *(R. Mb. 53 b.)*

3. Bestrafte Hoffart

Ein reicher Herzog hatte eine einzige Tochter, die er nur demjenigen zur Frau geben wollte, der ebenso reich wäre, wie er selbst. Wohl kam mancher tüchtige, brave und reiche Bewerber, aber alle wurden abgewiesen, weil ihr Reichtum dem des Herzogs nachstand.

Da machte sich endlich ein Geist aus der Hölle auf, der nahm die Gestalt eines schönen Prinzen an, kleidete sich in kostbare Gewänder und trat vor den Herzog. „Herr", begann er, „ich habe gehört, daß Ihr eine schöne Tochter habt, die Ihr aber nur dem geben wollt, der ebenso reich ist wie Ihr. Nun denn, ich kann mich wohl berühmen, Euch an Reichtum nicht nachzustehen. Zudem bin ich aus einem so vornehmen Geschlechte, daß ich mich wohl getrauen darf, um Eurer Tochter Hand zu bitten. Wollt Ihr aber Euch zuvor von meinem Reichtum überzeugen, so kommt mit mir und sehet selbst!"

Der Herzog folgte dem jungen Manne in seine Herberge, und dieser zeigte ihm in einem seiner Gemächer soviel Gold und Silber, Edelsteine, Perlen und kostbare Gewänder, wie der Herzog in seinem Leben noch nicht gesehen hatte. „Und das ist noch nichts," sprach der Jüngling, „gegen das, was ich daheim besitze. Denn ich bin ein König, und kein König in der Welt ist so reich und gewaltig wie ich. Ich meine, Ihr müßt mir das schon angesehen haben. Wollt Ihr mir also Eure Tochter geben, so lasset mich's wissen!"

Da fragte der Herzog: „Wie heißt denn euer Königreich, und in welchem Lande liegt es?" Der Geist nannte den Namen seines Landes, und der Herzog war zufrieden und sagte ihm seine Tochter zu.

Alsbald wurde die Hochzeit gerüstet und alle Untertanen dazu geladen. Dabei ging es hoch her, denn der Herzog wollte seinen Reichtum zeigen: er ließ seinen Gästen die herrlichsten Speisen und Getränke bieten, dann folgte Gesang und Tanz, und zum Schluß ein groß Turnier. Als aber alles vorüber war, da sprach der Geist zum Herzog: „Herr Schwiegervater, ich möchte nun mit meinem lieben Weibe heimwärts ziehen; denn ich habe meinem Volke versprochen, daß ich nicht gar zu lange ausbleiben wollte. So gebt mir Urlaub!" Der Herzog bat ihn zwar, noch eine Zeit lang zu verweilen, allein er wollte nicht.

Da gebot der Herzog seinen edlen Herren, daß sie mit seinem Eidam ritten; auch Fußvolk sandte er mit ihm und entließ ihn mit großen Ehren. Er selbst und seine Gemahlin zogen gleichfalls bis an die Grenze des Landes mit, dann verabschiedeten sie sich und zogen wieder heim.

Der Geist zog nun mit dem ihm begleitenden Volke noch drei Tagereisen weiter, bis sie eine schöne Stadt vor sich liegen sahen. Da sprach er: „Ihr Herren, dort liegt meine Hauptstadt! Nun habet Dank für Eure Begleitung und kehret um!" Aber sie baten, ihn noch weiter begleiten zu dürfen. Doch der Geist rief aus: „Ich hätte nun nicht übel Lust, Euch meine Macht zu Eurem Schaden fühlen zu lassen; aber daß Ihr mir so bereitwillig in fremdes Land gefolgt seid, das soll Euch billig vergolten werden, und darum lasse ich Euch unversehrt und in Frieden heimziehen. Denn wisset: ich bin kein Mensch, sondern ein Geist aus der Hölle und zu Eurem Herzoge gekommen, um ihn wegen seiner Hoffart zu bestrafen, weil er keinerlei Tugenden gelten ließ, sondern einzig auf den Reichtum gesehen hat."

Als das Volk diese Rede vernahm, erschrak es gewaltig, und die junge Frau fiel in Ohnmacht, denn sie dachte nicht anders, als daß sie nun ums Leben kommen müßte. Des Herzogs Mannen aber sprachen: „Wenn wir unserm Fürsten das berichten, so wird er es nicht glauben; deshalb bitten wir Dich, gib uns ein Wahrzeichen!" Und der Geist erwiderte: „Das sei Euer Wahrzeichen: Ihr habt mit mir den Weg hierher in drei Tagen zurückgelegt; zur Heimkehr werdet Ihr drei Wochen gebrauchen."

So ritten sie fort und kamen erst nach drei Wochen wieder heim, wie ihnen der Höllengeist zuvor gesagt hatte. Als sie dem Herzog und der Herzogin alles berichtet, brachen diese in lautes Wehklagen aus und grämten sich so sehr, daß sie an gebrochenem Herzen starben.

Der Höllengeist aber zog mit seiner jungen Gemahlin weiter in die Stadt, die von lauter Geistern bewohnt wurde. Hier lebten sie drei Jahre miteinander. Dann sprach der Geist: „Wohlauf, mein Weib, deine Zeit ist gekommen; nun folge mir!" Sie mußte ihm gehorchen, und er führte sie bis zum Tor der Hölle. Dort überlieferte er sie den Höllengeistern und ging zurück in seine Geisterstadt.

Unter denen, die den Neuvermählten das Geleit gaben, hatte sich auch ein alter Lautenschläger befunden; der war nicht heimgekehrt, sondern seiner Herrin in die Geisterstadt gefolgt. Als nun der Geist sein junges Weib der Hölle übergab, folgte auch der Lautenschläger und blickte durch das Höllentor. Da sah er drinnen einen ihm bekannten Lautenschläger. „Ei, was tust du hier?" rief er ihm zu. „Wie du siehst," rief der in der Hölle zur Antwort, „schlage ich die Laute. Aber sieh dich vor, daß du deiner Herrin nicht noch weiter folgst; denn einmal hier eingetreten, mußt du auch hier bleiben." „Sage mir doch," sprach wieder der Lautenschläger draußen, „wie kommt es, daß du, obgleich in der Hölle, noch nicht verbrannt bist?" Und der drinnen antwortete: „Ein besonders verdienstliches Werk wüßte ich von mir nicht zu melden, es sei denn, daß ich den Juden bei ihren Hochzeiten aufspielte und sie durch mein Spiel erheiterte; das kommt mir nun zugute."

Da dachte der Lautenschläger draußen: „Wenn es dem da zugute kommt, daß er den Juden aufgespielt hat, wieviel mehr muß es frommen, überhaupt ein Jude zu werden?" Dann rief er seinem Freunde in der Hölle zu: „Kannst du mir raten, wie ich wieder heimkomme? Auch wollte ich dich um ein Wahrzeichen gebeten haben, daß ich selbst mit dir gesprochen habe. Denn wenn mir Gott dazu verhilft, daß ich wieder unter Menschen komme, so kann ich alles erzählen, und man wird mir glauben." „So berühre mich nur mit dem kleinen Finger!" rief der aus der Hölle. Das tat er, und siehe da! Der Finger brannte unlöschbar. Darauf sagte er ihm den Weg, und der Lautenschläger zog heim und fragte in jeder Stadt nach Juden, bis er in eine Stadt kam, wo viele Juden wohnten. Hier wollte er zum Judentum übertreten, aber die Juden wiesen ihn an R. Juda. So machte er sich auf den Weg nach Regensburg.

Als er noch etwa 3 Meilen von dort entfernt war, sprach R. Juda zu seinen Jüngern: „Ich wittere Höllenfeuer. Ein Nichtjude kommt und fragt nach mir. So saget ihm, ich sei nicht daheim. Will er Jude werden, so nehmt ihn auf, damit der böse Höllengeruch von ihm weiche!"

Als nun der Lautenschläger kam und nach R. Juda begehrte, taten sie, wie dieser ihnen geboten, und von dieser Stunde an erlosch das Feuer und wich der höllische Geruch. *(R. Mb. 54 a.)*

4. R. Juda und sein Eidam

Als R. Juda seine Tochter zu verheiraten beschlossen hatte, so bat sie ihn, er möchte ihr einen Gottesgelehrten zum Manne geben. Das versprach ihr der Vater und ging zu einem andern Chaßid (Frommen) in derselben Stadt, um sich mit ihm zu beraten. Dieser saß eben im Lehrhause, umgeben von seinen Jüngern. R. Juda setzte sich unter sie und folgte dem Vortrag bis zu Ende.

Als aber alle Jünger den Saal verlassen hatten, sprach er zum Rabbi: „Lieber Rabbi, habt ihr unter euern Jüngern nicht einen besonders tüchtigen?" Und der Rabbi erwiderte: „Ich habe deren sogar zwei: der eine ist R. Jochanan, der andere R. Chanina."

Nun ging R. Juda heim und berichtete seiner Tochter von den zwei Jüngern, die ihm der Rabbi genannt. Da sprach die Tochter: „So will ich R. Chanina."

Am folgenden Tage begab sich R. Juda wiederum ins Lehrhaus, hörte dem Vortrage daselbst zu, und als die Jünger fortgingen, bat er den R. Chanina noch zu bleiben. Dann fragte er ihn kurz: „Willst du heiraten?" Und der junge Gottesgelehrte antwortete eben so kurz: „Nein!"

„Du sollst aber meine Tochter heiraten!" fuhr R. Juda fort. Aber der Jünger erwiderte: „Ach, lieber Rabbi, ich bin ja nicht würdig, der Eidam eines Mannes zu werden wie ihr!" Doch R. Juda schwur, er müßte sein Eidam werden.

Da sprach der Jünger: „Wenn es denn nicht anders sein darf, so will ich sie mir anverloben lassen, aber noch nicht heiraten. Mein Wissen befriedigt mich noch nicht, ich will hinausziehen, um noch mehr zu lernen, und erst wenn ich genug gelernt habe, dann will ich wiederkommen und eure Tochter als Gattin heimführen."

Diese Worte berichtete R. Juda seiner Tochter, und sie war es wohl zufrieden. Also wurden die beiden verlobt, und R. Chanina zog fort, wohl hundert Meilen weit von Regensburg.

Jahre vergingen, und man hörte nichts von ihm.

Nach 10 Jahren merkte R. Juda, daß sein Schwiegersohn den festgesetzten Termin vergessen habe und sagte das seiner Tochter. Sie brach in Tränen und Klagen aus. Aber ihr Vater sprach: „Weine nicht und klage nicht: am nächsten Sonntag ist die Zeit um; wenn er bis dahin nicht kommt, so suche ich dir einen andern Mann." Aber die Tochter war nur wenig getröstet und betete inbrünstig zu Gott, er möchte ihren Verlobten zur rechten Zeit heimführen.

Inzwischen war R. Chanina zehn Jahre bei einem Rabbi gewesen und hatte viel gelernt. Da gerieten sie in einen Streit wegen eines Schriftwortes. Unter den Männern, die zu dessen Erklärung angeführt wurden, fand R. Chanina auch den Namen R. Judas, und bei diesem Namen erinnerte er sich, daß er ja dessen Eidam werden sollte. Er sah nach und fand, daß die zur Hochzeit bestimmte Zeit am nächsten Sonntag abgelaufen sei. Da er aber nach seiner Berechnung wenigstens 100 Meilen weit von Regensburg entfernt war, so geriet er in große Verlegenheit und fragte den Rabbi um Rat. Der aber sagte: „Das ist freilich eine böse Sache! Kommst du nicht heim bis Sonntag, so führt ein andrer deine Anverlobte heim. Nun, ich will dir 50 von meinen besten Jüngern mitgeben, die mögen dich geleiten; machet euch morgen mit Tagesanbruch auf den Weg! Vielleicht hilft euch Gott, daß ihr doch noch zur rechten Zeit nach Regensburg kommt."

So brach er denn am Freitag Morgen mit den 50 Jüngern auf, und sie zogen rüstig ihre Straße, bis sie an einen Berg kamen. Den stiegen sie hinauf und hielten oben Rast; R. Chanina ließ sich an einer etwas tiefer gelegenen Stelle nieder. Da sie aber müde waren, so schliefen sie alle ein. Spät nachmittag erwachte einer, der alsbald die andern weckte, und alle merkten mit Bekümmernis, daß sie allzu lange geschlafen hatten. Schnell erhoben sie sich und riefen nach R. Chanina, aber sie bekamen keine Antwort, und als sie nach ihm suchten, fanden sie ihn nicht. Da sprachen sie: „Wir wollen uns nicht gar zu lange aufhalten, sondern unsern Weg fortsetzen; vielleicht kommen wir noch zur rechten Zeit zur Hochzeit. R. Chanina ist wahrscheinlich schon fortgegangen."

Nach einer Stunde erwachte Chanina, erhob sich und stieg den Berg hinauf, um nach seinen Begleitern zu sehen, aber er fand keinen mehr, und all sein Rufen war vergebens. Da setzte er sich traurig auf einen Stein und weinte und betete inbrünstig zu Gott, er möchte ihm helfen. Die Sonne stand schon ziemlich tief, bald begann der Sabbat. „Am Sabbat setze ich meinen Weg nicht fort," so sagte er zu sich selber, „das ist eine schwere Sünde! Ich will mir eine Herberge suchen." Aber wo sollte er die finden? Vor ihm dehnte sich ein Wald aus und der Gedanke an wilde Tiere und Räuber erfüllte ihn mit Angst. Aber er dachte: „Es ist besser, ich verliere mein Leben, als daß ich den Sabbat entweihe."

So schritt er hastig weiter und kam glücklich durch den Wald. Als er aus dem Walde war, sah er von ferne ein schönes Schloß und lenkte seine Schritte dahin. Er fürchtete sich freilich hineinzugehen, weil er nicht wußte, ob man ihm darin freundlich oder feindlich entgegenkommen würde; allein er dachte: „Der Abend sinkt bereits hernieder, der Sabbat will beginnen; wollte ich noch weiter wandern, so wäre das eine Entweihung des Sabbats. Davor aber behüte mich Gott! Lieber sterbe ich, wenn es nicht anders sein soll, als daß ich den heiligen Sabbat entweihe." Damit öffnete er die große Türe des Schlosses und trat hinein.

Eingetreten, bemerkte er vier Türen, jede nach einer anderen Himmelsrichtung. Er öffnete die nach Osten und kam in ein prächtiges Gemach; der Boden war mit Silberplatten ausgelegt, und ein schönes Bett stand darin. Von dem Gemache aus erblickte er noch drei Gemächer, ebenso prächtig und mit schönen Betten, und im letzten Gemache saß auf einem weichen Lehnstuhl ein alter Mann, der las aus einem frommen Buche. Ihm gegenüber stand noch ein Stuhl, auf den setzte sich Chanina, um zu lauschen.

Über eine kleine Weile kam ein Diener, der zum Beginn des Sabbatgottesdienstes rief; der Greis erhob sich, und Chanina, geleitet von dem Diener, folgte ihm ins Gotteshaus. Aber welche Pracht strahlte ihm hier entgegen! Von den herrlichsten Gesteinen leuchteten die Wände, und wunderliebliche Wohlgerüche durchdufteten den Raum. Alle begaben sich still an ihre Plätze, aber den Chanina setzte der Diener auf den Sitz neben den Greis. Hierauf erhob sich ein alter Mann, trat an das Vorbeterpult und begann den Abendgottesdienst, wie ihn Chanina gewöhnt war. Aber ihn dünkte, er habe nie eine so wunderbare Stimme gehört: war's Orgelklang? oder Flötenton? sangen Engelchöre? Und als der Gottesdienst zu Ende war, schaute er begierig um sich, aber er sah niemand, und außer dem Vorbeter hatten alle geschwiegen.

Da hörte er eine Stimme, die ließ sich also vernehmen: „Allgütiger Vater im Himmel, du weißt, daß ich den guten Willen habe dir zu dienen; aber der böse Trieb in mir ist schwer zu zwingen; o, so habe Geduld mit mir in deiner großen Barmherzigkeit und stehe mir bei, auf daß die Furcht vor dir mich nicht verlasse!" Dieses herrliche Gebet sprach er in seiner Seele mit Andacht nach.

Da vernahm er abermals eine Stimme, die ihm allein galt und welche ihm zurief: „Sei getrost! Du bist am Sonntag noch zu rechter Zeit in Regensburg!" Voller Freuden hörte er die Worte dieser Botschaft.

Nach dem Gottesdienste kehrte der Greis in sein Gemach zurück und setzte sich auf seinen Lehnstuhl, Chanina desgleichen, und beide lasen abermals aus dem frommen Buche und sprachen darüber. Der Diener aber deckte den Tisch, setzte goldene und silberne Gefäße darauf, schenkte in goldene Becher den herrlichen Wein, dem paradiesische Wohlgerüche entströmten, um den Segen zum Beginn des Sabbats darüber zu sprechen. Hierauf wusch der Greis seine Hände, desgleichen R. Chanina, dann trug der Diener köstliche Speisen auf, und zu jeder Speise einen andern herrlichen Wein; ein so herrliches Sabbatmahl hatte Chanina in seinem Leben noch nicht gesehen, wie viel weniger selber genossen.

Nach beendeter Mahlzeit führte der Diener ihn in ein Schlafgemach, das von einem Edelsteine taghell erleuchtet wurde, und in welchem ein herrliches Bett auf goldenen Füßen, die mit goldenen Rädern versehen waren, ihm zur Ruhe bereitet war. Da schlief er denn bis in den hellen Morgen. Dann erhob er sich, las mit dem Alten aus dem Worte Gottes und folgte dann dem Rufe des Dieners zum Tempel.

Hier waren 16 Beter erschienen, während er am Abend zuvor nur acht gezählt hatte. Beim Vorlesen des Wochenabschnittes aus der Thora rief man nach altjüdischer Weise als Vertreter des Priesters den Hohenpriester Aaron in Person auf; als Leviten: Moses, den Sohn Amrams; dann folgten die anderen; auch Chanina wurde aufgerufen. Nach beendetem Gottesdienste sprachen Chanina und der Alte über einen Satz in der Thora, dann richtete der Diener das zweite Sabbatmahl, und man aß und trank in festlicher Weise, wie am Abend zuvor. Und als auch der Nachmittagsgottesdienst abgehalten war, hielt man die dritte Sabbatmahlzeit und studierte wieder im Gottesworte.

So kam der Abend heran, und mit ihm das Ende des Sabbats, den man nun bei einem Becher Weines unter Segenssprüchen verabschiedete. Dann reichte der Alte dem Chanina die Hand, bot ihm den Friedensgruß, und Chanina erwiderte ihn.

Nun verschwanden alle, einer nach dem andern, nur der Diener war noch sichtbar, und auch der schickte sich eben an davonzugehen. Aber Chanina eilte ihm nach, hielt ihn am Gewande fest und sprach: „Mein lieber Freund, möchtest du mir nicht sagen, wer die Herren alle sind, die ich gesehen habe, und wer du selber bist?" Und der Diener antwortete: „Das will ich dir wohl sagen. Ich bin der

Prophet Elias; der Vorbeter ist unser aller Lehrer Moses; der alte Mann ist der Prophet Jeremias; die anderen aber sind Abraham, Isaak und Jakob gewesen; auch der Hohepriester Aaron und andere waren dabei."

Da erschien noch einmal der Alte, dessen Vortrage Chanina während des Sabbats so oft gelauscht hatte, ließ sich noch einmal zu ihm nieder und weihte ihn in alle Geheimnisse der Thora ein und lehrte ihn die 70 Sprachen. Zum Schluß gebot er ihm, am andern Morgen in aller Frühe wieder den Berg hinaufzusteigen; im Walde werde er vorher seine 50 Begleiter finden; auf dem Berge werde eine Wolke sich herablassen, in diese solle er sich mit ihnen hineinbegeben, so würden sie in kurzer Zeit nach Regensburg getragen werden.

Freudig legte sich Chanina noch einmal in das herrliche Bett; am frühen Morgen aber nahm er seinen Abschied, indem er dem Alten von Herzen dankte und ging zurück durch den Wald, wo er seine Gefährten fand.

Da war die Freude groß, und Chanina mußte seine wunderbaren Erlebnisse erzählen. Auf dem Berge angekommen, sahen sie alsbald eine Wolke, die sich herniederließ; sie stiegen hinein und wurden von ihr mit Windeseile nach Regensburg getragen.

R. Juda war eben aufs Feld hinausgegangen. Da sah er die große Wolke heranziehen und sich herniedersenken und war nicht wenig erstaunt, ihr so viele Leute entsteigen zu sehen. Aber er war noch mehr erstaunt, als er seinen Eidam erkannte. Freudig fielen sie sich um den Hals und boten einander Willkommen. „Aber," fragte R. Juda, „du bist zehn Jahre ausgeblieben; nun sprich, was hast du denn alles gelernt?" Und die Jünger erwiderten für ihren bescheidenen Meister: „O, er kennt alle Geheimnisse der Thora und dazu alle 70 Sprachen."

R. Juda wußte, was das zu bedeuten habe; glückselig eilte er heim und kündete alles seiner Tochter. Nun kam auch sie; und als sie ihn erblickte, fiel sie vor ihm nieder in Ehrfurcht und küßte seine Füße. Dann zogen sie gemeinsam in die Stadt und feierten die Hochzeit, für die alles schon gerichtet war, in Glück und Freuden.

(R. Mb. 49 a.)

5. Der entdeckte Mörder

Zu Regensburg hatten zwei Männer im Hause eines Juden zu arbeiten. Dabei bemerkten sie in einer Kammer eitel Gold und Silber und beschlossen, sich dieses Schatzes zu bemächtigen, während die Juden in der „Schul" (Synagoge) wären. Das taten sie denn auch. Aber der eine Maurer dachte, es wäre besser, wenn er allein die Beute behielte, überfiel also meuchlings seinen Mitarbeiter und erschlug ihn. Dann verließ er das Haus.

Als der Jude heimkam, bemerkte er nicht nur den Diebstahl, sondern fand zu seinem großen Schrecken auch den Leichnam in seiner Kammer. Um den Verdacht und daraus entstehendes Unheil von sich und den Juden abzuwenden, gedachte er den Leichnam heimlich beiseite zu schaffen. Aber die Kunde von dem Morde verbreitete sich mit Windeseile in der Stadt, und in hellen Haufen stürmte die schreiende Volksmenge in die Judengasse, um hier Tod und Verderben zu verbreiten.

Da eilte R. Juda, der Fromme, zum Bürgermeister und sprach: „O Herr, gebietet Einhalt, damit nicht unschuldig Blut vergossen werde! Ihr möget es wohl wissen, daß wir Juden den Maurer nicht getötet haben. Aber ich getraue mich zu beweisen, daß er von seinem Mitarbeiter erschlagen worden ist."

Da antwortete der Bürgermeister: „Wenn du mir das beweisen kannst, so soll keinem von euch ein Leid geschehen."

„So laß zuvörderst," sprach R. Juda, „die Tore der Stadt schließen, damit der Mörder nicht etwa hinauskomme."

Das geschah. Dann schrieb R. Juda geheimnisvolle Gottesnamen auf einen Zettel und tat sie dem Erschlagenen in die Hand. Alsbald erhob sich der Tote und schaute mit großen Augen um sich. Dann aber stürzte er auf einen Mann in der ihn umgebenden Schar und rief: „Schurke, du hast mich ums Leben gebracht!" Das war aber der Maurer, der mit ihm zusammen gearbeitet hatte. Da ergriff man ihn und verurteilte ihn zum Tode. Der ermordete Maurer aber fiel wieder tot hin, als Juda ihm den Zettel abgenommen hatte.

Nun sprach Juda zum Bürgermeister: „Seht, Herr, wenn ich euch nicht daran gehindert hätte, so wäre viel unschuldig Blut vergossen worden." Und der Bürgermeister erwiderte: „Ihr habt recht, lieber

Rabbi, und ich will in Zukunft nie etwas wider euch geschehen lassen, ehe ich nicht versucht habe, hinter die Wahrheit zu kommen."

Er hielt Wort und seine Nachfolger desgleichen.

Jedenfalls ist Regensburg wohl die einzige Stadt, die auch in den schlimmsten Zeiten ihre jüdischen Bewohner zu schützen wußte.

(R. Mb. 50 b.)

6. Die entdeckten Diebe

Ein reicher Herzog hatte einem gelehrten Juden zu Regensburg sein ganzes Vertrauen zugewendet, und wenn er in den Krieg zog, so übergab er ihm die Schlüssel zu seiner Schatzkammer.

Nun unternahm der Herzog einmal einen Zug und übergab, wie gewöhnlich, dem Juden die Schlüssel. In einer der folgenden Nächte aber erbrachen neun Bürger von Regensburg die herzogliche Schatzkammer und schleppten soviel hinweg, als sie tragen konnten.

Am Morgen begab sich der Jude, wie gewöhnlich, in die Schatzkammer, um zu sehen, ob alles noch in Ordnung sei. Er erschrak nicht wenig, als er sah, wie wenig die Diebe übrig gelassen hatten. In seiner Ratlosigkeit begab er sich zu R. Juda und bat um seinen guten Rat. Dieser sprach zu ihm: „Tritt näher!" Dann führte er ihn an ein Fenster, hieß ihn hinaussehen und fragte: „Was siehst du?" „Ich sehe," erwiderte der Jude, „daß unser Zimmer hier in die Höhe gestiegen ist, dermaßen, daß ich über alle Dächer der Stadt hinwegsehen kann."

Dann fragte R. Juda zum zweiten Male: „Was siehst du?" Und der andere erwiderte: „Ich sehe die Diebe, und sie tragen das gestohlene Gut in ihren Händen." „So achte wohl," sprach R. Juda, „wo sie den Raub verbergen!" Da sagte der Jude: „Ich sehe wohl, wie sie den Raub gern unter der Erde vergraben möchten. Aber mich dünkt, sie nehmen ihn wieder heraus und scheinen unschlüssig, wohin sie mit ihm sollen." „So achte wohl darauf," sprach wieder R. Juda, „wohin sie den Raub tun!" Da rief der andere: „Eben sehe ich, wie sie mit dem gestohlenen Gut zu einer Schmiede gehen; einige reden mit dem Schmiede, während andere indessen unbemerkt in seinem Pferdestall das Gut vergraben." „So achte wohl darauf," sprach wieder R. Juda, „wo der Schatz vergraben liegt; merke dir auch genau die Umgebung, auf daß du die Stelle wieder findest! Und nun sei wohlgemut, denn der Schatz wird vorerst an dem Orte liegen bleiben. Sobald der Herzog heimkehrt, so geh zu ihm, wirf dich ihm zu Füßen und bitte um Gnade! Dann erzähle, was du jetzt weißt!"

Sobald der Herzog heimgekehrt war, tat der Jude genau, wie ihm R. Juda geraten hatte. Aber der Herzog sprach gnädig zu ihm, hieß ihn aufstehen und fragte: „Kennst du die Diebe? Und sind auch Bürger aus der Stadt darunter?" „Gnädiger Herr," antwortete der Jude, „ich kenne sie wohl, es sind Bürger von Regensburg, und weiß auch, wohin sie das gestohlene Gut getan haben." „Wenn du das weißt," sprach der Herzog, „so nimm von meinen Leuten soviel dir nötig scheint, und hole das Gestohlene und bringe es wieder an seinen früheren Ort!" „Nicht so," erwiderte der Jude, „sondern laßt sie erst vor Gericht stellen, und wenn sie ihren Diebstahl eingestanden haben, dann soll ihnen ihr Recht werden, wie solche angesehene Männer es verdient haben." Da sagte der Herzog: „Rabbi, ihr habt recht! So saget mir, wer die Bürger sind!" Und der Jude nannte ihm allesamt, und der Herzog ließ sie sogleich rufen. Er schickte aber auch nach anderen Bürgern; denn hätte er die Diebe allein kommen lassen, so hätten sie es gemerkt und sich durch Flucht gerettet.

Als nun alle beisammen waren, sandte der Herzog den Juden mit seinen Leuten hin, um den Raub zu holen, während er die Diebe durch allerhand Gespräche aufhielt. Als sie zurückgekehrt waren, rief der Herzog mit lauter, zorniger Stimme: „Nun, ihr Bösewichter, jetzt gestehet mir, wer in meine Schatzkammer eingebrochen; denn die Einbrecher sind unter euch, und ich kenne sie." Da erschraken sie und waren keines Wortes mächtig. Aber der Herzog sprach zu den Bürgern: „So haltet ihr mir den Eid der Treue, den ihr mir geschworen! Und hättet gern meinen Hofjuden unschuldig in Verdacht gebracht!" Dann wurde das Urteil gesprochen und die Diebe gehängt. *(R. Mb. 52 b.)*

7. R. Juda stirbt

In Regensburg befand sich ein Tor mit einer Glocke, die der Torwächter läutete, wenn ein Leichenzug hindurchkam. Zu Judas Zeit war der Torwächter ein Judenfeind und läutete auch beim Durchzug von jüdischen Leichenzügen, um die Juden zu ärgern.

Als nun R. Juda auf seinem Sterbebette lag und sterben wollte, ließ er die Gemeinde um sich sammeln und sprach zu ihnen: „Meine lieben Brüder, ich werde nunmehr sterben. Aber ein Wahrzeichen will ich euch zurücklassen. Wenn ich nämlich gestorben bin und meine Leiche durch das Tor getragen wird, so wird der Bösewicht läuten. Alsbald wird das Tor einstürzen, und das soll euch ein Zeichen sein, daß ich zur ewigen Seligkeit im Eden eingegangen bin."

Als nun R. Juda gestorben war, trug man seine Leiche zum Tore hinaus. Da begann der Torwächter, wie gewöhnlich, zu läuten; das Tor stürzte aber ein und begrub den Torwächter unter seinen Trümmern.

Nun erkannten auch die Christen an, daß R. Juda ein Heiliger war, im Leben und im Tode. *(R. Mb. 55 b.)*

14. R. Samuel Chaßid

1. Der Pergamenter

Des R. Juda Chaßid Vater, R. Samuel Chaßid, war wie männiglich bekannt, ein hervorragender Gelehrter, wohl bewandert in der Thora und in allen rabbinischen Wissenschaften.

Nun lebte zu seiner Zeit ein frommer Mann, hieß R. Juda, der hätte gern den R. Samuel gesehen, von dem er schon soviel Erstaunliches gehört. Und siehe da, sein Wunsch ging in Erfüllung, als er am wenigsten daran dachte.

R. Samuel war nämlich ausgezogen, um bei gelehrten Rabbinern sein Wissen zu vermehren und kam von ungefähr in die Stadt, in der R. Juda wohnte, und nahm seine Herberge im Hause eben dieses R. Juda.

Er hatte sich aber vorgenommen, sich nicht als Gottesgelehrten auszugeben, getreu dem Gebote, von der Gottesgelehrtheit keinen weltlichen Nutzen zu ziehen, und nannte aus diesem Grunde auch seinen Namen nicht. So kam es, daß man ihm keine anderen Ehren erwies, als jedem andern Fremden.

Als nun R. Samuel wieder weiter zog, fragte sein Wirt nach seinem Namen. „Ich heiße Samuel." „Schon recht," sagte da der Wirt, „aber hast du keinen Zunamen?" Und R. Samuel erwiderte: „Wohl, ich heiße Samuel Pergamenter, so benannt nach meinem Beruf." Da dachte R. Juda nicht anders, als sein Gast wäre ein Pergamentmacher, verabschiedete ihn also wie jeden andern Gast und gab ihm, wie es Sitte war, eine kurze Strecke das Geleit, und einige Schüler mit ihm.

Aber R. Samuel ging mit einem der Schüler im Gespräch ein wenig voran, und als R. Juda umgekehrt war, sagte er: „Gestern hat euer Rabbi mich nach meinem Namen gefragt, und da sagte ich, ich heiße Pergamenter, so benannt nach meinem Beruf. Ich bin nämlich wohl bewandert in allen Auslegungen und Geheimnissen der Thora, die doch auf Pergament geschrieben wird." Und damit zog er seine Straße.

Der Schüler aber kehrte heim und meldete seinem Lehrer die Worte des Gastes. „Ist das die Wahrheit?" rief R. Juda in höchster Bestürzung aus, „oder treibst du nur dein Spiel mit mir?" „Behüte Gott," erwiderte der Schüler, „der Gast hat wirklich so gesprochen." „So war's kein anderer als R. Samuel Chaßid, und er hat seinen Namen nicht genannt, weil er keine besonderen Ehren wollte; wie denn auch geschehen. Aber wohlan, wir wollen ihm sogleich nacheilen, so erreichen wir ihn vielleicht noch."

Da machten sie sich eilends auf den Weg und holten richtig ihren Gast noch ein. R. Juda bat recht herzlich um Verzeihung, daß er seinem Meister die gebührenden Ehren nicht erwiesen, weil er ihn nicht gekannt habe. Nun aber sollte er mit ihm umkehren und ihm die Freude gönnen, ihn in seinem Hause als den berühmten R. Samuel Chaßid beherbergen zu dürfen. Er bat so lange, bis der Gast einwilligte und umkehrte.

Daheim angelangt, gingen beide Gelehrte in ein stilles Zimmer und blieben vierzehn Tage und Nächte darin, und durfte niemand zu ihnen hinein; wie auch kein Mensch erfahren hat, was sie in dieser Zeit gesprochen und getan haben. *(W. Mb. No. 27.)*

2. Durch Buße gerettet

R. Samuel zog einst nach einer Stadt, wo sich einne talmudische Hochschule befand, um dort sein Wissen zu vermehren, oder, wie man kürzer sagte, um dort zu „lernen". Unterwegs gesellten sich noch drei Juden zu ihm, die nach derselben Stadt wollten.

Sie kamen aber in einen großen Wald, in welchem sie sich verirrten. Sie gingen den ganzen Tag und fanden keinen Ausweg. Nun neigte sich der Tag zu Ende, und R. Samuel spähte besorgt nach allen Seiten aus, ob er nicht wenigstens eine Hütte entdecken möchte, wo sie sicher vor wilden Tieren die Nacht zubringen könnten.

Da erblickte er zuletzt ein Haus und rief voll Freude seinen Reisegenossen zu: „Freut euch, ich sehe dort ein Haus! Doch laßt zuvor mich allein hineingehen, damit ich euch Kunde bringe, wer darin wohnt." Damit trat er hinein.

Auf dem Herde brannte ein Feuer, und viele Töpfe standen herum, aber er sah keinen Menschen. Schon wollte er hinausgehen, um die Genossen zu rufen, als ihm ein alter Mann mit schneeweißem Bart entgegentrat, ihn freundlich begrüßte und einlud, die Nacht bei ihm zu bleiben und Speise und Trank mit ihm zu teilen.

„Ehrwürdiger Greis," erwiderte R. Samuel, „deine Einladung nehme ich mit Freuden an; doch habe ich draußen noch drei Genossen – wo sollen die denn bleiben?"

„Laß deine Gesellen nur immerhin im Walde übernachten; es sind gar arge Bösewichter und sind es wohl wert, daß sie von wilden Tieren gefressen werden. Indessen, da es deine Reisegesellen sind, so sollen sie um deinetwillen aufgenommen sein. Doch warne ich dich: geh nicht weiter mit ihnen, damit dir nicht ihretwegen Böses widerfahre!"

Da rief der Rabbi die drei andern, und sie aßen und tranken und nächtigten alle in dem Hause des alten Mannes.

Als R. Samuel sich am Morgen verabschiedete, nahm ihn der Greis beiseite, segnete ihn und sprach: „Ich bin der Prophet Jeremias, ich hause in einsamen Wäldern und klage um die Zerstörung Jerusalems," und zeigte ihm manche Rolle, die er mit Klageliedern vollgeschrieben hatte. Dann geleitete er ihn sicher durch den wilden Wald, der von Räubern und Tieren wimmelte.

Sobald R. Samuel mit den drei Reisegesellen wieder allein war, sprach er: „Es wäre eine Sünde, wenn ich verschweigen wollte, was ich über euch erfahren habe. Vernehmet denn: nur meinetwegen hat der Greis euch über Nacht beherbergt; denn ihr wäret so arge Bösewichter, sagte er, daß ihr wohl verdienet, daß euch die wilden Tiere fressen.“

Als die drei Männer diese Worte hörten, erschraken sie heftig, denn sie merkten, daß ihre ruchlosen Taten offenbar geworden, und baten den Rabbi flehentlich, er möchte ihnen die Buße bestimmen; denn sie seien große Sünder und wollten sich bekehren.

Der fromme Mann bestimmte ihnen nun die Buße und sprach: „Sofern ihr die Buße tut, so mögt ihr euch wohl noch das künftige Leben erwerben; tut ihr sie aber nicht, so werdet ihr noch innerhalb dieses Jahres eines schändlichen Todes sterben.“

Darauf sprachen sie: „Ehrwürdiger Rabbi, wir wollen alles tun, was du uns auferlegst, ja eher noch mehr.“

So zogen sie weiter und kamen in die Stadt, in welcher R. Samuel „lernen“ wollte. Es war gegen Abend, und sie gingen in die Synagoge zum Gebete.

Da traten die drei Sünder vor die heilige Lade, kündeten sich mit lauter Stimme den Versammelten als Sünder an, bekannten auch ihre Sünden und nannten die Buße, die ihnen der Rabbi auferlegt hatte. „Die aber,“ so schlossen sie, „wollen wir mit ganzem Herzen und allen Kräften tun.“

Und sie hielten Wort.

Danach begab es sich in einer Nacht, daß R. Samuel eine Stimme hörte, die ließ sich also vernehmen: „Du sollst wissen, R. Samuel, daß Gott die Buße der drei Sünder wohlgefällig aufgenommen hat und daß auch ihnen das ewige Leben im Eden beschieden ist.“

Am Morgen eilte R. Samuel, wie gewöhnlich, zur Synagoge, und als der Gottesdienst beendet war, trat er auf und hielt den Betern eine Rede.

Niemand, so sprach er, dürfe an sich selbst verzweifeln; niemand dürfe sagen: „Ich bin ein solcher Sünder, daß alle Buße mich nicht retten kann; wozu soll ich mich peinigen?“ „Nehmt euch vielmehr ein Beispiel,“ fuhr er fort, „an den drei Sündern, die ihr hier einmal gesehen und gehört habt; so groß und so viel ihre Sünden waren, die aufrichtige Buße, die sie getan haben, hat Gott mit Wohlgefallen angenommen und sie des ewigen Lebens würdig befunden. So heißt es auch im Talmud: ‚Die Bußfertigen stehen gewissermaßen höher, als diejenigen, die nicht gesündigt haben.‘“

Drei Jahre verweilte R. Samuel in dieser Stadt, dann kehrte er in seine Heimat zurück.

(W. Mb. Nr. 167.)

3. Der Almosen-Pfennig

R. Samuel kam einmal nach Köln am Rhein. Er war aber in großer Not, denn er hatte nichts und bat die jüdische Gemeinde daselbst um ein Almosen. Da bestellten sie zwei Talmudjünger, die sollten bei den Kölner Juden unhergehen und Gaben heischen für R. Samuel.

Sie hatten an siebzig Gulden zusammen, als sie auch zu einem reichen Manne kamen, der aber kein Herz für die Armen hatte. Als sie ihm ihr Begehren vorgetragen hatten, wurde er zornig, warf ihnen einen Pfennig vor die Füße und rief: „Da nehmt den Pfennig für euren Bettelmann!"

Das verdroß die beiden Schüler sehr, sie ließen den Pfennig liegen und begaben sich zu R. Samuel. Sie übergaben ihm das gespendete Geld und konnten sich nicht enthalten, ihm voller Entrüstung auch das Tun und Reden des kargen Reichen zu berichten.

Aber R. Samuel sprach: „Ihr lieben Brüder, das war nicht recht von euch; geht hin und bringt mir auch den Pfennig! Da Gott es mir hat also auferlegt, daß ich der Gaben anderer bedarf, so darf ich auch die kleinste Gabe nicht verschmähen."

Sie gingen also zu dem reichen Manne zurück, um den Pfennig aufzuheben. Und als dieser sehr verwundert darüber war, berichteten sie ihm des Rabbis Worte.

Da erfaßte den Reichen eine gewaltige Reue, er holte eine beträchtliche Summe Geldes aus dem Schrein und eilte in die Herberge des R. Samuel. Hier bat er ihn innig um Verzeihung und war erst dann beruhigt, als der Rabbi auch das Geld angenommen hatte.

(W. Mb. No. 165.)

4. Ein Bekehrter

Einstmals war R. Samuel am Versöhnungstage in Speier, und die Gemeinde zeichnete den frommen Manne dadurch aus, daß sie ihn mit dem Vorbeten betraute. Wie er nun vor der Gemeinde stand und in heiliger Andacht, jedem irdischen Gedanken entrückt, die frommen Buß- und Bittgebete vortrug nach der Väter Weise, da trat einer von den Räten des Bischofs mit einigen Begleitern in die Synagoge.

Als er den Rabbi so singen hörte, sprach er zu ihnen: „Ei, seht doch nur den Juden an, wie er so ganz verzückt in Andacht seine Augen nach dem Himmel kehrt! Ich kann der Lust nicht widerstehen, ihm ins offene M… zu speien!" Und trat hin und tat nach seinen Gelüsten.

Aber es kam anders als der übermütige Frevler erwartet hatte. Denn der fromme R. Samuel ließ sich nicht in seiner Andacht irre machen, er fuhr fort in seinem heiligen Gebete, als wäre nichts geschehen.

Nun empfand der böse Mann bittere Reue wegen seines frevelhaften Tuns; der Jude in seiner Andacht kam ihm wie ein Heiliger vor, und sein Gesang erschien ihm jetzt so schön und erhebend, daß er zu seinen Begleitern sprach: „Ich habe Unrecht getan, dem Juden diese Schmach zuzufügen, und ich fürchte, Gott werde mich dafür strafen; das weiß der Jude wohl auch, und darum läßt er sich nicht irre machen." Und ging mit großem Kummer heim.

Am folgenden Tage ging er in des Rabbi Herberge und sprach: „Sagt mir doch nur, mein Rabbi, warum habt ihr gestern so andächtig gebetet?"

Der Rabbi erwiderte: „Herr, warum fraget Ihr danach, da Ihr mir doch gestern eine Schmach angetan habt, wie sie mir in meinem ganzen Leben nicht ist angetan worden! Und das Gespötte, das ihr sonst noch habt getrieben! Und das in unserem Gotteshause und an der heiligen Stätte, an der ich stand! Denn wir glauben gewiß und wahrhaftig, daß dieser Tag von Gott, dem Allmächtigen, uns geboten ist, auf daß uns unsere Sünden vergeben werden um unserer Buße willen und um der Schmach willen, die Ihr mir zugefügt, und um all der Leiden willen, die wir fort und fort von Euch erdulden müssen. In diesem festen Glauben habe auch ich mich nicht irre machen lassen, sondern habe mein Gebet mit Inbrunst und in Freuden beendet."

Diese Worte machten auf den Spötter einen tiefen Eindruck; keiner Antwort fähig, bat er um Verzeihung; er habe sich nichts weiter dabei gedacht, und der Rabbi möchte Gott für ihn um Vergebung bitten für den an heiliger Stätte begangenen Übermut; er wollte so etwas gewiß in seinem ganzen Leben nicht noch einmal tun, es vielmehr an allen Juden gut zu machen suchen; das werde der Rabbi selber schon noch merken. R. Samuel erwiderte ihm nichts darauf, und so ging er fort.

Aber des Bischofs Rat hielt Wort. Was irgenwie den Juden nachteilig sein konnte, und er hörte es, das wußte er zum besten der Juden zu wenden. Dabei kam er wiederholt zu R. Samuel und bat immer dringender um Verzeihung, bis dieser endlich sagte: „Nun denn, wohl habt Ihr eine große Sünde an mir begangen; doch da ich sehe, wie sehr Ihr diese Sünde bereuet und da Ihr gelobet, dergleichen niemals wieder zu tun, und da ich ferner höre, wie Ihr Euch bemühet den Juden Liebes zu erweisen, so zweifle ich nicht mehr an Eurem guten Willen und verzeihe Euch; wie ich auch Gott bitten will, daß er Euch den Frevel an heiliger Stätte verzeihe. Ist es doch die beste Buße, wenn einer eine Sünde nicht mehr tut."

Bald darauf aber kam er zu R. Samuel und ließ sich ins Judentum aufnehmen und ward ein echter und rechter Jude; seine Reichtümer aber verteilte er unter die armen Juden in Speier.   *(W. Mb. No. 168.)*

5. Die drei Pfaffen

Drei Pfaffen, erfahren in geheimen Künsten, hatten von R. Samuels Gelehrsamkeit und seinem geheimen Wissen gehört. Sie machten sich also auf, um sich von der Wahrheit zu überzeugen und ihn womöglich zu übertreffen.

Bei R. Samuel angelangt, sprachen sie: „Von deiner Meisterschaft in den geheimen Künsten haben wir in weiter Ferne viel vernommen; so sind wir hergekommen und bitten dich: laß uns deine Künste sehen, so wollen wir dir auch unsre zeigen. Versage uns die Bitte nicht, nachdem wir einen so weiten Weg daher gemacht haben!"

Nun lebte damals ein tiefgelehrter Mann, R. Jakob mit Namen, der hatte ein köstliches, geheimnisvolles Buch, das hätte R. Samuel schon lange gerne gehabt. Er sprach also zu den drei Pfaffen: „Vermöchtet ihr einen Geist zu beschwören, daß er einen Brief von mir an R. Jakob trägt des Inhalts, daß R. Jakob mir das Buch schicke und der Geist mir Bescheid samt Buch überbringt, so wollte ich glauben, daß ihr euch eurer Künste nicht vergebens rühmt."

Da sprachen die drei Pfaffen: „Da wir gekommen sind, um dich zu ehren und dir zu zeigen, daß unsere Kunst der deinen überlegen ist, so wollen wir vollführen, was du verlangst. Wohlan, komm mit hinaus aufs freie Feld, so sollst du Wunder schauen!"

Auf dem Felde angelangt, sprachen sie: „Nun merke wohl auf unsere Kunst! Es wird sich einer von uns dreien in einen Kreis am Boden hineinbegeben; drauf wird ein anderer eine Beschwörungsformel über ihn sprechen, dann wird seine Seele aus ihm fahren, sich zum R. Jakob begeben, deinen Auftrag ausrichten und dir auch das gewünschte Buch bringen. Derjenige aber, dessen Seele infolge der Beschwörung ausgefahren ist, wird drei Tage wie tot in dem Kreise am Boden liegen bleiben und erst am dritten Tage wieder seine Seele zurückerhalten; dann wird er sich vom Boden erheben und frisch und gesund sein wie vordem."

Und wie gesagt, so taten sie. Dann sprachen die beiden Paffen: „Es ist nicht nötig, daß auch wir hier weilen; wir kehren lieber in die Stadt zurück und kommen übermorgen um die Mittagszeit hierher, wenn die Seele in den Körper unseres Bruders zurückgeht; er wird sich dann erheben und dir das gewünschte Buch überliefern."

So kehrten sie in die Stadt zurück.

Am dritten Tage sprachen die beiden Pfaffen zum Rabbi: „Wohlauf, nun wollen wir hinaus ins Feld; da sollst du sehen, wie die Seele unsres Bruders in den Körper wiederkehrt."

R. Samuel folgte ihnen, doch hatte er mit seiner geheimen Kunst es so gemacht, daß die Seele nicht wieder in den toten Körper hineinkonnte. Da das die beiden Pfaffen inne wurden, begannen sie den Tod ihres Bruders mit Jammer und mit Tränen zu beklagen.

R. Samuel aber sprach: „Wollt ihr nunmehr meine Überlegenheit anerkennen, so will ich wohl machen, daß die Seele wieder ihren Weg in des Entseelten Körper finde, so daß er sich alsbald vom Boden erhebe."

Da sanken sie beide nieder und flehten den Rabbi auf ihren Knien an, er möchte doch um Gotteswillen machen, daß ihr Bruder wieder ins Leben zurückkehre; sie wollten seine Überlegenheit gewiß und freudig anerkennen.

R. Samuel sprach seine Beschwörung aus, die Seele kehrte dem

Entseelten wieder, er erhob sich flugs und übergab dem Rabbi Brief und Buch.

Damit war ein langgehegter Wunsch des Rabbi erfüllt.

Die drei Pfaffen aber dankten ihm von Herzen und gestanden bereitwillig zu, daß seine Kunst noch größer sei, als man in der Welt wisse. *(W. Mb. No. 161.)*

15. Der Papst Elchanan

R. Simeon (der Große) wohnte zu Mainz und hatte ein Söhnlein mit Namen Elchanan.

Eines Sabbats, während die Eltern in der Synagoge waren, kam die christliche Sabbatfrau, um, wie gewöhnlich an diesem Tage, Feuer im Ofen zu machen, und nahm das Knäblein, als sie fortging, mit. Die Magd sah das wohl, aber sie dachte sich nichts Arges dabei und meinte, die Frau werde das Kind schon zurückbringen. Als sie aber zu lange ausblieb, ging sie der Frau nach, konnte sie aber nicht finden.

Inzwischen kamen die Eltern aus der Synagoge heim und fanden weder die Magd noch das Kind. Da tritt die Magd herein und erzählt jammernd, wie die Sabbatfrau das Kind mitgenommen und jetzt nirgends zu finden sei. Nun begann ein eifriges Suchen und Forschen, aber ohne Erfolg. R. Simeon fastete und betete Tag und Nacht zu Gott, daß er sie ihr Kind wiederfinden lassen möchte, aber es war und blieb verschwunden.

Die Sabbatfrau hatte den Knaben zu einem Geistlichen gebracht, der ihn taufte und im christlichen Glauben erzog. Da er außergewöhnlich gute geistige Anlagen hatte, so lernte er mit wunderbarer Schnelligkeit allerlei Sprachen, bezog bald die besten Hochschulen und kam schließlich nach Rom, wo er Kardinal wurde. Alle Welt sprach mit Achtung und Bewunderung von ihm; und als der Papst starb, bestieg er den päpstlichen Stuhl.

Aber er wußte sehr wohl, daß er ein geborener Jude und R. Simeon zu Mainz sein Vater war, und das Verlangen, seinen alten Vater zu sehen, ward immer stärker in ihm. So erließ er ein Edikt an den Erzbischof von Mainz, es sollte den Mainzer Juden hinfort verboten sein ihren Sabbat zu halten, ihre Kinder als Juden zu erziehen und ihre Frauen in das rituelle Tauchbad zu schicken. Er sah nämlich voraus, daß die Juden daraufhin sich an ihn wenden würden, um die Aufhebung des Edikts zu erwirken, und daß sie dazu den R. Simeon wählen würden.

Und so geschah es auch. Denn als der Erzbischof den Juden zu Mainz den päpstlichen Befehl eröffnete und auf ihre Vorstellungen erwiderte, er habe keine Macht gegen den Papst, sondern sie müßten sich an diesen selbst wenden, so beschlossen die Juden eine Abordnung nach Rom zu schicken und wählten dazu R. Simeon und zwei Schriftgelehrte.

In Rom kehrten sie zuerst bei Juden ein und teilten ihnen Grund und Zweck ihrer weiten Reise mit. Da waren die Juden zu Rom nicht wenig erstaunt. „Seit Menschengedenken," sagten sie, „ist kein Papst so leutselig gegen die Juden gewesen, wie der jetzige! Darum ist es unmöglich, daß er ein solches Edikt erlassen habe; das hat der Erzbischof auf eigene Hand getan." Aber R. Simeon zeigte ihnen das päpstliche Schreiben und Insiegel, und die Juden mußten es nun wohl glauben.

Da beteten und fasteten sie mit den Mainzer Juden zusammen, dann gingen die Vorsteher der jüdischen Gemeinde in Rom zum Kardinal, um seine Bemühung anzurufen. Aber als dieser das Schreiben an den Erzbischof von Mainz gesehen hatte, sagte er: „Da kann keiner etwas tun! Aber ein Versuch bleibt noch zu machen: Wendet euch mit einer Bittschrift an den Papst selbst, und wir wollen schon sorgen, daß sie in seine Hände gelangt."

Also verfaßten die Juden eine Bittschrift, und als der Papst sie gelesen hatte, befahl er, daß der älteste der Abgesandten vor ihm erscheinen sollte. Das war aber R. Simeon, ein ehrwürdiger Greis.

Als der in das Gemach des Papstes trat, saß dieser vor dem Schachbrett und spielte mit einem Kardinal. R. Simeon sank ins Knie, aber der Papst erschrak, als er den Greis so vor sich sah, und hieß ihn aufstehen und sich setzen, bis er das Spiel beendet hätte.

Als er fertig war, fragte er den Greis nach seinem Begehr, und dieser sagte es ihm unter Bitten und Tränen. Der Papst hörte ihn freundlich an, ließ sich mit ihm in ein gelehrtes Gespräch ein, und R. Simeon bewunderte die Gelehrsamkeit des Papstes. Schließlich sagte dieser: „Nun sei getrost, dein Anliegen soll nach deinem Wunsche erledigt werden. Ich habe aber alle Zeit Juden bei mir gesehen, die sehr gut Schach spielten; ich denke, du bist ein so gelehrter Mann, du wirst auch Schach spielen können. Willst du nicht einmal einen Gang mit mir wagen?"

Das war R. Simeon zufrieden und tat dabei einen Zug, wie er meisterhafter wohl von keinem in der ganzen Welt getan werden möchte – und doch setzte ihn der Papst matt; worüber R. Simeon sich nicht wenig wunderte. Dann führten sie noch ein religiöses Gespräch, wobei R. Simeon den Scharfsinn des Papstes bewunderte.

Danach verabschiedete der Papst die Kardinäle, und als er mit seinem Vater allein war, fiel er ihm um den Hals und rief mit Tränen: „Mein teurer alter Vater, kennst du mich nicht?" Und R. Simeon antwortete betroffen: „Wie sollte ich Ew. Gnaden kennen!" „So besinnt Euch," fuhr der Papst fort, „habt Ihr nicht einmal einen Sohn verloren?" Als der Greis das hörte, erschrak er und erwiderte: „Allerdings." „Nun," fuhr der Papst fort, „dieser Sohn bin ich, und ich habe das Edikt nach Mainz erlassen, damit du nach Rom kommest und ich dich wiedersehe. Meine Absicht ist erreicht, und ich will alsbald meine päpstliche Würde niederlegen. Nun gib mir einen Rat, mein teurer Vater, wie kann ich gut machen, daß ich meinen angestammten Glauben so lange verleugnet habe?" Doch R. Simeon erwiderte: „Sorge nicht, mein Sohn! Du bist gewaltsam einem andern Glauben zugeführt worden, und warst ja noch ein Kind."

Da gab ihm der Papst ein Schreiben mit, wodurch das Edikt wieder aufgehoben wurde, und sprach: „Nun ziehe heim, und der Gott Israels behüte dich! Bringe dieses Schreiben dem Erzbischof von Mainz, und über das, was ich dir sonst offenbart habe, beobachte Schweigen! Ich selbst will bald bei euch sein."

Als R. Simeon vom Papst kam und von dem guten Erfolge berichtete, war große Freude unter den Juden; sie zogen eilends heim nach Mainz, und auch hier war die Freude groß.

R. Simeon berichtete nun seiner Frau, daß er in Rom seinen verlorenen Sohn gefunden habe, und das sei der Papst. Als die Frau das hörte, erhob sie große Klage; doch R. Simeon sagte: „Betrübe dich nicht, denn er wird bald wieder unter uns sein."

Der Papst aber schrieb ein Büchlein, tat es in ein Gewölbe, das er verschloß, und ordnete an, daß sein Nachfolger es lesen sollte. Dann nahm er allerlei Hab und Gut mit sich und zog nach Mainz unter die Juden und lebte dort in Ansehen und in Ehren, denn er war ein wohlhabender und gelehrter Mann.

Zu Rom aber war eines Tages der Papst verschwunden, und niemand wußte, wo er geblieben war. *(R. Mb. 56 d.)*

16. Raschi und der Herzog von Lothringen

Raschi war bekannt nicht nur als der größte Gelehrte seiner Zeit, sondern auch als ein weiser Mann, der sogar die Sehergabe besaß. Davon hatte auch der Herzog von Lothringen gehört.

Als er nun ins heilige Land ziehen wollte, um gegen die Sarazenen zu kämpfen, sandte er zu Raschi und ließ ihn bitten zu ihm zu kommen. Aber Raschi wollte nicht. Das verdroß den Herzog. Da er ihn jedoch sprechen wollte, so zog er mit seinem Volke nach Worms und hielt vor Raschis Hause an.

Das Haus stand offen, offene Bücher lagen auf dem Tische, aber es war kein Mensch zu sehen.

Da rief der Herzog mit lauter Stimme: „Salomo, Salomo, wo bist du?" Und Raschi erwiderte: „Was begehrt der Herr?" Aber der Herzog, der niemand sah, rief abermals: „Salomo, wo bist du?" Und Raschi erwiderte: „Hier bin ich, mein Herr!" Da der Herzog wieder niemand sah, verwunderte er sich sehr und trat zum Hause hinaus. Da sah er einen von Raschis Schülern und fragte ihn, ob in diesem Hause Raschi wohne. Der Schüler bejahte das. Da sprach der Herzog: „So sage deinem Rabbi, daß er zu mir herauskomme; ich schwöre, daß ihn keinerlei Schade von mir treffen soll."

Da Raschi diese Worte hörte, kam er heraus und fiel dem Herzog zu Füßen. Der aber hob ihn auf und sprach: „Nun habe ich deine Kunst gesehen. Aber ich habe noch ein anderes Begehren. Ich habe ein mächtig Heer zu Fuß und zu Roß gerüstet, mit dem will ich nach dem heiligen Lande ziehen, um Jerusalem zu erobern. Nun sage mir deine Meinung, und verhehle mir nichts, es sei gut oder böse!"

Da sprach Raschi: „Herr, ich will Euch wohl die Wahrheit sagen: Im Anfang werdet ihr siegreich sein und Jerusalem erobern; drei Tage werdet ihr König von Jerusalem sein, aber am vierten werden Euch die Sarazenen wieder aus der Stadt vertreiben; Ihr werdet fliehen müssen, und der größte Teil Eures Heeres wird erschlagen werden, so daß Ihr nur mit zwei Mann und einem Pferdekopf nach Worms zurückkehren werdet. Dies ist die Wahrheit, und nun tut, wie Euch gut dünkt!"

Als der Herzog diese Rede hörte, verdroß sie ihn sehr, und er sprach: „Möglich, daß du recht hast, und daß es mir also ergeht, wie du sagst. Aber das sage ich dir: komme ich auch nur mit einem einzigen Begleiter mehr zurück, als du sagst, so sollen die Hunde dein Fleisch verzehren und alle Juden in meinem Lande ihr Leben lassen." Damit wandte sich der Herzog und ritt mit seinem Kriegsvolk von dannen.

Aber es geschah, wie ihm Raschi verkündet hatte, und als er wieder vor Worms kam, da hatte er nur noch drei Mann, die jeder auf einem Pferde ritten. Nun gedachte er der Worte Raschis und sprach in seinem Herzen: „Ich sollte mit nur zwei Mann und einem Pferdekopf wiederkommen, ich komme aber mit dreien wieder, und darum soll der Jude seinem Schicksale doch nicht entgehen." Mit diesen Gedanken war er in das Tor hineingeritten.

Aber plötzlich löste sich ein schwerer Balken mit eisernen Spitzen los, der fiel herunter, tötete einen Begleiter des Herzogs und schlug dem Pferde den Kopf ab. So blieb der tote Mann außerhalb des Tores, der Pferdekopf aber innerhalb. Der Herzog erschrak, denn er merkte, daß Raschi recht geweissagt hatte. Sogleich begab er sich nach dessen Hause, aber Raschi war soeben gestorben, und der Herzog trauerte sehr über seinen Tod.   (R. mb. 55 b.)

17.   Die Vögel bringen es an den Tag

Ein Jude ging über Land. Da überfiel ihn ein Räuber und nahm ihm alles, was er hatte. Als das geschehen war, sprach er: „Nun muß ich dich töten, damit du nicht mein Verräter wirst." Aber der Jude sprach: „Wenn du mich tötest, so werden die Vögel dich verraten, und du kommst um dein Leben." Da sprach der Räuber: „Du willst mich wohl zum besten halten." „Nicht doch," rief der Jude dagegen, „es heißt wirklich in unserer heiligen Schrift (Pred. Sal. 10, 20.): ‚Die Vögel des Himmels erzählen die Sache.'" Aber der Räuber wurde ungeduldig und rief aus: „Genug, Jude!" und tötete ihn.

Dann zog er seines Weges in den nächsten Ort, ging in ein Wirtshaus und bestellte sich ein Nachtessen. Der Wirt trug ihm Krammetsvögel auf. Als der Räuber die Vögel sah, lachte er. Da fragte ihn der Wirt, warum er lache. Der Räuber aber dachte: „Was liegt an einem Juden? Um eines Juden willen brauche ich mir keinen Zwang anzutun," und erzählte lachend, wie er den Juden getötet.

Als der Wirt das hörte, dachte er: „Wer die Ermordung eines Menschen so leicht nimmt und sich gar damit rühmt, der hat schon mehr gemordet," ging zum Bürgermeister und sagte ihm, ein Räuber sitze in seiner Wirtsstube. Dann kehrte er zurück und setzte sich zu seinem Gaste an den Tisch.

Es währte gar nicht lange, so kam der Bürgermeister mit drei bewaffneten Knechten und erklärte den Räuber für gefangen. Da erschrak der Räuber so, daß er fast vom Stuhle sank; er gestand sogleich den Mord am Juden und noch manchen andern. Da wurde er aufs Rad geflochten und büßte mit grausamem Tode seine Schandtaten.

So haben es die Vögel doch an den Tag gebracht. *(R. Mb. 70 b.)*

18. Der verzauberte Rabbi oder das böse Weib

Im Lande Uz lebte ein Rabbi, der war gelehrt und reich und wohltätig über die Maßen. Er lehrte nicht nur, sondern unterhielt auch eine ganze Schar von Jüngern, ließ Kinder auf seine Kosten erziehen und unterrichten und tat viel Gutes an den Armen.

Aber sein Weib war geizig und bösartig und ward allemal zornig, wenn ein Armer ihr Haus betrat.

Nun begann des Rabbi Reichtum abzunehmen, schwand immer

mehr dahin, und zuletzt litt er selber Mangel. Da gedachte er heimlich die Stadt zu verlassen, damit niemand wissen möge, wohin er gekommen.

Er berief also seine tüchtigsten Schüler, offenbarte ihnen seine Absicht und forderte sie auf, mit ihm zu ziehen. Sie waren sogleich dazu bereit und erboten sich auch, soweit wie möglich ihn mit ihrem eigenen Hab und Gut zu unterstützen.

So zog er mit ihnen heimlich fort, und niemand wußte, wo der Rabbi geblieben war. Aber seine anderen Jünger beklagten des Verschwinden ihres Lehrers, und die Armen, die er immer so freigebig unterstützt hatte, den Verlust ihres Wohltäters.

Der Rabbi zog mit seinen Jüngern von Stadt zu Stadt, und überall empfing man ihn mit großen Ehren. Aber als ein oder zwei Jahre vergangen waren, hatten sie alle ihr Hab und Gut verzehrt, und der Rabbi war immer noch arm, und sie waren zuletzt auf die milden Gaben anderer angewiesen. Am schlimmsten aber war es, daß sie nunmehr in zerrissenen Gewändern einhergingen und für Landstreicher gehalten wurden und niemand ihnen mehr etwas geben wollte.

Da sprachen sie eines Tages zum Rabbi: „Lieber Rabbi, was soll nun das Ende sein? Länger können wir es nicht mehr so treiben! Wir wollen heimziehen zu unseren Eltern, versprechen Euch aber, niemandem zu verraten, wo Ihr seid, und wie es Euch geht."

Da antwortete der Rabbi: „Meine lieben Schüler, ich kann der Wahrheit gemäß sagen, daß ihr mir lange genug treue Anhänglichkeit bewiesen habt, und kann eure Worte nicht tadeln. Dennoch bitte ich euch, noch einige Tage bei mir auszuhalten. Sendet uns Gott – des Name gelobt sei! – bis dahin keine Hilfe, so möget ihr in Frieden heimziehen." Die Schüler versprachen ihm darauf, noch einige Tage bei ihm zu bleiben, und so zogen sie allesamt weiter ihre Straße.

Einmal blieb der Rabbi hinter ihnen zurück. Da bemerkte er ein kleines Wiesel, das ein goldenes Ringlein in seinem Munde trug.

„Das Tierchen braucht kein Ringlein, mich aber könnte es aus bitterer Not retten," dachte der Rabbi und lief dem Wiesel nach. Dieses aber entfloh und ließ dabei das Ringlein fallen.

Sogleich hob es der Rabbi auf, und als er es betrachtete, fand er innen eine Inschrift, die lautete:

Klein seh ich aus und gar gering,
Bin doch ein unbezahlbar Ding. –

Der Rabbi, als ein weiser Mann, ahnte sofort, daß das Ringlein eine besondere Eigenschaft haben müsse; aber welche?

„Vielleicht ist es gar ein Zauberring," dachte er weiter, „und man kannn mit ihm seine Wünsche erfüllen?"

Blitzschnell kam ihm der Wunsch: „O, wenn mir Gott doch einen Beutel Goldgulden bescherte!"

Kaum hatte er den Wunsch geäußert, so lag da vor ihm ein Beutel voll Gold.

Da war seine Freude groß, und er eilte zu seinen Jüngern und sprach: „Meine lieben Schüler, fasset Mut! Wir kommen nun in die Stadt, in der wohnt ein Freund von mir, ein sehr reicher Mann, der leiht mir soviel Geld, wie ich nur wünsche; dann sollt ihr alle euch neue Kleider beschaffen und in Frieden heimziehen." Von dem Zauberringe aber sagte er ihnen nichts.

So waren die Jünger froh, und als sie in der Stadt waren und sich dort einen Tag aufgehalten hatten, kleidete er sie alle in Samt und Seiden, kleidete auch sich selbst wieder wie in den Tagen seines Wohlstandes und kaufte zuletzt einen schönen geräumigen Wagen, um in Ehren wieder mit ihnen in ihre Heimat zurückzukehren. Die Jünger erstaunten nicht weiter, denn sie meinten nicht anders, als daß der Rabbi von seinem reichen Freunde einige tausend Gulden entliehen habe.

Mit großen Ehren wurde der Rabbi daheim empfangen, seine zurückgebliebenen Jünger waren froh, daß er wiedergekommen war, aber am meisten freuten sich die Armen, denen er wieder ein Wohltäter wurde wie in früheren Zeiten.

Nur das böse Weib ärgerte sich wieder über die reichen Gaben, die er spendete.

Einstmals sagte sie zu ihm: „Mein lieber Mann, woher kommt dir denn das viele Geld jetzt? Und wir waren doch so arm!"

„Gott hat mich unterwegs einen Schatz finden lassen," erwiderte er.

Aber das böse Weib wollte ihm das nicht glauben und quälte ihn so lange, bis er ihr die Wahrheit erzählte. Da dachte sie: „Bekomme ich das Ringlein jemals in die Hand, so geb' ich's nimmer wieder her, und seine Verschwendung soll ein Ende haben."

So begann sie ihn zu bitten, er sollte ihr das Ringlein einmal zum Ansehen geben. Aber der Rabbi, der den bösen Sinn seines Weibes kannte, schlug die Bitte ab.

Da begann sie zu weinen und zu klagen und lag ihm so lange in den Ohren, bis er es nicht mehr ertragen konnte und ihr das Ringlein zum Besehen gab.

Kaum hatte sie es, so rief sie aus: „So wünschte ich, daß mein Mann ein Werwolf und im Walde wäre!"

Kaum war das Wort gesprochen, so sprang der Rabbi als Wolf zum Fenster hinaus und rannte in den Wald und baute sich dort eine Wohnung. Und war ein wilder Wolf, der Menschen fraß, und alle fürchteten sich vor ihm, und die Kohlenbrenner mußten aus dem Walde fliehen, um nicht von ihm gefressen zu werden.

So kam der Sabbat heran, und man wartete auf den Vortrag des Rabbi; aber sein böses Weib sagte zu den Jüngern, sie sollten heute auf ihren Mann nicht warten, er werde seinen Vortrag nicht halten, da er nicht wohl sei.

Das glaubten sie ihr und gingen heim. Als sie aber am andern Tage wiederkamen, sagte sie ihnen, der Rabbi sei wieder heimlich fortgegangen; und dabei machte sie ein betrübtes Gesicht, als wenn ihr der Kummer darüber am Herzen nagte.

Als die Armen kamen, ließ sie keinen zum Hause herein, obwohl sie im Golde wühlte, da sie mit dem Zauberringe sich wünschen konnte, soviel sie wollte.

Alle Welt wunderte sich über das plötzliche Verschwinden des Rabbi, aber da er schon einmal heimlich fortgezogen war, so beruhigte man sich bald und hoffte zuversichtlich, daß er bald wiederkommen werde.

Inzwischen richtete der Wolf großen Schaden an, zerriß Menschen und Tiere, und niemand konnte ihm beikommen; denn mit der Stärke eines Löwen verband er den Verstand eines Menschen, so daß er alle Fallen vermied, die man ihm stellte. Nur gegen einen Köhler zeigte er sich freundlich, tat ihm nichts und hielt sich oft bei dessen Hütte auf.

Als sich aber der Ruf von dem großen und gefährlichen Wolf in der Gegend verbreitete und daß ihm niemand beikommen könne, so hörte auch der König des Landes davon und machte bekannt, daß, wer des Wolfes Herr würde, es sei lebend oder tot, der sollte sein Eidam werden und nach des Königs Tode die Krone tragen und König sein.

Am Hofe des Königs lebte ein tapferer Ritter, das war einer von des Königs Ratgebern, der ging zum Könige und sprach: „Herr König, sofern Ihr Euer Wort zu halten gedenket, so will ich hinziehen und den Wolf erlegen."

„Das gedenke ich wohl," erwiderte der König, und der Ritter legte seine Rüstung an, nahm die Waffen zur Hand und zog in den Wald, den Wolf zu suchen.

Da traf er den Köhler, zu dem der Wolf oft kam, und sagte zu ihm: „Guter Freund, kannst du mir sagen, wo sich der schreckliche Wolf aufhält, oder wo er seinen Weg hat?"

Als der Köhler das vernahm, erschrak er, denn er fürchtete, der Ritter werde ums Leben kommen, wie mancher andere. Er sprach daher: „Mein werter Herr, ich wollte Euch vielmehr geraten haben, den Wald zu meiden; denn wenn der Wolf Euer ansichtig wird, so ist es um Euer Leben geschehen."

Aber der Ritter erwiderte: „Ich bin deshalb ausgezogen, um den Wolf zu töten; also bitte ich dich, zeige mir, wo er sich aufhält!"

„Seid Ihr Eures Lebens so müde," sprach der Köhler, „daß Ihr es an den Wolf verlieren wollt?"

Aber der Ritter erwiderte: „Nun zögere nicht länger und führe mich zum Wolf!"

So führte ihn der Köhler dahin, wo der Wolf seinen Weg zu nehmen pflegte, und der Ritter rüstete sich zum Angriff. Als er aber dem Wolfe näher kamen, und dieser merkte, daß es auf ihn abgesehen sei, sprang er auf den Ritter, packte ihn am Halse, warf ihn zu Boden und wollte ihn totbeißen. Aber der Köhler scheuchte den Wolf vom Ritter fort.

Doch kaum hatte der sich erhoben, so wollte er wieder auf den Wolf losgehen; aber der Köhler hielt ihn mit Gewalt zurück. Wie er nun trotzdem sich vom Köhler losriß, um dem Wolfe wieder zu Leibe zu gehen, ward der Wolf zornig, warf den Ritter zu Boden und wollte ihn zerreißen. Da betete der Ritter laut zu Gott um Beistand. Sogleich ließ der Wolf von ihm ab, und der Ritter erhob sich.

Aber mehr noch: der Wolf wedelte mit dem Schwanze, wie ein Hund, der seinem Herrn schmeichelt, und wich nicht von der Seite des Ritters, wie sehr dieser es auch gewünscht hätte; denn er fürchtete sich noch immer vor ihm.

Doch endlich faßte er Mut, löste seinen Gürtel, legte ihn um den Hals des Wolfes und führte ihn so zur Stadt und vor den König.

Der geriet in Furcht, als er das mächtige Tier sah und bat den Ritter, es wieder fortzutun. Aber dieser sprach: „Fürchtet nichts von diesem Wolfe! Er tut keinem etwas, der ihm nichts tut; des will ich meinen Kopf zum Pfande setzen.“

So blieb der Wolf bei ihm und ward gar wohl gehalten und gepflegt.

Nun gedachte auch der König seines Versprechens und gab dem Ritter seine Tochter zur Frau und eine königliche Mitgift dazu, und als der König gestorben war, wurde der Ritter König an seiner Statt; aber den Wolf hielt er immer noch bei sich.

Eines Winters, als sehr viel Schnee lag, ritt der König auf die Jagd und nahm auch seinen Wolf mit. Sobald der Wolf ins Freie kam, lief er dem Zuge voraus und scharrte kräftig in dem Schnee. Der König bemerkte es und meinte, der Wolf wolle etwas aufspüren; wie er aber aufmerksamer hinschaute, gewahrte er, daß der Wolf mit seinen Pfoten etwas in den Schnee schrieb.

Da geriet er in großes Staunen und rief: „Mein Lebtage habe ich noch nicht gehört, daß ein Wolf schreiben kann! Sollte dieser Wolf etwa ein verzauberter Mensch sein?“ Aber keiner seiner Begleiter war imstande die Schrift zu lesen.

Alsbald sandte er zur Stadt zurück und ließ gelehrte Männer kommen, aber keiner konnte sie lesen.

Endlich fand sich einer, der Hebräisch verstand, der sprach zum König: „Das ist der Juden Schrift und lautet also:

„Lieber König, gedenket der guten Freundschaft, die ich Euch allezeit bewiesen habe! Ich habe in der Stadt Sirel ein Weib, die hat mich mit Hilfe eines Zauberringes verwunschen; wenn ich diesen Zauberring nicht wiederbekomme, so muß ich mein Lebenlang ein

Wolf bleiben. Deshalb bitte ich Euch, erweiset auch mir Freundschaft und gehet hin zur Stadt und verschaffet mir den Ring; wo aber nicht, so werde ich Euch zerreißen."

Dann folgte eine Beschreibung des Ringes, damit ihn der König finden könne.

Als der König das gehört hatte, sprach er: „Mein lieber Wolf, dir soll geholfen werden, und sollte es mein Leben kosten."

Alsbald machte er sich mit drei Knechten auf und zog nach der genannten Stadt, ließ die Juden zu sich entbieten und sagte ihnen, daß er die Absicht habe, altertümliche Ringe und Geschmeide zu kaufen; wenn sie dergleichen Sachen hätten, so sollten sie sie ihm bringen, er wollte sie gut bezahlen.

Da sprachen die Juden: „Herr, wir sind arme Leute und haben dergleichen nicht; aber es lebt eine jüdische Frau in unserer Stadt, die hat gar mancherlei Ringe, sowie Geschmeide und Edelsteine."

Da ließ der König sich zu der Frau geleiten, gab sich auch hier für einen Handelsmann aus und sprach:

„Gute Frau, ich höre, daß Ihr mancherlei seltene Altertümer an Gold- und Schmucksachen, insbesonders Ringe habt. So laßt mich dergleichen sehen, und wenn sie mir gefallen, so will ich sie gut bezahlen."

Als die Frau das hörte, ging sie in ihre Kammer und holte herrliche Dinge, wie sie der König noch nicht schöner gesehen hatte. Er bemerkte aber auch eine Schnur mit Ringen, und darunter einen, auf den die Beschreibung des verzauberten Rabbi paßte.

Sogleich nahm der die Schnur in die Hand, wies auf zwei Ringe, während er den Zauberring verdeckte, und fragte, um welchen Preis sie ihm die Ringe geben wolle.

Sie nannte die Summe, er löste die zwei Ringe von der Schnur, wobei er unbemerkt den Zauberring nahm, zahlte den Preis und zog befriedigt heim.

Als er fort war, las die Frau ihre Schätze zusammen, um sie wieder in die Kammer zu tun, und bemerkte nun erst, daß der Zauberring fehlte. Sie wollte fast von Sinnen kommen vor Zorn und Schmerz; aber all ihr Toben und Klagen war umsonst.

Als der König wieder in seiner Hauptstadt war, gab er ein großes Festmahl, und wie sie alle gegessen und getrunken hatten und allerlei Kurzweil trieben, ließ der König auch seinen Wolf holen.

Dieser wußte wohl, daß der König ausgezogen war, um den Zauberring zu gewinnen und daß er daran sein Leben setzen wollte. Er freute sich also, daß sein König wieder daheim war, trat artig in den Saal, blickte den König freundlich an und wedelte mit dem Schwanze.

Da zog der König den Ring aus seiner Tasche und hing ihn dem Wolfe an seine Vorderpfote. Alsbald war der Wolf verschwunden und stand da neben dem Könige ein nackter Mann, und der König warf ihm sofort ein Gewand über.

Zu seinen Gästen aber, die sehr verwundert und erschrocken waren, wie man sich wohl denken kann, sprach er: „Das ist der Mann, der eben noch ein Wolf gewesen." Und dann erzählte er ihnen die ganze Geschichte.

Danach bat der Rabbi um die Erlaubnis in seine Heimat zu ziehen. Und der König sprach: „Mein lieber Freund, ziehe heim in Frieden! Sollte es sich aber so schicken, daß du es nötig hast, so komm wieder an meinen Hof, es soll dir an nichts fehlen."

Dann ließ er ihm allerlei Geschenke reichen, aber der Rabbi nahm nichts an, sondern sprach: „Du hast genug für mich getan, daß Du mir den Ring wieder verschafft hast; denn ohne ihn hätte ich mein Leben lang ein Wolf bleiben müssen." Er nahm nur etwas Zehrung auf den Weg mit, dann zog er in Freuden seine Straße.

Er sammelte aber wieder eine Schar Jünger um sich, kleidete sie in schwarz Samt und Seiden, wie es gelehrten Männern wohl ansteht, und hielt mit ihnen seinen Einzug in die Stadt.

Aber beim ersten Schritt in dieselbe zog er den Ring hervor und sprach: „Ich wollte, meine Frau würde eine Eselin!"

Mit Windeseile verbreitete sich unter den Juden das Gerücht, der Rabbi wäre wiedergekommen, fünfzig Schüler folgten ihm, und alle wären in Samt und Seide gekleidet.

Da eilten sie ihm alle hocherfreut entgegen, um ihn zu begrüßen und taten ihm große Ehre an.

Dann fragte er: „Wo ist mein Weib?" Und man erwiderte ihm: „Rabbi, sofern Ihr nicht erschrecket, so wollten wir Euch wohl sagen, was wir wissen." Aber der Rabbi erwiderte: „Behüte Gott, ich erschrecke nicht." Da sprachen sie: „Als wir von Eurer Ankunft hörten, eilten wir zuerst zu Eurer Frau, um ihr die Freudenbotschaft zu bringen, aber sie war verschwunden, und keiner weiß, wohin."

Der Rabbi empfand wenig Kummer darüber und sprach: „Ich meine, sie bleibt eben so lange aus, wie ich ausgeblieben bin und kommt dann wieder."

Er ging aber wieder an sein früheres Tun, unterhielt und unterrichtete lernbegierige Jünglinge, teilte Almosen aus an die Armen, und alle waren froh.

Einmal aber gab er ein Gastmahl, und dabei sprach er dann: „Ihr lieben Gäste, ich habe ein Gelübde getan, sobald mich Gott wieder glücklich heimkehren läßt, eine schöne Schule (Synagoge) zu bauen. Das Gelübde will ich nun erfüllen."

„Möge Gott das Werk segnen," riefen sie ihm zu, „daß Du es glücklich zu Ende führest!"

Nun mußten Steine und Ziegel zum Bau herbeigeschafft werden, und dazu ließ er sein verzaubertes Weib vorspannen; es wußte aber keiner, daß es sein Weib war. Und wenn sie nicht ziehen wollte oder sonstwie widerspenstig war, so züchtigte er sie, daß sie ihre Fülle bald einbüßte und gar mager wurde.

Als das Gotteshaus vollendet war, gab der Rabbi wieder ein großes Freudenmahl und lud dazu die ganze Verwandschaft seiner verzauberten Frau. Und wie sie beim Essen und Trinken fröhlich waren, erzählte ihnen der Rabbi, was seine böse Frau ihm angetan, wie Gott ihm wieder zu seiner Menschengestalt verholfen und daß er das böse Weib deshalb in eine Eselin verzaubert und bei dem Synagogenbau habe arbeiten lassen.

Da baten alle Verwandten ihn um Gnade für sein Weib, aber der Rabbi blieb unerbittlich, da er die Bosheit seiner Frau genugsam kennengelernt hatte.

Bald darauf starb der Rabbi hochbetagt und hinterließ seinen Kindern großen Reichtum.

Aber der Ring war verschwunden, und das verzauberte Weib blieb eine Eselin bis an ihr Lebensende.   (R. Mb. 75 a–77 a.)

19.   Der Hüter Israels

In Konstantinopel verbreitete sich einmal das Gerücht, die Juden hätten einen Nichtjuden getötet. Sogleich erhob sich ein Geschrei, man solle alle Juden erschlagen.

Nun war das im Mittelalter nicht selten, daß man den Juden einen Toten ins Haus warf, um dann die Beschuldigung zu erheben, sie hätten ihn erschlagen, und daraufhin gegen alle Juden zu wüten. Daher war die Bestürzung unter den Juden Konstantinopels sehr groß.

Aber der Kaiser ließ etliche Juden zu sich rufen und redete sie also an: „Könnt ihr mir sagen, wie der Satz aus Psalm 121 zu verstehen sei: ‚Siehe, er schläft und schlummert nicht, der Hüter Israels?‘“ Und sie erwiderten: „Herr, es geht nicht an, von Gott im Himmel zu sagen, er schlafe oder schlummere nicht; darum will der Satz nur sagen, daß Gott, der Herr, Israel vor allem Bösen behüte.“

Da sprach der Kaiser: „Ihr seid im Irrtum. Der Satz will vielmehr sagen: ‚Er läßt andere nicht schlafen und nicht schlummern, damit er behüte Israel!‘ Vernehmet denn! In verwichener Nacht hab’ ich den Schlaf nicht finden können. Da stand ich auf von meinem Lager, legte Kleider an und trat ans Fenster. Und wie ich auf die Straße schaute, bemerkte ich beim hellen Mondschein, wie zwei Männer einen Toten auf ihren Schultern trugen. Sogleich sandte ich zwei von meinen Dienern aus, daß sie hinterdrein gehen sollten, um zu sehen, wohin sie den Leichnam tragen würden. Sie berichteten mir, daß die Männer den Toten in das Haus eines Juden geworfen hätten. Und diese Männer haben die Beschuldigung verbreitet, der Jude habe den Mord begangen, um so wieder einmal ihre Bosheit an den Juden auszulassen. Hätte ich geschlafen, anstatt das nächtliche Tun der Bösewichter zu sehen, so hätte ich müssen unschuldiges Blut vergießen lassen. Das hat Gott nun gnädig verhütet, und darum ist er der Hüter Israels; denn ich will sorgen, daß euch nichts geschehe.“

Dann ließ er die wahren Mörder ergreifen und hinrichten.

(W. Mb. No. 184)

20.　　　　　Sodoms Bosheit

In der gottlosen Stadt Sodom war ein Gasthaus, darin stand für die Fremden ein kurzes und ein langes Bett; in das lange wurden die kleinen, in das kurze die großen gelegt. Und das geschah in grausamer Absicht. Wenn nämlich der Fremde größer war als das Bett, so hackten sie ihm ein Stück von den Beinen ab; war er kleiner, so zerrten sie ihn zu Tode.

Einst kam Elieser, der Diener Abrahams, nach Sodom, und man bot ihm im Gasthause eins dieser Betten an. Aber er ahnte Böses und sagte: „Seit dem Tode meiner Mutter habe ich ein Gelübde getan, in keinem Bette mehr zu schlafen, sondern nur noch auf dem Erdboden."

So entging er ihrer Bosheit.

Wenn ein Handelsmann mit Waren nach Sodom kam, so nahm ihm jeder eine Kleinigkeit, bis der Arme nichts mehr hatte. Wenn er sich dann beschwerte, so zeigte ihm jeder die Kleinigkeit, die er ihm genommen hatte, und sagte spottend: „Was klagst du denn? Von solcher Kleinigkeit bist du doch nicht arm geworden!" Und dann jagten sie ihn mit großem Geschrei und Lärmen aus der Stadt.

Kam ein Armer zu ihnen, so gaben sie ihm bereitwillig ein Gold- oder Silberstück, auf dem sie ein Zeichen gemacht hatten, aber nichts zu essen. So mußte der Arme verhungern. Dann kamen sie alle herbei, jeder holte sich sein Geldstück wieder, das er an seinem Zeichen erkannte, begruben den Leichnam in der Wüste, und der Stärkste riß die Kleider des Toten an sich.

Einstmals war ein Fremder genötigt in Sodom eine Nacht zu bleiben, da der Abend hereingebrochen war. Der Mann ritt auf einem Esel, der eine schöne bunte Decke trug und die Decke war mit einem Bande auf dem Esel befestigt. Aber niemand wollte ihm Herberge geben.

Nun lebte in Sodom ein durchtriebener Bösewicht, namens Hedur, der sah den Fremden auf der Straße sitzen: Sogleich trat er zu ihm und fragte, woher er wäre und wohin er wollte.

Der Fremde antwortete: „Ich bin aus Elam und komme von Hebron, um nach Elam zurückzukehren; nur die Nacht zwingt mich, hier in Sodom zu nächtigen. An Speise und Trank gebricht es mir nicht, ebensowenig an Futter für meinen Esel; aber Nachtherberge will mir niemand gewähren." Da lud ihn Hedur ein, bei ihm einzukehren, und freudig nahm der Fremde das Anerbieten an.

Hedur hob nun Decke und Band auf, versorgte den Esel mit Stroh und Futter, setzte dem Fremden Speise und Trank vor, und dieser blieb die Nacht über bei ihm.

Als er am andern Morgen seine Reise fortsetzen wollte, bat ihn Hedur freundlich, noch zu bleiben und noch einmal mit ihm zu speisen, und der Fremde blieb. Schließlich drang Hedur in ihn, da der Tag schon zu weit vorgerückt sei, noch eine Nacht bei ihm zu bleiben – und der Fremde gab wieder nach und blieb.

Aber am dritten Tage ließ er sich nicht länger zurückhalten, sondern wollte seine Reise fortsetzen. Er bat also den Hedur, ihm seinen Esel nebst Decke und Band zu geben.

Aber Hedur fragte verwundert, was er denn meine.

Und der Fremde spricht: „Ich bitte dich, gib mir die Decke und das Band wieder, die du bei meinem Eintritt in Verwahrung genommen hast."

„Das hast du geträumt," erwiderte Hedur, „und ich will dir auch gleich die Deutung deines Traumes sagen: Das Band bedeutet ein langes Leben, das dir noch beschert ist, und die bunte Decke bedeutet einen Obstgarten mit Früchten von allerlei Farben."

„Aber bitte, mein Herr," sagt wieder der Fremde, „ich habe gar nicht geträumt, sondern war vollkommen wach, als ich dir Decke und Band zum Aufbewahren übergab."

Doch Hedur rief lachend aus: „Nun habe ich dir deinen Traum günstig ausgelegt, dafür erhalte ich gewöhnlich vier Silberlinge; du jedoch sollst mir ausnahmsweise nur drei Silberlinge geben."

Jetzt wurde der Fremde zornig und ging mit Hedur zum Richter.

Als beide ihre Sache hervorgebracht hatten, sagte der Richter: „Hedur hat recht! Er ist als Traumdeuter bekannt, und seine Forderung ist nicht zu hoch."

Der Fremde beteuerte noch einmal, daß er gar nicht geträumt, sondern wirklich und wahrhaftig dem Hedur Decke und Band zum Aufbewahren übergeben habe.

Da rief Hedur: „Wenn du es so treiben willst, dann verlange ich auch von dir, wie von jedem andern, meine vier Silberlinge, und die vier Mahlzeiten, die du bei mir eingenommen hast, sollst du jetzt auch bezahlen."

„Auch gut," erwiderte der Fremde, „nur gib mir Band und Dekke wieder, die ich dir übergeben habe.."

Aber Hedur rief: „Ich wiederhole dir noch einmal: Das Band bedeutet für dich ein langes Leben, und die bunte Decke einen Obstgarten mit allerlei Früchten! Nun will ich meine vier Silberlinge für die Auslegung deines Traumes."

Da der Streit immer heftiger und lauter wurde, rief der Richter seine Diener und ließ sie beide hinauswerfen.

Nun setzten sie ihren Streit auf der Straße fort, der laute Wortwechsel zog andere Einwohner Sodoms herbei, alle mischten sich in den Streit, der immer lauter wurde, bis sie allesamt Partei nahmen für Hedur und den Fremden hinausjagten.

Traurig zog dieser von dannen und verwünschte die gottlose Stadt.

Einmal aber fand ein Sodomit auch seinen Meister. Elieser nämlich, Abrahams Diener, war im Auftrage Saras nach Sodom gekommen und bemerkte, wie ein Sodomit einen Fremden seiner Kleider beraubte. Natürlich machte er ihm deswegen Vorwürfe.

Aber der Sodomit rief ihm zu: „Bist du etwa sein Bruder oder unser Richter, daß du dich um diese Sache bekümmerst?" Und damit ergriff er einen Stein und schlug nach Eliesers Kopfe, daß das Blut herausquoll. Dann aber packte er Elieser am Arme und rief: „Nun habe ich dich von deinem ungesunden Blute befreit; nach dem Rechte dieser Stadt hast du mir zwei Silberlinge zu zahlen."

„Wie," rief Elieser, „du bringst mir eine Wunde bei, und dafür soll ich dir noch Geld geben?" Aber der Sodomit ließ nicht ab und schleppte Elieser vor den Richter.

Hier brachten sie beide ihre Sache vor, und der Richter sprach zu Elieser: „Es allerdings bei uns so Gesetz, und du mußt zahlen."

Da ergriff Elieser einen Stein, schlug dem Richter ein Loch in den Kopf, daß das Blut herausquoll und rief: „Wenn das Gesetz so bei euch ist, so bist du mir auch zwei Silberlinge schuldig; aber zahle sie nur gleich weiter an deinen Landsmann!"

Damit machte er sich eiligst davon und ließ die beiden Sodomiten stehen. Diese aber mußten verstummen, denn er hatte recht.

(T. wej. 19 b.–20b.)

21.   Isaaks Opferung

Eines Tages waren die himmlichen Geister um Gottes Thron versammelt, und auch der Satan hatte sich eingefunden.

Da sprach Gott zu ihm: „Satan, wo kommst du her?"

Und Satan erwiderte: „Auf der Erde bin ich umhergewandelt und habe die Menschen beobachtet."

„Und was hast du dabei gefunden?"

„Herr," sprach Satan, „ich habe gefunden, daß sie sich Deiner erinnern und Dir mit Opfern und Gebeten nahen, solange sie etwas von Dir wollen; daß sie sich Deiner aber nicht mehr erinnern, sobald Du ihre Bitte erfüllt hast."

„Hast du nicht gefunden, daß mein Knecht Abraham mir unverbrüchlich treu dient und seinesgleichen in der ganzen Welt nicht lebt?"

„Auch Abraham macht es wie alle Menschen," erwiderte Satan. „Solange er keinen Sohn hatte, betete er zu Dir und baute Dir Altäre und opferte und breitete Deinen Namen unter den Menschen aus; nachdem Du ihm aber einen Erben gegeben hast, denkt er nicht mehr an Dich. Zu dem großen Gastmahle, das er in seiner Freude bereitete, hat er manches Tier geschlachtet; hat er auch nur ein einziges Dir geopfert? Baut er Dir noch Altäre? Hält er sich nicht seither ruhig und predigt nicht mehr Deinen Namen?"

Aber Gott sprach: „Ich kenne Abrahams Herz, das ganz mir gehört, und weiß, daß er nicht nur jedes beliebige Tier, sondern selbst seinen einzigen Sohn opfern würde, wenn ich es von ihm forderte."

„Ei, so befiehl's ihm nur," erwiderte Satan, „und sieh zu, ob er es tut!"

Da erging Gottes Befehl an Abraham, ihm seinen Sohn Isaak als Ganzopfer darzubringen.

Abraham war sogleich bereit dazu. Nur machte es ihm Sorge, wie seine geliebte Sara diesen Befehl aufnehmen werde; denn sie hing mit allen Fasern ihres Herzens an ihrem Sohne. Deshalb beschloß Abraham, ihr vorerst nichts von seinem Vorhaben mitzuteilen.

Er tritt also in ihre Zelt, setzt sich zu ihr, bringt das Gespräch auf Isaak und sagt dann: „Er ist nun schon so alt, daß es Zeit wäre, ihn in der Erkenntnis Gottes zu unterweisen und Gottes Wege zu lehren. Ich habe daher die Absicht, morgen mit ihm zu Sem und Eber zu ziehen, auf daß er dort in der Lehre des wahren Gottes unterrichtet werde."

„Du tust wohl daran," antwortete Sara, „nur soll mein Sohn nicht gar so lange fernbleiben, denn ich würde die Trennung von ihm nicht ertragen können."

„So bitte Gott," sprach Abraham gerührt, „daß er unsern Sohn in seine gnädige Obhut nehme."

Aber Sara bereute es fast schon, ihre Einwilligung gegeben zu haben. Sie nahm Isaak in ihr Zelt, herzte und küßte ihn, behielt ihn über Nacht bei sich, gab ihm allerhand Anweisungen, wie er sich verhalten sollte, dann umarmte sie ihn wieder und küßte ihn, und dann weinte sie wieder.

Am Morgen beschwor sie Abraham unter Tränen, auf den Sohn zu achten, da sie ja sonst keinen Sohn und keine Tochter mehr habe; ihn keine Not leiden zu lassen, weder im Essen noch im Trinken, ihn nicht durch übermäßiges Gehen zu übermüden, ihn nicht in der Sonne sitzen zu lassen und überhaupt in jeder Beziehung Rücksicht auf die Bedürfnisse und Wünsche des Sohnes zu nehmen. Dann aber erhob sie ihre Stimme und weinte heftig.

Danach holte sie die schönsten Kleider hervor, zog sie Isaak an, setzte ihm eine Mütze mit einem Edelsteine auf, gab ihnen Zehrung auf den Weg, und dann brachen sie auf; Sara aber geleitete sie.

Nach einer Strecke Weges baten Abraham und Isaak sie, umzukehren. Da begann sie heftig zu weinen, auch Abraham und Isaak weinten, und alle übrigen weinten bitterlich. Dann umschlang sie ihren Sohn mit beiden Armen, halste und küßte ihn und sprach unter Tränen: „Wer weiß, ob ich dich wiedersehe!" Und wieder erstickten Tränen ihre Stimme. Dann wandte sie sich mit ihren Knechten und Mägden, um heimzugehen, und immer wieder flossen ihre Tränen.

Abraham aber zog mit Isaak nach dem von Gott zu bestimmenden Berge; nur Ismael und Elieser, sein ältester Diener, begleiteten sie.

Da nahte sich ihm Satan als Versucher; er hatte die Gestalt eines treuherzigen und Zutrauen erweckenden Alten angenommen und sprach: „Wie, du willst deinen einzigen Sohn, der dir im hohen Alter geboren ward, mit eigener Hand schlachten? Sein unschuldiges Leben vernichten? Welch eine Herzlosigkeit! Oder meinst du wirklich, Gott habe das von dir verlangt? Welch eine Torheit! Nimmermehr verlangt Gott eine so ruchlose Tat, daß ein Vater seinen eigenen Sohn schlachte. Nein, dieser Befehl ist nicht von Gott gekommen, sondern du hast dich getäuscht."

Aber Abraham merkte, daß der Alte ihn versuchen wollte; deshalb fuhr er ihn mit harten Worten an, und Satan verschwand.

Bald darauf gesellte sich ein vornehmer Jüngling von wunderbarer Schönheit zu Isaak und ließ sich mit ihm in ein Gespräch ein. Nach einiger Zeit aber sagte er zu ihm: „Ich sehe, daß du von der Absicht deines Vaters noch gar nichts gehört hast. Weißt du denn nicht, daß er dich töten und als Opfer verbrennen will? Und doch bist du unschuldig, hast nichts Böses getan, bist ein schöner Jüngling und hast ein Recht auf Leben. Laß dir das nicht gefallen, sondern widersetze dich deinem Vater!"

Da rief Isaak seinem Vater zu: „Hast du gehört, Vater, was dieser Mann hier Gesprochen hat?" und berichtete ihm alles. Aber Abraham antwortete: „Mein Sohn, höre nicht weiter auf seine Rede; er will uns nur irre machen am Worte Gottes; es ist Satan, der Versucher." Dann fuhr er den Jüngling mit harten Worten an – und dieser verschwand.

Als Satan sah, daß er weder den Vater noch den Sohn verführen konnte, ersann er etwas anderes: er verwandelte sich in ein Wasser, das ihnen den Weg versperrte.

Als sie nun an das Wasser kamen, meinten sie, es wäre seicht genug, um hindurchwaten zu können, und gingen unbedenklich hinein. Aber das Wasser wurde immer tiefer und ging ihnen schnell bis an den Hals. In dieser Not erkannte Abraham, daß das nur Satans Werk sein könne, denn er konnte sich nicht erinnern, jemals in dieser Gegend ein Wasser gesehen zu haben. Er rief deshalb mit lauter Stimme: „So möge Gott dich bedrohen, Satan (Sach. 3, 2), denn du willst uns abhalten den Weg zu gehen, den wir nur auf Gottes Geheiß gehen, um sein Gebot zu erfüllen. Hebe dich hinweg, Satan!" Satan erschrak und verschwand, der Weg wurde trokken, und sie setzten ihren Weg nunmehr ohne Hindernis fort.

Am dritten Tage erhob Abraham seine Augen und sah vor sich auf einer Anhöhe eine feurige Wolkensäule, die bis an den Himmel reichte. Er fragte seinen Sohn, ob er auf der Höhe vor ihnen etwas sehe; auch Isaak sah die Wolkensäule. Da wußte Abraham, daß das der Berg sei, auf dem Isaak geopfert werden sollte.

Er fragte aber auch seine beiden Begleiter, ob sie etwas sähen, und sie erwiderten: „Wir sehen einen Berg, wie alle anderen Berge, sonst aber nichts."

Daran erkannte er, daß sie bei dem Opfer nicht zugegen sein sollten, und deshalb sagte er zu ihnen: „Bleibet hier bei dem Esel, während ich und mein Sohn hinausgehen und uns vor Gott niederwerfen wollen; dann kommen wir zurück."

Nun gab Abraham das Holz dem Isaak, nahm selber Feuer und ein Schlachtmesser, und dann machten sie sich beide auf den Weg.

Nach einer Weile sprach Isaak zu seinem Vater: „Siehe, wir haben alles zum Opfer, nur das Opferlamm selbst fehlt noch."

Da offenbarte Abraham seinem Sohne, daß Gott ihn zum Opfer ausersehen habe. Und Isaak erwiderte: „Wenn Gott es will, so bin ich mit Freuden bereit zu gehorchen." „Mit Freuden?" sprach darauf Abraham betroffen; „mein Sohn, wenn dein Herz irgenwie anders gesinnt ist, so sage es mir und verhehle mir keinen deiner Gedanken." Aber Isaak antwortete: „So wahr Gott lebt und so wahr deine Seele lebt, es ist nicht anders als ich geredet habe: mit Freuden gebe ich mein Leben hin, so Gott es befiehlt, und danke ihm, daß er mich würdig befunden hat, ein Opfer für ihn zu sein."

Abraham atmete bei diesen Worten erleichtert auf, und beide schritten rüstig weiter.

Als sie die Stelle erreicht hatten, baute Abraham den Altar, wobei ihm Isaak eifrig half. Aber das Schwerste stand Abraham noch bevor. Er mußte nun seinen Sohn binden, um ihn auf den Altar zu legen und zu schlachten.

Isaak selbst bat seinen Vater, ihn recht fest zu binden, damit er in seiner Todesangst nicht etwa widerstrebe. Auch solle er seine Asche der Mutter überbringen, ihr aber seine Opferung nicht melden, wenn sie sich an einem Brunnen oder an einer hohen Stelle befinde: sie könnte sich in ihrem Schmerze hinabstürzen.

Bei diesen Worten verlor Abraham seine Fassung, die Tränen stürzten ihm aus den Augen und rannen auf seinen Sohn Isaak; und auch dieser weinte bitterlich. Aber er ermahnte seinen Vater, nun nicht länger zu zögern, sondern das Gebot Gottes zu vollführen. Der Gedanke an das Gebot Gottes tröstete beide; Isaak bot dem Vater den Hals, und Abraham streckte seine Hand aus, um ihn zu schlachten.

Aber die Engel der Barmherzigkeit hatten bereits Fürbitte für Isaak bei Gott getan, und ein Engel Gottes rief dem Abraham zu: „Strecke deine Hand nicht nach dem Knaben und tu ihm nichts zu leide, denn nun weiß ich, daß du gottesfürchtig bist, da du mir selbst deinen einzigen Sohn nicht verweigert hast."

Abraham erhob seine Augen und sah einen Widder, der mit seinen Hörnern im Gebüsch hängen geblieben war.

Dieser Widder war von Gott eigens dazu geschaffen worden, an Stelle Isaaks geopfert zu werden; aber Satan hatte ihn durch das Gebüsch aufhalten wollen, damit inzwischen Isaak getötet würde. Als Abraham den Widder sah, ging er auf ihn zu, befreite ihn und brachte ihn als Brandopfer dar anstatt seines Sohnes. Gott aber segnete Abraham für seine Opferfreudigkeit.

Doch Satan ruhte noch nicht. Während Abraham noch mit dem Opfer beschäftigt war, kam er in der Gestalt eines bescheidenen Alten zu Sara, und im Reden offenbarte er ihr, daß Abraham seinen Sohn wie ein Opfertier geschlachtet und alles Weinen und Schreien dem Sohne nichts geholfen habe, da kein Mensch in der Nähe gewesen. Dann ging Satan hinweg.

Sara aber erhob ein Wehegeschrei, warf sich zu Boden und streute Asche auf ihr Haupt und klagte: „O Isaak, mein Sohn, wäre ich doch statt deiner gestorben! Oder hätte ich dich lieber nicht geboren, nicht groß gezogen, daß ich dieses Leid nicht erlebt hätte! Spät bist du mir geschenkt und allzufrüh geraubt worden, ein Opfer des Feuers auf dem Altare!"

Allmählich aber besann sie sich, daß Abraham das auf Gottes

Geheiß getan haben könnte, und dieser Gedanke tröstete sie einigermaßen; denn daß dem Worte Gottes gehorcht werden müsse, das wußte auch sie.

Aber der Schmerz ließ sie nicht los, sie lehnte ihr Haupt in den Schoß einer Dienerin und verharrte in dieser Stellung lange Zeit und schwieg. Endlich stand sie auf, nahm einige Knechte und Mägde mit und machte sich auf den Weg, ihren Mann und ihren Sohn zu suchen.

So kam sie bis Hebron, aber weder auf dem Wege dahin, noch in Hebron wußte ihr einer Auskunft zu geben. Erschöpft vom Wege blieb sie hier und schickte ins Haus von Sem und Eber, ohne jedoch etwas über den Verbleib der Gesuchten erfahren zu können.

Da erschien Satan wieder in seiner vorigen Gestalt bei Sara und sprach zu ihr: „Ich habe dich falsch berichtet; dein Sohn ist nicht getötet, sondern er lebt." Aber Saras Lebenskraft war durch den Kummer und das Wandern erschöpft, sie konnte eine so plötzliche Freudenbotschaft nicht mehr ertragen – sie starb.

Inzwischen kehrten Abraham und Isaak fröhlich und nichts ahnend heim und fanden Sara nicht im Zelte. Sie erfuhren aber, daß sie ausgezogen sei, sie zu suchen, weil sie erfahren habe, Isaak solle geopfert werden. Nun eilten sie ihr bis Hebron nach, aber sie fanden sie schon tot. Bei ihrem Anblick brachen sie in lautes Wehklagen aus, und alle Diener weinten mit ihnen.

Satan aber hatte seine Freude. *(T. wej. 23 a.)*

22. **Josuas letzter Kampf**

Als Josua 31 Könige in Kanaan besiegt hatte, verteilte er das Land unter die Stämme Israels und gedachte in Ruhe und Frieden seine Tage zu beschließen. Aber ihm drohte noch ein Unheil von fernen Landen her.

Einer der bezwungenen Könige nämlich hatte einen Sohn, der hieß Subach und war König in Klein-Armenien. Der verband sich mit 44 Königen in Persien und Medien, um seinen Vater an Josua zu rächen, und sie rüsteten ein Heer aus, so zahlreich wie der Sand am Meer. Auch hatten sie bei sich einen Helden, Japhet der Starke genannt; der konnte mit e i n e m Schlage viele Menschen töten.

Zuvor aber sandten sie an Josua ein Schreiben, das lautete also:

„Friede dem Josua, Sohn Nuns! Wir haben erfahren, wie du, ein wilder Wolf, unsere Eltern und Freunde mit dem Schwerte erschlagen und weder jung noch alt geschont, die Städte aber verwüstet und zerstört hast. Darum, so sollst du wissen, daß wir innerhalb 30 Tagen zu dir kommen ins Gebirge Ephraim, um mit dir zu streiten. Wir sind 45 Könige, jeder hat 60 000 auserwählte Krieger, und außerdem ist bei uns Japhet der Starke. Wir teilen dir dieses zuvor mit, damit du nicht sagest, wir hätten dich überfallen. Sei also bereit!"

Dieses Schreiben sandten sie durch einen klugen und gewandten Mann an Josua. Der saß gerade auf seinem erhabenen Stuhle mitten unter seinem Volke und sprach ihnen Recht; denn er war ihr Richter. Und Josua ließ den Boten zu sich kommen, wandte sich ihm aber nicht eher zu, als bis er allen Israeliten Recht gesprochen. Dann entließ er das Volk und nahm dem Boten den Brief ab. Es war aber um die Zeit des Wochenfestes.

Als Josua den Brief gelesen hatte, ward er sehr traurig, weinte, fastete und betete vor Gott, sagte aber keinem, was in dem Briefe stand, um die Freude des Festes nicht zu stören.

Als das Fest vorüber war, berief er seine Leute und berichtete ihnen, was in dem Schreiben stand. „Wohl manchen Streit habe ich gestritten," so schloß er seine Rede, „und manchen König bekriegt und besiegt, und niemals hat die Furcht mein Herz beschlichen. Aber diesmal ist mir bange."

Als seine Leute diese Worte Josuas hörten, erschraken auch sie, aber sie faßten sich alsbald wieder und riefen: „Wie wir Mose gefolgt sind in allem, so wollen wir auch dir folgen! Nur verzage nicht und fürchte dich nicht!*

Vor allem aber schreibe diesen Bösewichtern eine kräftige Antwort, daß auch sie erschrecken."

Und Josua schrieb mit eigener Hand was folgt:

„Im Namen Gottes, des Gottes in Israel, der da ist ein Gott über alle Götter und Herr über alle Herren, des Gottes Abrahams, Isaaks und Jakobs; des Gottes, der da ist ein starker Kriegesheld, des Got-

---

* Jos. 1, 17. 18

tes, der die Starken schwach macht, die Übermütigen demütig und die Widerspenstigen zu Boden streckt!

Ich, Josua, der Diener dieses Gottes, und die auserlesene Gemeinde Israels, die Kinder Abrahams, Isaaks und Jakobs, wir künden der ruchlosen Vereinigung derer, die sich vor Götzen aus Stein und Erz bücken: ‚Kein Friede mit euch!‘ also spricht unser Gott.'

So wisset denn, daß ihr gar übel daran getan habt, den schlafenden Löwen zu wecken und ihm noch dazu ein Schwert in seine Hand zu geben. Der Löwe aber bin ich, ich bin erwacht und werde es euch mit dem Schwerte heimzahlen, daß ihr in unsere heilige Mark kommen und sie dadurch entweihen wollt.

Doch ihr könnt die Mühe des Weges sparen; denn in 7 Tagen werde ich mit meinen Männern bei euch sein und eure Helden erschlagen, und wird kein Entrinnen vor meinem gerechten Schwerte sein.

Ihr rühmet euch, daß ihr 45 Könige seid und jeder 60 000 Krieger bei sich hat. Nun, ich kann mich dessen nicht rühmen; aber Engel vom Himmel stehen uns bei und 600 000 streitbare Männer, die trockenen Fußes durch das Meer gewandelt sind und die unser Gott ins Land Kanaan geführt hat durch eine Wolke des Tages und eine Feuersäule des Nachts. Auch haben wir Pinehas, den Priester, bei uns; wenn der in die Posaune stößt, dann sinken unsere Feinde ohnmächtig hin.

Habt ihr nicht vernommen, was wir an Amalek getan? Sahet ihr nicht, wie wir Sihon, den Emoriterkönig, wie wir Og, den König von Basan, bezwungen haben? Ja, rühmet euch nur eures starken Japhet; wir rühmen uns des Stärksten aller Starken, des Höchsten aller Hohen: unseres Gottes im Himmel!"

Dieses Schreiben gefiel den Israeliten über die Maßen und wurde dem Abgesandten der 45 Könige übergeben.

Als dieser heimkam und erzählte, Josua sei 5 Ellen groß, sei in Purpur gekleidet, trage ein Diadem auf seinem Haupte, und der Name Gottes stehe darauf eingegraben, und das Volk umgebe ihn in musterhafter Ordnung, da erschraken sie und riefen: „Was haben wir getan! Nun haben wir selbst das Unheil herbeigeführt."

Josua aber brach mit 12 000 starken Helden auf und stand nach 7 Tagen vor den Feinden.

Als Subach das Heer wohlgeordnet heranziehen sah, erschrak er sehr. Seine Mutter aber war eine Zauberin und sprach zu ihm: „Sei ohne Furcht, ich will sieben Mauern um sie legen, daß sie nicht mehr wissen sollen, wo sie in der Welt sind." Und so tat sie auch.

Josua aber schrie in seiner Not zu Gott. Und Gott sandte ihm eine Taube, die schickte Josua mit einem Briefchen an Janiah, den Richter der dritthalb Stämme im Ostjordanlande, er solle ihm sogleich mit einem Heere zu Hilfe kommen und den Priester Pinehas mit seiner Posaune mitbringen.

Als Janiah diesen Brief gelesen, bestieg er gleich sein Kriegsroß und ritt durchs Land, indem er ausrief: „Das Schwert für unseren Gott!" Damit sammelte er ein Heer, ließ auch Pinehas rufen, und sie alle zogen Josua zu Hilfe.

Als die Mutter des Subach dieses Heer heranrücken sah, rief sie ihren Sohn und sprach: „Ich sehe einen Stern im Osten aufgehen, der kündet uns den Untergang; gegen das anrückende Heer hält meine Zauberei nicht stand, denn ich kann es nicht aufhalten." Da ließ Subach, voll Zorn und Verzweiflung, seine Mutter von der Mauer hinabwerfen; er selbst rückte zum Streite gegen Janiah und seine Krieger und fand seinen Tod.

Pinehas aber stieß in die Posaune, daß auf jeden langgehaltenen Ton eine Mauer sank, bis alle sieben Mauern umgesunken waren. Da stürmten die eingeschlossenen Israeliten heraus und vernichteten die Könige samt ihren Scharen, und blieb nicht ein Mann übrig.

(T. wej. 85 d.)

23.   Das wiedergefundene Geld

Zur Zeit des Königs Salomo zogen drei jüdische Kaufleute aus, um Waren einzukaufen. Unterwegs kamen sie in einen großen Wald, der gar kein Ende nehmen wollte, und da es Nacht geworden war, verirrte sich der eine oder andere von ihnen, so daß er allein den Weg fortsetzen mußte.

Er fürchtete sich aber, weil er viel Geld bei sich hatte; und da er niemand kannte, dem er es hätte anvertrauen können, so beschloß er, es zu vergraben, bis er seine Reisegefährten gefunden haben würde.

So ging er auf ein Feld, fand dort ein großes Loch und vergrub darin das Geld. Vorher hatte er sich sorgfältig nach allen Seiten umgesehen und sich überzeugt, daß er keinen Augenzeugen hatte. Aber der Eigentümer des Feldes hatte es doch gesehen, grub das Geld wieder aus und nahm es mit sich.

Als nun der Kaufmann nach einigen Tagen sein Geld holen wollte, fand er nichts mehr. Da begann er zu schreien und zu jammern: „Ich armer Mann, was soll ich nun beginnen? Ich hatte doch niemand gesehen, und doch ist mir mein Geld gestohlen worden!"

In seiner Verzweiflung begab er sich zum König Salomo und klagte ihm sein Leid.

Der König sprach: „Mein Sohn, zuvörderst geh hin und erfrage, wem das Feld gehört, auf welchem du dein Geld vergraben hattest. Dann gehst du zum Eigentümer des Feldes und sprichst zu ihm: ‚Lieber Freund, ich habe mir sehr viel Geld auf die Reise mitgenommen; nun habe ich aus Furcht, daß man es mir stehle, einen Teil davon vergraben, den größeren Teil aber habe ich noch. Nun bin ich im Zweifel, ob ich auch diesen bei dem anderen Gelde vergraben soll, oder auf einem anderen Platze, oder ob ich es lieber einem zuverlässigen Manne zum Aufheben gebe.' Was dir dann der Eigentümer des Feldes raten wird, das tu!"

Der Kaufmann tat, wie ihm der König geraten hatte, erforschte den Eigentümer des Feldes und redete diese Worte zu ihm. Da sagte der Eigentümer: „Lege doch das Geld dahin, wo das andere liegt! Das ist am einfachsten."

Er dachte nämlich, der Kaufmann habe den Diebstahl noch nicht gemerkt und werde deshalb auch das andere Geld dazulegen: dann wollte er sich beides holen. Er tat also schnell das gestohlene Geld wieder in die Erde.

Als aber der Kaufmann sein Geld wiederfand, war er froh, nahm es an sich und eilte davon.

Bald kam auch der Eigentümer des Feldes, um das doppelte Geld zu holen, fand aber das Loch leer und merkte zu seinem Ärger, daß er überlistet war.

So hat der Kaufmann durch den weisen Rat des Königs sein Geld wiederbekommen.   *(R. Mb. 69 a.)*

24.   Die drei Lehren

Drei Brüder zogen aus, um am Hofe des Königs Salomo Weisheit zu lernen. Als sie zum Könige kamen und sich ihm vorstellten, gefielen sie ihm gar wohl, und er sprach zu ihnen: „Bleibet um mich und dienet mir!" Also blieben sie bei ihm an 13 Jahre.

Da sprach eines Tages der eine zum andern: „Ach Gott, nun sind es dreizehn Jahre, daß wir von unserem Hausgesinde fern sind, um an diesem Hofe zu lernen; und was haben wir gelernt? Nichts. Darum wäre meine Meinung, wir ziehen wieder heim."

Damit waren die anderen beiden zufrieden, und so traten sie vor König Salomo und sprachen: „Lang lebe der König! Wir kamen an deinen Hof, um zu lernen; wir haben aber in dreizehn Jahren nichts gelernt. Drum bitten wir, gewähre uns Urlaub, daß wir wieder heim zu unsern Frauen ziehen."

Da befahl der König seinem Schatzmeister, ihm 300 Goldgulden zu bringen, und als das geschehen war, sprach er zu den Brüdern: „Ihr habt mir solange gedient, daß es recht und billig ist, euch zu belohnen.So saget mir, was euch lieber ist: daß ich jedem hundert Gulden oder drei weise Lehren gebe."

Da hielten die Brüder eine Beratung unter sich ab, dann aber antworteten sie, sie wollten lieber das Geld.

Alsbald ließ der König jedem hundert Gulden auszahlen, und sie zogen in Frieden vondannen.

Als sie einige Meilen von Jerusalem entfernt waren, begann der Jüngste: „Ei, sagt doch, meine Brüder, sind wir eigentlich an des Königs Hof gezogen, um Geld zu erwerben oder um Weisheit zu lernen? Und nun muß uns die Habgier verleiten, daß wir die hundert Gulden nehmen?"

Da sagten die beiden anderen Brüder: „Wenn dir Worte lieber sind als das Geld, so kannst du ja deine Gulden wieder zurücktragen; wir behalten unser Geld und ziehen heim."

So zog der Jüngste allein wieder nach Jerusalem, trat vor den König und sprach: „Mein Herr und König, es war eine Übereilung, daß ich die hundert Gulden annahm. Denn nicht das Geld wollte ich erwerben, als ich in deinen Dienst trat, sondern Weisheit. Darum bitte ich, nimm das Geld zurück und gib mir deine weisen

Lehren dafür."

Als das der König Salomo hörte, war er es wohl zufrieden und sprach: „So merke wohl, mein Sohn:

Bist du auf einer Reise, so brich mit Tagesanbruch auf, und am Abend vergiß nicht, frühzeitig zur Nachtherberge einzukehren!

Zum zweiten merke dir: Siehst du einen Bach, der angeschwollen ist, so wate nicht hindurch, sondern warte, bis die Wassermasse abgenommen hat!

Zum dritten aber merke wohl: Enthülle niemals einer Frau ein Geheimnis, und wäre es auch dein eigenes Weib! –

Das sind drei weise Lehren; nun sei klug und befolge sie!" –

Befriedigt schwang der junge Mann sich auf sein Maultier und eilte zurück zu seinen Brüdern, die er auch bald wieder einholte.

Als er bei ihnen war, fragten sie ihn: „Nun, was für Weisheiten hast du gelernt?" Er aber sprach: „Was kann euch daran liegen, die ihr das Geld vorgezogen habt?" Also zogen sie weiter, bis sie gegen Abend in eine Stadt kamen.

Da sprach der Jüngste: „Meine lieben Brüder, der Ort ist so nett und sauber, daß wir die Nacht hier bleiben könnten. Der Tag neigt ohnehin dem Ende zu." Aber die Brüder sprachen: „Daß du dir für die hundert Gulden Weisheit gekauft hast, war eine Narrheit von dir; daß du jetzt schon die Herberge aufsuchen willst, ist wiederum eine Narrheit. Denn bis zum Abend können wir doch noch gut eine Meile weiter wandern."

Da antwortete der Jüngste: „Nun, tut so, wie es euch gefällt! Ich aber will heute nicht weiter mit euch wandern, sondern euch morgen in der Frühe wieder einholen." Also blieb er zurück, ließ noch eine Weile sein Tier grasen und schlug dann sein Nachtquartier auf.

Die Brüder aber zogen weiter und wurden auf freiem Felde von der Nacht überrascht. Bald begann es gar zu schneien, und beide kamen in der Kälte um.

Am Morgen erhob sich der Jüngste, eilte den beiden Brüdern nach und fand sie tot im Schnee. Da stieg er von seinem Maultier ab, erhob ein lautes Wehklagen und Jammern und begrub sie, so gut er konnte. Dann steckte er ihr Geld zu sich und zog seines Weges weiter.

Allmählich stieg die Sonne höher am Himmel, der Schnee ward

zu Wasser, und das Wasser floß in zahlreichen Rinnsalen in den Bach. daß er gewaltig anschwoll. Als der Jüngste an ihn kam, konnte er nicht hinüber und beschloß daher zu warten, bis das Hochwasser sich verlaufen hätte.

Wie er so wartete, kamen zwei Männer mit ihren Saumtieren daher, und die Saumtiere trugen jedes einen Sack mit Gold auf ihrem Rücken. Als sie ihn stehen sahen, fragten sie ihn, warum er denn warte. Er antwortete: „Der Bach ist mir noch zu sehr angeschwollen, ich will warten, bis er kleiner wird."

Da lachten sie ihn aus und trieben ihre Tiere vorwärts in den Bach. Als sie aber mitten drin waren, wurden sie von der starken Strömung erfaßt und umgeworfen und ertranken in den Fluten. Doch verlief sich das Wasser endlich, und nun ging der Jüngste hinein, hob die Goldsäcke auf und kam so als ein sehr reicher Mann heim. Wie die Frauen seiner Brüder hörten, daß er heimgekommen sei, eilten sie zu ihm und fragten, wo denn ihre Männer wären. Er wollte sie nicht betrüben und sagte, sie wären noch am Hofe des Königs geblieben.

Dann kaufte er sich Äcker und Weinberge und allerlei Vieh und ward ein angesehener Mann – alles durch die zwei weisen Lehren des Königs.

Aber seine Frau hätte schon lange gern gewußt, woher er all den Reichtum habe. Wohl fuhr er sie hart an, wenn sie ihm darum befragte; wurde auch zornig, wenn sie die Frage wiederholte; doch sie lag ihm solange in den Ohren, daß er endlich die dritte Lehre vergaß und ihr alles offenbarte – um endlich Ruhe zu haben.

Er sollte bald erfahren, daß er übel daran getan hatte. Denn als er einmal mit ihr in Streit geriet und im Zorn sie schlug, begann sie laut zu schreien: „Ist es nicht genug, daß deine beiden Brüder durch dich umgekommen sind und die beiden Männer mit der kostbaren Last, willst du nun auch mich ums Leben bringen?"

Als die beiden Frauen hörten, wer ihre Männer getötet habe, eilten sie zum König und führten bittere Klage über ihn; und Salomo ließ ihn sogleich vor seinen Thron führen.

Er fiel auf seine Knie und sprach: „Lang lebe der König! Ich bin der jüngste von den drei Brüdern, die dir dreizehn Jahre gedient haben, und habe dir meinen Lohn von hundert Gulden zurückge-

bracht, um lieber drei weise Lehren von dir zu bekommen. Zwei
von ihnen habe ich befolgt und bin dadurch ein reicher Mann geworden." Und dann erzählte er ausführlich, wie sich alles zugetragen hatte. „Die dritte Lehre aber," so schloß er, „habe ich leider
nicht befolgt, und das war mein Unglück."

Da rief Salomo: „Steh auf und sei getrost! Ich erinnere mich
deiner sehr wohl und sehe, daß auch jetzt kein Unrecht an dir ist.
Von dem Unglück, in das deine Frau dich hätte stürzen können,
bleibst du diesesmal bewahrt. Geh heim in Frieden!" *(R. Mb. 60 c.)*

25.   Herodes

Herodes war ein Untertan der Hasmonäer und wurde nachmals
König der Juden.

Einstmals vernahm er eine Himmelsstimme, die also lautete:
„Welcher Knecht sich jetzt empören wollte wider seinen Herrn,
dem würde es gelingen." Als das Herodes hörte, ging er hin und
tötete des ganze Haus der Hasmonäer und ließ nur ein einzig Mägdlein übrig, um sie als seine Gemahlin auf seinen Thron zu setzen.

Das Mägdlein aber, sobald es die Absicht des Herodes merkte,
sagte: „Das soll wohl nimmermehr geschehen, daß ich des Mannes
Gattin werde, der mein Geschlecht vertilgt hat. Und ob er mich
allein am Leben ließ, so weiß ich doch, als rechte Hasmonäerin, wie
man in Ehren stirbt." Darauf stieg sie auf das Dach des Hauses und
stürzte sich hinab. So fand sie ihren Tod.

Herodes wußte vom Gesetz der Juden soviel, daß ihm der Satz
im 5. Buches Moses (17, 15): „Aus deinen Brüdern sollst du deinen
König wählen!" Bedenken machte. Er war nämlich ein Idumäer und
fürchtete, die Schriftgelehrten würden das Volk gegen ihn aufwie-
geln.

Er ließ sie also rufen und forderte sie auf, ihm diesen Satz zu
deuten. Er dachte aber bei sich selbst: „Ist ihre Deutung für mich
günstig, so lasse ich sie alle töten; dann habe ich von ihnen fürder
keinen Widerspruch zu fürchten." Als die Gelehrten, wie nicht anders zu erwarten, den Satz ihm so auslegten, wie es dem Sinne
entsprach, so ließ er alle töten; nur einen, dessen Rat er zu gebrau-

chen gedachte, ließ er leben; er hieß Juda, Sohn des Buta; dem stach man nur die Augen aus.

Eines Tages saß der blinde Juda in einem der Gemächer des Palastes und wußte nicht, daß auch Herodes in demselben saß.

Herodes aber unterhielt sich mit ihm und sagte dann: „Da siehst du, welch ein Bösewicht Herodes ist; er hat nicht allein seinen Herrn getötet, sondern auch das ganze Haus des Königs und dazu die Gelehrten alle."

Da sprach Juda: „Warum doch sagst du das zu mir? Was kann ich denn dagegen tun?" Aber Herodes fuhr hinterlistig fort, um Judas Meinung zu erspähen: „Wir wollen des Himmels Fluch auf ihn herabbeschwören."

Da sprach Juda: „Es steht geschrieben: (Koh. 10, 20): ‚Auch in deinen Gedanken fluche keinem Könige!'"

„Aber er ist doch gar kein König!" erwiderte Herodes.

„Und wär' er auch nicht mehr als ein reicher Mann," sprach da wieder Juda, „auch dann noch dürften wir ihm nicht fluchen. Denn es steht geschrieben (Koh. 10, 20): ‚Und in deinem Schlafgemach fluche keinem Reichen!'"

Nun gab sich Herodes zu erkennen.

„Ich bin Herodes selbst," so rief er aus, „und wollte dich nur prüfen. Hätte ich gewußt, daß ihr Gelehrten so fromme Männer seid, so hätte ich keinen von euch töten lassen. Nun es geschehen ist, so fürcht' ich Gottes Zorn. Drum sage mir, was kann ich tun, um solches Unrecht wieder gut zu machen und mir die Gnade Gottes zu erwerben?"

Da sprach Juda: „So höre denn! Du hast das Licht der Thora ausgelöscht, so gehe hin und zünd' es wieder an! Das Licht der Thora nämlich, das sind die Schriftgelehrten, die du hast töten lassen; das Licht, das du von neuem sollst entzünden, das ist der Tempel, in dem sich alle Völker sammeln sollen, wie das geschrieben steht. Geh hin und baue ihn neu!"

Und Herodes ging hin und mietete 10 000 wohlgeübte Arbeiter, die bauten auf dem Berge Moria mit solcher Pracht den Tempel Gottes aus, daß er als Wunderwerk gepriesen ward.

(W. Mb. No. 111.)

26.   Hast du viel, so gib viel!

R. Jochanan b. Sakkai ritt auf einem Esel aus Jerusalem, und seine Schüler folgten ihm. Da sahen sie auf der Straße eine Frau, die las die Gerstenkörner aus dem Kot der Tiere auf. Als sie aber den Rabbi sah, verschleierte sie ihr Gesicht, trat auf ihn zu und bat ihn um Almosen.

„Wer bist du, meine Tochter?" sprach der Rabbi. „Ich bin des Nikodemus b. Gorion Tochter," erwiderte sie.

„So sage mir," fuhr der Rabbi fort, „Wo ist der gewaltige Reichtum deines Vaters hingekommen?"

„Kennst du das Sprichwort," erwiderte die Frau, „das zu Jerusalem geht: Wer sein Geld einsalzen (d.h. erhalten) will, der gebe nur viel Almosen?"

„Und deines Schwiegervaters Reichtum," sprach der Rabbi, „wo ist der?"

„Ach," erwiderte die Frau, „das eine ist dahin, wie das andere. – Erinnerst du dich noch, mein lieber Rabbi, daß du als Zeuge meinen Ehekontrakt unterschrieben hast?"

Da wandte sich der Rabbi an seine Schüler und sprach: „Wohl erinnere ich mich dessen, daß ich ihren Ehekontrakt unterschrieb: tausendmal tausend Goldgulden brachte sie dem Manne in die Ehe, ohne das, was ihr der Schwiegervater gab."

Und die heißen Tränen rannen dem Rabbi über die Wangen in den Bart. „Wohl dir, mein Volk," so rief er aus, „wenn du Gottes Wort befolgst! Wehe dir, wenn du es nicht befolgst! Du dienst dann nicht nur einem fremden Volke, nein, auch dem Tiere beugst du dich, wie diese Frau, die in dem Kot der Tiere Gerstenkörner sucht."

Nikodemus b. Gorion, ein sehr reicher Mann zu Jerusalem, hatte zwar den Armen Gutes getan, aber einerseits des Ruhmes halber, andrerseits nicht im Verhältnis zu seinem Reichtum. Daher hatte sein Reichtum keinen Bestand, sondern schwand dahin.

(W. Mb. No. 67.)

27.   Wunder beweisen nicht

Einstmals waren die Gelehrten in betreff der reinen und unreinen (d.h. der zu essen erlaubten und verbotenen) Tiere entgegengesetzter Meinung; insbesondere widersprachen sie einmütig dem Gelehrten R. Elieser, obwohl er einer der bedeutendsten Gesetzes- und Volkslehrer seiner Zeit war: was er für rein erklärte, erklärten sie für unrein. Er mochte seine Ansicht noch so gut mit Gründen beweisen, sie waren nicht zu überzeugen.

Da rief R. Elieser unwillig aus: „Sofern das Recht auf meiner Seite ist, so möge dieser Johannisbrotbaum seinen Platz wechseln!" Und siehe da: der Baum entriß sich seiner Stelle und pflanzte sich in einer Entfernung von 100 Ellen wieder in den Boden.

Aber die Gelehrten riefen aus: „Was kümmert uns der Baum? Der kann in dieser Frage nicht entscheiden."

„So möge dieser Bach," fuhr R. Elieser fort, „seinen Lauf verändern und rückwärts fließen, wenn ich recht habe!" Und abermals geschah ein Wunder: der Bach floß in entgegengesetzter Richtung.

Aber wieder riefen die Gelehrten aus: „Was kümmert uns der Bach? Der kann durch seinen Lauf die Frage nicht entscheiden."

„So mögen endlich die Wände unseres Lehrsaales bezeugen, daß ich recht habe, indem sie niederstürzen!" rief aufs höchste gereizt R. Elieser aus. Und, o Schrecken! schon biegen sich die Wände und drohen die Gelehrten unter ihren Trümmern zu begraben.

Da rief R. Josua b. Chananja aus: „Hört, ihr Wände! Wenn die Gelehrten bei der Auslegung der göttlichen Gebote uneins sind – was habt ihr euch in diesen Streit zu mengen?"

Alsbald blieben die Wände in ihrer drohenden Stellung: aus Ehrfurcht vor R. Josua bogen sie sich nicht weiter, aus Ehrfurcht vor R. Elieser richteten sie sich nicht wieder auf.

„So mag eine Stimme vom Himmel entscheiden, wer von uns die Wahrheit lehrt!" Sogleich erscholl eine himmlische Stimme, die da rief: „Laßt ab von eurem Streit mit Elieser, das Recht ist doch auf seiner Seite!"

Aber die Gelehrten riefen: „Auch diese Himmelsstimme kann uns nicht überzeugen. Steht es doch deutlich in der Thora (Deut. 30, 12): ‚Dies Gesetz ist nicht im Himmel, sondern in deinem Munde und in deinem Herzen.' Und ein göttliches Gebot (Exod. 23, 2) sagt: ,Nach der Mehrheit hast du dich zu richten.' Und darum können wir uns auch jetzt nicht besiegt geben."

R. Elieser aber, der sich der Mehrheit nicht fügen wollte, wurde mit dem Banne belegt, auf daß in Zukunft sich nicht wieder einer der Gesamtheit widersetze und diese Zwietracht der Gemeinde Schaden bringe.   (W. Mb. No. 135.)

28.   Dreimal Witz

Ein reicher Kaufmann aus Jerusalem unternahm einst eine Reise übers Meer. Wie er aber einmal bei einem Wirte übernachtete und am Morgen seine Reise fortsetzen wollte, wurde er so krank und elend, daß er sein Lager nicht verlassen konnte und fühlte, daß er sterben werde. Da übergab er dem Wirte all sein Gut und sagte ihm, er solle es solange behalten, bis einer komme, der drei Beweise von Witz gebe.

Darauf starb der Mann, und der Wirt behielt das Geld durch manches Jahr.

Inzwischen wartete die Frau des Verstorbenen auf ihren Mann, und da er nach Jahr und Tag noch immer ausblieb, so ward sie sehr besorgt und sprach zu ihrem Sohne: „Mein Sohn, dein Vater ist schon mehrmals über Meer gegangen, aber noch nie so lange ausge-blieben, wie diesmal; ich fürchte, er möchte gar gestorben sein und fremde Leute seines Gutes sich bemächtigt haben. Demnach wäre es mein Wunsch, daß du, mein Sohn, hinauszögest auf Kundschaft nach deinem Vater, um wenigstens unser Gut zu retten. Sollte er im Hause eines Juden gestorben sein, so bin ich sicher, daß dieser uns alles herausgeben wird."

Der Sohn war bereit, machte sich gleich am andern Tage auf die Reise und zog von Ort zu Ort so lange, bis er endlich in die Stadt kam, in welcher sein Vater gestorben war.

In dieser Stadt war neuerdings ein Gesetz ausgegeben worden, daß keiner einen Fremden über Nacht bei sich behalten dürfe. Aber der junge Mann wußte sich zu helfen; er war ja aus Jerusalem, und die Jerusalemer galten nicht ohne Grund für besonders gescheit.

Er erkundigte sich also zunächst bei den Leuten, ob nicht in ihrer Stadt vor Jahren ein Mann aus Jerusalem gestorben wäre. Diese Frage bejahten sie und nannten ihm auch den Namen des Mannes, in dessen Haus er gestorben war. Als er sich nun dem Tore der Stadt nahte, stand da einer, der noch ein Bündel Holz zu verkaufen hatte. Rasch kaufte er es ihm ab, bat ihn aber, es ihm in die Stadt zu tragen und nannten ihm die Wohnung des Mannes, bei dem der Vater gestorben war. Er selbst folgte ihm auf dem Fuße.

Als dem Mann das Holz gebracht wurde, war er verwundert und sprach: „Guter Freund, ihr seid im Irrtum, denn ich habe euch kein Holz abgekauft." Aber der arme Holzverkäufer sagte: „Der Eigentümer des Holzes kommt da hinter mir her."

Als der Hausherr aufsah, bemerkte er auch schon den Fremden aus Jerusalem und dachte sich: „Da steckt etwas dahinter!" Hieß ihn also willkommen und führte ihn in sein Haus. Als er hörte, auf welche Weise er sich den Eintritt in die Stadt und in sein Haus verschaffte, da ahnte er, daß er den rechtmäßigen Erben vor sich haben möchte, beschloß aber weitere Proben seines Witzes abzuwarten.

Zu dem Ende ließ er ein gutes Nachmahl bereiten, bei dem auch eine Platte mit fünf gebratenen Tauben aufgetragen wurde. Dann sprach er zu seinem Gaste: „Mein lieber Freund, man sagt, ihr Leute von Jerusalem seid ganz besonders gescheit, und du selbst hast schon eine Probe deines Witzes gegeben: so teile uns doch die fünf Tauben so, daß einer so viel bekommt wie der andere."

Da sprach der Fremde: „Das kommt mir als Gast nicht zu, und das verbietet mir mein Anstand." Aber der Hauswirt drang so lange in ihn, bis er sich dazu entschloß. Er gab nun dem Hausherrn und seiner Frau eine Taube, den beiden Söhnen gleichfalls eine, ebenso den beiden Töchtern eine; für sich selbst behielt er zwei Tauben. Der Hausherr machte zwar ein verdutztes Gesicht, doch dachte er: „Dahinter wird wohl etwas stecken!" und schwieg.

Am andern Abend ließ er wieder ein gutes Nachtmahl bereiten und ein Huhn auftragen; das sollte wieder der Gast zerteilen.

Der Gast sträubte sich wie Tags zuvor, doch er gab schließlich nach und teilte so: dem Hausherrn gab er den Kopf, der Hausfrau das Innere, den Söhnen die Schenkel (Schlägel), den Töchtern die

Flügel, den eigentlichen Leib des Huhnes behielt er für sich.

Über diese Teilung war der Wirt noch mehr verwundert, als den Abend zuvor, konnte nicht mehr an sich halten und rief aus: „Mein lieber Gast, wie soll ich das verstehen, daß du immer so teilst, daß das meiste für dich bleibt?"

Und der Gast erwiderte: „Das will ich euch wohl erklären. Ich sollte gestern die Tauben so teilen, daß einer so viel hätte wie der andere. Da rechnete ich so: Ihr und Euer Weib eine Taube, das gibt zusammen drei; Eure zwei Söhne und eine Taube, das gibt zusammen drei; Eure zwei Töchter und eine Taube, das gibt wieder drei; ich und zwei Tauben, das macht ebenfalls drei, und so haben alle gleich viel. Was aber die heutige Teilung des Huhnes anlangt, so habe ich so gedacht: Ihr, als das Haupt der Familie, Ihr bekommt den Kopf; Eure Frau, als Mutter der Kinder, die sie aus sich geboren, erhält das Innere des Huhnes; Euren Söhnen, die die Säulen und Stützen des Hauses sind, kommen die Schenkel (oder Schlägel) zu; Eure Töchter, die bald aus dem Hause fliegen und ihrem Manne folgen, bekommen mit Recht die Flügel; ich selbst aber behalte den Leib des Huhnens, der nach alledem nur noch die Gestalt eines Schiffsleibes hat. Und das ist mir ganz angemessen, denn auf dem Schiffe habe ich meine Reise gemacht und zu Schiffe muß ich wieder steigen, wenn ich nach ausgerichteter Sache heimkehre." Darauf erzählte er ihm Grund und Zweck seiner Reise.

Als der Hauswirt das alles gehört hatte, war er sehr fröhlich und sprach: „Mein lieber Freund, ich zweifle nicht, daß du der rechtmäßige Erbe bist. Dein Vater hat mir sterbend aufgetragen, sein Gut demjenigen auszuliefern, der drei Beweise seines Witzes liefern würde. Das hast du getan, und darum werde ich dir dein Erbe nicht vorenthalten." So sprach der redliche Jude und übergab ihm sein Erbe.

Froh und zufrieden kehrte der junge Mann heim zu seiner Mutter, und beide hatten nun genug für ihr ganzes Leben.

(R. Mb. 56 b–d.)

29.   Die Rechtfertigung

Ein braver Mann, der verarmt war, vermietete sich bei einem Reichen als Knecht.

Nach drei Jahren sprach er zu ihm: „Nun will ich heim zu meinem Weib und zu meinen Kindern, um ihnen zu bringen, was ich durch Dienen gewonnen habe. Gib mir also meinen Lohn!"

Aber der Herr erwiderte: „Ich habe kein Geld." „So gib mir Frucht, damit ich die Meinen speisen kann!" „Ich habe auch keine Frucht." „Dann gib mir ein Stück Land oder einen Weingarten zum Lohne!" „Ich habe keins von beiden." „So gib mir Vieh!" „Auch das kann ich dir nicht geben, ich habe keins."

Wie nun der gute Mann sah, daß sein Herr ihm nichts geben wollte, band er seine Kleider zu einem Bündel, hing es über seinen Rücken und ging betrübten Herzens heim.

Am dritten Tag danach nahm der Dienstherr drei Esel, belud den einen mit Speisen, den zweiten mit Getränken, den dritten mit den besten Früchten und zog zu seinem ehemaligen Knechte. Dieser staunte nicht wenig.

Nachdem sie miteinander gegessen und getrunken, gab der Herr seinem gewesenen Knechte seinen Lohn in Geld und schenkte ihm obendrein alles, was er mitgebracht hatte. Dann aber sprach er: „Mein lieber Knecht, nun sage mir, was hast du gedacht, als du deinen Lohn fordertest und ich sagte, ich hätte kein Geld?"

Und jener antwortete: „Ich dachte mir, du habest vielleicht einen vorteilhaften Kauf gemacht und dabei all dein bares Geld ausgegeben."

„Und als ich dir auch keine Frucht geben wollte, was hast du da von mir gedacht?" „Ich dachte mir, du hättest wahrscheinlich noch nicht den Zehnten abgegeben, dürftest also nichts davon nehmen."

„Und als ich dir weder Acker- noch Weinland geben wollte, was hast du da von mir gedacht?" „Ich habe mir gedacht, sie gehörten vielleicht nicht dir, du könntest sie also nicht hergeben."

„Und als ich dir auch kein Vieh geben wollte, was hast du da von mir gedacht?" „Ich habe mir gedacht, du hättest vielleicht all dein Hab und Gut zu frommen Stiftungen bestimmt."

„Bei Gott," erwiderte der Herr, „du hast recht gedacht, es war wirklich so. Da mein Sohn von Gottes Wort nichts wissen wollte, so tat ich ein Gelübde, all mein Hab und Gut solle zu Gottes Ehren verwendet werden. Aber mein Gelübde konnte gelöst werden, und ich beeile mich, meine Schuld an dich zu zahlen. Weil du aber ein so braver Mann bist und für all mein Tun eine Rechtferttigung hattest, so möge Gott dir lohnen, daß auch du allezeit gerechtfertigt vor ihm seiest!"

(R. Mb. 15 a.)

30. Das fromme Ehepaar

Ein Mann war nach und nach in seinen Verhältnissen so heruntergekommen, daß er bei anderen um Lohn arbeiten mußte.

Eines Tages, wie er auf dem Felde ackerte, erschien ihm der Prophet Elias und sprach: „Dir sollen sieben segensvolle Jahre zuteil werden; willst du sie jetzt gleich oder im Alter?" Der Mann erwiderte: „Du bist wohl ein Hexenmeister und erwartest für deine Hexerei den angemessenen Lohn! Laß mich, denn ich kann dir keinen Lohn geben!" Damit wandte er sich von ihm und ging an seine Arbeit.

Am zweiten Tage kam Elias wieder, fand aber wieder kein Gehör.

Am dritten Tage sprach er noch einmal: „Gott hat dir sieben segensvolle Jahre bestimmt. So sprich, ob du sie gleich jetzt, oder erst in deinen alten Tagen willst!" Da erwiderte der arme Mann: „So laß mich erst heimgehen, damit ich mich mit meiner Frau berate, dann will ich dir antworten." „Geh hin!" sprach Elias, „sobald du zurückkommst, sollst du mich hier wieder finden."

Also ging der Taglöhner heim und erzählte seiner Frau, wie der alte Mann nun heute zum dritten Male bei ihm auf dem Felde erschienen sei und zu ihm gesprochen habe. „Und nun," so schloß er seinen Bericht, „wann meinst du, daß wir die sieben guten Jahre haben möchten?" „Natürlich sofort!" erwiderte das Weib.

Da eilte der arme Mann zurück aufs Feld, und als Elias erschien, sagte er ihm, sie wollten die guten Jahre sofort haben. „So geh heim," sprach Elias, „und ehe du noch zu Hause bist, wird der Segen bei dir eingekehrt sein."

Inzwischen hatten die Kinder des armen Mannes von ungefähr etwas im Dünger im Hofe gesucht und dabei einen großen Schatz gefunden, den sie freudig der Mutter zeigten. Indem kam auch der Vater vom Felde heim, die Mutter eilte ihm glückstrahlend mit dem Bericht von dem Funde des Schatzes entgegen, und beide lobten Gott, der ihnen einen solchen Schatz beschert hatte. Nun waren ja für sieben Jahre alle Not vorbei. „Nun wollen wir aber auch nicht vergessen," sprach das brave Weib, „wie Armut tut, und wollen mildtätig sein gegen Arme."

Ihr jüngster Sohn mußte alles aufschreiben, was sie von dem Schatze ausgaben. Sie erzogen außerdem ihre Kinder rechtschaffen und in Gottesfurcht und taten viel Gutes an den Armen.

Als die sieben Jahre zu Ende gingen, da erschien eines Tages wieder Elias in der Gestalt eines alten Mannes und sprach: „Nun sind die sieben Jahre um, jetzt muß ich den Schatz wieder holen." „So laß mich's erst mit meiner Frau besprechen!" sprach der Mann, und ging zu seiner Frau und sagte: „Der alte Mann, der mir vor sieben Jahren den Segen angekündigt, ist wieder da, um ihn zurückzunehmen." „So sage ihm," sprach die Frau, „wenn er rechtschaffenere Leute findet, als wir sind, und will ihnen das Gut geben, so mag er es nehmen."

Da sprach Gott zu Elias: „Die Leute haben das Gut so redlich verwendet und so viel Mildtätgkeit geübt, daß es fortan bei ihnen bleiben soll."

(R. Mb. 44 b.)

31. Der Prophet Elias
(oder das scheinbar Gute und Böse)

R. Josua ben Levi, ein berühmter Gesetzeslehrer, begegnete einst dem Propheten Elias.

„Herr," fragte er ihn, „was schaffst du all die Zeit?"

„Ich durchwandere die Welt," erwiderte Elias, „von Land zu Land, von Stadt zu Stadt."

„O Herr," fuhr Josua fort, „dürfte ich wohl einmal mit dir wandern?"

„Das will ich dir schon erlauben," erwiderte Elias, „nur gebe ich dir eins zu beachten. Ich tue manchmal etwas, was dir verkehrt vorkommen möchte, und da darfst du mich nicht fragen. Tust du es aber dennoch, so werde ich zwar antworten, aber ich verlasse dich sofort."

„Mein lieber Herr," sprach Josua, „ich will dich ganz gewiß nicht fragen. Tue ich es aber doch, so antworte mir, und danach magst du von mir gehen."

Nun kamen sie in eine Stadt, in der ein sehr reicher Mann wohnte, der sie aber ziemlich unfreundlich aufnahm. „Das Pack überläuft mich in einer Weise, daß es geradezu unerträglich wird," so murmelte er vor sich hin. Zum Essen setzte er ihnen Brot und Käse, zum Trinken dünnes Bier vor, zum Schlafen wies er ihnen ein Lager an, das recht schlecht war. Aber er selbst und sein Weib aßen Fleisch und tranken gutes Bier dazu.

Nun hatte der Reiche eben im Sinne, sich für sein altes Haus ein neues, schöneres zu bauen; und am folgenden Morgen sollte damit begonnen werden, den Boden auszuschachten, um die Grundmauern auszuführen.

Um Mitternacht erhob sich der Prophet Elias und führte die Grundmauern auf. Als dann am frühen Morgen die Werkleute kamen, um ihre Arbeiten zu beginnen, da sahen sie, daß alles schon fertig dastand, so schön und stark, wie sie es ihr Lebtag noch nicht gesehen hatten. So bauten sie sogleich darauf weiter, und der Reiche hatte dadurch nicht wenig an Zeit und Geld gespart.

R. Josua fand des Propheten Tun recht sonderbar, doch schwieg er still.

Sie zogen weiter und kamen in ein Dorf. Darin wohnte ein Jude, der ein sehr frommer Mann, aber arm war. Der nahm sie mit herzlicher Freude auf, setzte ihnen, soweit es in seinen Kräften stand, vom Schönsten und Besten vor und ließ sie in seinem eigenen Bette schlafen.

Um Mitternacht erhob sich Elias und tötete die Kuh seines gastfreundlichen Wirtes. Als die armen Leute am frühen Morgen ihre einzige Kuh tot im Stalle sahen, erhoben sie eine Klage, daß es einen Stein erbarmen konnte; dem R. Josua ward es weh ums Herz, aber er bezwang sich und schwieg.

Danach kamen sie in eine Gemeinde, die viele reiche Leute hatte, aber keiner nahm sich der beiden Wanderer an. So gingen sie zu einem ehrlichen armen Manne und blieben bei ihm über Nacht. Am Morgen, ehe sie ihren Weg fortsetzten, sprach Elias den Segen über die Gemeinde: „Möge jedem von euch die Ehre eines Gemeindevorstehers beschieden sein!"

Dann setzten sie ihre Wanderung fort und kamen in eine Gemeinde, in der man sie herzlich willkommen hieß und jeder sich bemühte, sie in sein Haus zu führen.

Als sie am anderen Morgen ihre Reise fortsetzen wollten, dankte ihnen Elias und sprach: „Möge es Gott gefallen, daß die Ehre eines Gemeindevorstehers nur e i n e m von euch zuteil werde!"

Jetzt war es mit der Selbstbeherrschung des R. Josua zu Ende.

„Herr," begann er, „ich kann deine Taten nicht länger ruhig mit ansehen, denn sie sind zu verkehrt; du vergiltst ja Gutes mit Bösem."

Aber Elias erwiderte: „Erst höre, dann urteile!

Dem Reichen habe ich die Grundmauern aufgeführt: das hältst du für eine Belohnung, aber es war eine Strafe. Denn hätte er selbst den Boden ausgegraben, so hätte er einen großen Schatz gefunden; den findet er jetzt nicht.

Des armen Mannes Kuh habe ich getötet, als Sühnopfer für seine Frau; denn ihr stand der Tod bevor, und so ist sie am Leben geblieben, zur Freude des armen Mannes.

Der so ungastlichen Gemeinde habe ich gewünscht, daß jeder von ihnen ein Gemeindevorsteher werden möge. Dir scheint das ein Segen, es ist aber keiner. Denn wo jeder Vorsteher ist, da will jeder befehlen, niemand gehorchen – und das richtet die Gemeinde zugrunde. Dagegen, wo nur e i n e r Vorsteher ist, da gehorchen die anderen – und dadurch gedeiht die Gemeinde." Nach diesen Worten verschwand Elias.

(R. Mb. 12 a–b.)

32.   Rabbi Chanina

Im heiligen Lande lebte einst ein frommer Mann, der war reich an Gütern und an Weisheit und wunderbarem Wissen. Darum war er hochgeehrt beim Könige und von vielen beneidet. Er hatte einen Sohn, Chanina mit Namen, der wandelte in den Wegen seines frommen Vaters und war auch ein großer Schriftgelehrter.

Als nun die Zeit herankam, daß der vortreffliche Mann sterben sollte, rief er seinen Sohn Chanina, empfahl ihm fernerhin fleißig in den heiligen Büchern und rabbinischen Schriften zu forschen, Gottes Gebote zu befolgen und der Armen nicht zu vergessen.

„Ich und deine Mutter," so schloß er, „werden an ein und demselben Tage sterben, und die Trauerwoche um uns wird am Rüsttage des Passahfestes zu Ende sein. Traure nicht zu sehr! Und wenn die Trauerwoche vorüber ist, so geh auf den Markt, und was dir dort zum Kaufe angeboten wird, das kaufe, auch wenn man einen hohen Preis dafür fordert. Sollte es aber etwas sein, das der Pflege bedarf, so pflege es! Laß dich die Mühe nicht verdrießen, denn sie wird dir reichlich gelohnt werden."

Mehr sagte er seinem Sohne nicht. Danach starb er und sein Weib starb an demselben Tage, wie er vorausgesagt hatte. R. Chanina tat, was der Vater ihm geboten, und ging nach beendeter Trauerwoche, am Rüsttage des Passahfestes, auf den Markt.

Da begegnete ihm ein alter Mann, der ein silbernes Gefäß feilbot. Achtzig Gulden verlangte er dafür, Chanina bot ihm siebzig, aber der Alte bestand auf seinem Preise, und R. Chanina, der Worte seines sterbenden Vaters eingedenk, zahlte schließlich die verlangten achtzig Gulden.

Am ersten Passahabend stellte er das schöne Silbergefäß auf den Tisch, und siehe da, in dem Gefäß steckte ein zweites, und als er dieses heraushob, saß da ein Fröschlein drin, das munter umhersprang. R. Chanina, mildherzig gegen alle Geschöpfe, gab ihm zu essen und zu trinken.

Als aber die Passahwoche vorüber war, da war das Fröschlein so gewachsen, daß ihm das Gefäß zu klein war. Nun machte er ihm einen Kasten, versorgte es auch darin mit Essen und Trinken, und der Frosch wuchs weiter, bis ihm auch der Kasten zu klein ward. So richtete er ihm eine Stube ein und pflegte ihn weiter mit Speise und Trank, bis er selbst nichts mehr hatte.

Da ging er eines Tages mit seinem Weibe zum Frosch und sagte: „Lieber Freund, wir haben alles, was wir hatten, mit dir geteilt; nun aber können wir dich nicht weiter ernähren, denn wir haben selbst nichts mehr."

Da begann der Frosch zu sprechen und sagte: „Lieber Chanina, sei getrost! Du hast mich so vortrefflich gepflegt, daß ich dir zu Dank verpflichtet bin. Erbitte dir darum, was dein Herz begehrt, und ich will es dir geben."

Und Chanina antwortete: „Ich sehe wohl, daß du kein gewöhnlicher Frosch bist und mehr kannst als die Menschen; so wünsche ich von dir in die Geheimnisse der Thora eingeweiht zu werden."

Darauf erwiderte der Frosch: „Das soll dir wohl gewährt sein." und alsbald begann er ihn in die Geheimnisse der Thora einzuweihen und lehrte ihn die siebzig Sprachen, wie auch die Sprache der Tiere und Vögel. Er schrieb aber dazu etliche Wörter auf einen Streifen Papier, den R. Chanina verschlingen mußte. Erst dadurch wurde er befähigt, alles das zu fassen und zu behalten.

Dann sprach der Frosch zu Chaninas Weib: „Du hast mich so vortrefflich gehalten, daß ich dir dafür lohnen muß. So gebt mir, da ich von euch scheide, das Geleite bis zum nächsten Walde!" Das taten sie gern.

Am Walde angelangt, rief der Frosch mit lauter Stimme in den Wald hinein, und alsbald kamen zahllose Tiere und Vögel aus dem Walde heraus. Diesen gebot er, Edelsteine und allerlei heilkräftige Wurzeln und Kräuter zu bringen; und als sie das getan hatten, ließ er alles in R. Chaninas Wohnung schaffen und belehrte sie, wozu ein jegliches Kraut zu gebrauchen sei. Dann sprach er zu ihnen: „Nun lebt wohl, und Gottes Gnade und Barmherzigkeit walte allzeit über euch, die ihr so viel Mühe mit mir gehabt, und mich dennoch gepflegt habt, ohne mich zu fragen, wer ich sei. Ich will es euch aber zum Abschied sagen: ich bin ein Sohn Adams, den ihm Litith gebar während der 130 Jahre, die er von Eva getrennt war. Gott aber hat mir die Kraft gegeben, jede Gestalt anzunehmen, die mir beliebt."

Damit nahm er Abschied und ging von ihnen. Sie aber kehrten heim mit allen Gaben und waren nun reiche Leute. Auch gewann R. Chanina bald dasselbe Ansehen beim Könige, wie sein Vater.

Zu dieser Zeit hatte der jüdische König keine Frau. Da traten die Ältesten des Volkes zu ihm und sagten, es sei Sitte und Recht, daß ein König eine Frau habe; er solle sich also vermählen.

Sie sprachen aber deswegen so zu ihm, weil ihnen der Lebenswandel des Königs übel gefiel und sie meinten, eine brave Frau werde ihn bessern. Der König befahl ihnen nach acht Tagen wiederzukommen, da wollte er ihnen Bescheid geben.

Wie nun die acht Tage herum waren, kamen die Ältesten wieder zum Könige, um seine Antwort zu vernehmen. Während sie aber mit ihm sprachen, siehe, da kam ein Vogel geflogen, der hatte ein goldgelbes Haar im Schnabel, das er auf die Schulter des Königs fallen ließ. Dieser nahm's herunter und besah es – es war so lang wie der König – und sagte zu den Ältesten: „So schaffet mir die herbei, der dieses Haar gehört! Denn ich schwöre euch, keine andere soll mein Weib werden, als sie. Könnt ihr sie mir aber nicht verschaffen, so lasse ich euch alle töten."

Ob dieser Rede erschraken die Ältesten gar sehr, denn sie wußten nicht, wo sie dieses Weib finden sollten. Etliche aber unter ihnen, die dem Chanina feind waren, weil er beim Könige so viel Ansehen hatte, sprachen: „Es gibt nur einen, der imstande wäre, diese Königin zu finden, das ist Chanina. Ihn sende aus!" Das rieten sie dem Könige, um Chanina zu verderben; denn sie glaubten nicht, daß er sie finden würde – und dann würde ihn der König töten lassen.

Alsbald ließ der König den R. Chanina rufen, erzählte ihm, was geschehen war, und befahl ihm, das Weib mit den goldgelben Haaren aufzusuchen. R. Chanina erschrak, faßte sich aber und nahm den Befehl gehorsam hin; denn wenn er sich weigerte, so hätte ihn der König sofort hinrichten lassen; den Begleiter aber, den der König ihm mitgeben wollte, nahm er nicht an. Dann ging er heim, nahm Abschied von Weib und Kindern und machte sich auf den Weg. Als Reisezehrung nahm er zwölf Gulden und drei Laib Brot mit. Seine Jünger geleiteten ihn bis vor die Stadt, dann kehrten sie traurig heim.

Nun machte sich R. Channina auf und wanderte rüstig weiter, bis er ermüdet im Walde unter einem Baume sich ausruhte.

Da hörte er einen Raben schreien, daß er seit drei Tagen nichts gegessen habe. Als er das hörte, gab er dem Vogel ein Stück Brot, damit er nicht verhungerre.

Am folgenden Tage hörte er einen Hund klagen, daß er seit sechs

Tagen hungere. Sogleich gab Chanina auch ihm sein letztes Stück Brot, so daß er selbst nichts mehr übrig behielt.

Am dritten Tage kam er aus dem Walde heraus; da schien die Sonne hell vom blauen Himmel nieder, und eine schöne, grüne Wiese, mit Blumen und Kräutern bedeckt, dehnte sich vor ihm aus. Manche von den Kräutern waren eßbar, die pflückte er und fristete sein Leben damit.

Als er weiter ging, kam er an einen Bach, wo er Fischer traf, die eben einen so großen Fisch gefangen hatten, daß sie ihn nicht aus dem Wasser herausziehen konnten. Er half ihnen den Fisch ans Land zu bringen und gab ihnen dafür seine zwölf Gulden. Dann warf er den Fisch wieder ins Wasser.

So zog er noch lange weiter und kam endlich in eine Stadt, wo er auf seine gewöhnliche Frage erfuhr, daß in ihr eine Königin mit goldgelbem Haare wohne.

Alsbald begab er sich vor das Schloß, in welchem sie wohnte. Sie schaute eben durch das Fenster, und der fremde Gelehrte fiel ihr auf; denn sie sah ihm an, daß er nicht nur ein fremder, sondern auch ein gelehrter Mann war. Sie ließ ihn zu sich rufen und erfuhr aus seinem Munde alles, was wir schon wissen. Er unterließ auch nicht hinzuzufügen, daß die Wohlfahrt des ganzen jüdischen Landes davon abhänge, daß sie das Weib seines Herrn würde.

Da sprach die Königin: „Ich bin bereit dir zu folgen und Königin bei euch zu sein. Doch habe ich zuvor zwei Bitten; kannst du sie erfüllen, so folge ich dir; wo nicht, so bleibe ich, wo ich bin."

„Und welches sind deine Bitten?" fragte beklommen R. Chanina.

„Meine erste Bitte," sprach sie, „geht dahin, daß du mir zwei Krüglein Wasser verschaffest, das eine mit Wasser aus dem Paradiese, das andere mit Wasser aus dem Gehinnom (Hölle). Sobald du mir diese zwei Krüglein zur Stelle geschafft hast, will ich dir meine zweite Bitte kundtun."

Sie glaubte nämlich nicht, daß R. Chanina das Wasser werde beschaffen können. Der ging auch traurig genug von dannen und betete inbrünstig zu Gott, er möchte ihm helfen.

Da kam der Rabe angeflogen, dem er das Stück Brot gegeben hatte und rief: „Ei, mein lieber Rabbi, kennst du mich nicht mehr? Ich bin ja der Rabe, dem du im Walde das Stück Brot gegeben und dadurch vom Hungertode gerettet hast. Ich höre eben, daß du in großer Verlegenheit bist wegen der zwei Krüglein Wasser, die du beschaffen sollst. Sei getrost, ich will dir das Wasser wohl verschaffen. Hänge mir nur an jeden Flügel ein Krüglein!"

Mit Freuden tat Chanina, wie ihm der Rabe geboten. Dieser flog alsbald zur Hölle und füllte sein Krüglein mit Höllenwasser. Aber von der großen Hitze daselbst gerieten seine Federn in Brand. Sofort eilte er zum Bache, der aus dem Paradiese strömt, badete darin sein Gefieder, und es ward wieder weiß wie zuvor. Dann füllte er sein zweites Krüglein und flog zu R. Chanina, der hocherfreut die beiden Krüglein in Empfang nahm und der Königin brachte.

Sie aber sagte nichts, sondern stellte die beiden Wasser sogleich auf die Probe. Sie goß ein wenig von dem Höllenwasser auf ihre flache Hand, daß sie verbrannte; aber sie schüttete sofort etwas von dem Paradieswasser darauf, und sogleich war die Hand wieder geheilt. „Die Wasser sind echt," rief sie aus. Dann fuhr sie fort: „Da du meine erste Bitte zu meiner Zufriedenheit erfüllt hast, so will ich dir meine zweite mitteilen. Vernimm also: Ich fuhr über Meer und trug einen goldenen Ring mit einem kostbaren Edelsteine darin. Wie ich aber einmal an Bord des Schiffes stand und mit dem Ringe spielte, entfiel er mir ins Meer. Kannst du den Ring mir wieder bringen, so will ich gern dir folgen in dein Land und deines Herrn Gemahlin werden." Sie glaubte sicher, daß er den Ring niemals werde bringen können.

Traurig ging Chanina zur Stadt hinaus ans Wasser und betete inbrünstig zu Gott. Da kam der große Fisch, den er den Fischern abgekauft und wieder ins Wasser gelassen hatte, dahergeschwommen und redete also: „Ich bin der Fisch, dem du das Leben gerettet hast, und hast du einen Wunsch, so sprich ihn aus! Ich hole dir, was du begehrst." Da sagte Chanina: „So bringe mir den goldenen Ring mit dem kostbaren Edelstein, den die Königin ins Meer hat fallen lassen." Alsbald schwamm der Fisch zum Lewiathan, erzählte ihm, wie Chanina ihm das Leben gerettet, und daß er zum Danke ihm den Ring der Königin verschaffen wollte.

Da ließ Lewiathan alle Fische vor sich kommen und gebot bei seinem Eide und unter Androhung seines Zornes, daß derjenige, der den Ring hätte, ihn herausgeben sollte. Da schwamm ein Fisch herbei und spie den Ring aus. Sogleich verschlang ihn der große Fisch und brachte ihn zu R. Chanina. Da er aber den Ring ans Land gespien hatte, so kam ein Wildschwein daher und verschlang ihn. Als das Chanina sah, schrie er in wildem Schmerze auf; dann betete er wieder zu Gott. Da kam der Hund daher, den er vom Hungertode gerettet hatte, und sprach: „Ich bin der Hund, dem du von deinem Brote gegeben hast! Ich bin dir zu Dank verpflichtet und will dir gerne dienen, wozu du mich gebrauchen willst." Da sagte Chanina: „Ich hatte einen Ring verloren, da kam ein Wildschwein und verschlang ihn." Sogleich sprang der Hund dem Schweine nach, holte es ein, biß es tot und entzwei, und in seinem Magen fand Chanina den Ring.

Freudig eilte er damit zur Königin. Als diese den Ring erkannte, erschrak sie heftig, denn sie hatte das nicht für möglich gehalten. Dann aber sagte sie: „Nun du auch dieses Stück zustande gebracht hast, so will ich auch mein Wort halten und dir folgen." Darauf machte sie sich auf und kam samt ihren Räten zum Könige in Palästina.

Als dieser die schöne Frau sah, gefiel sie ihm gar wohl, und er feierte eine prächtige Hochzeit, zu der, wie man sich denken kann, auch R. Chanina eingeladen wurde. Als aber die Weisen des Königs, die dem Chanina gram waren, sahen, daß er wieder hochgeehrt beim Könige aus- und einging, beschlossen sie seinen Tod. Sie lauerten ihm auf und erschlugen ihn.

Als das die Königin hörte, ward sie sehr traurig, holte aber sogleich ihr Krüglein mit Paradieswasser, eilte zu Chaninas Leiche, besprengte ihn damit, und er lebte wieder. „Seht," sagte sie, „er ist ja gar nicht tot."

Da das der König und seine Weisen sahen, waren sie sehr verwundert, und der König sprach: „Wenn du das kannst, so versuche es auch an mir! Töte mich und mache mich wieder lebendig!" Sie aber riet ihm ab und sprach: „Ich kann nur denjenigen wieder beleben, der ein Gottesmann von tadelloser Frömmigkeit ist." Das wollte der König nicht glauben und ließ sich von einem seiner Krieger töten. Sogleich nahm die Königin das Krüglein mit dem Höllenwasser, goß es auf den Leichnam des Königs, und er verbrannte zu Asche und Staub. Dann sprach die Königin: „Seht, ihr werten Her-

ren: wäre der König ein gottesfürchtiger Mann gewesen, so wäre er
wieder lebendig geworden; nun aber sehe ich deutlich, daß er ein
gottloser Mann war."

Nun gerieten die Weisen in Furcht, sie sahen wohl, daß Chanina
nicht nur ein weiser und gelehrter, sondern auch ein frommer Mann
war. Als daher beraten wurde, wer nun König sein sollte, waren sie
alle einig darin, ihn zu ihrem Könige zu erwählen. Und da ihm
kürzlich seine Frau gestorben war, so gaben sie ihm die Königin, die
er mit so vieler Mühe errungen hatte, zur Gemahlin.

So hatte sich alles zum Guten gewendet, und Chanina herrschte
mit Weisheit und Gerechtigkeit viele Jahre über Israel.

(R. Mb. 42 b.)

33.   Bestrafte Doppelzüngigkeit

Zu Pumbadita, im Lande Babylonien, lebte vor vielen Jahrhunder-
ten Bar Hedja, ein Mann, der sich auf die Auslegung von Träumen
verstand. Er war aber geldgierig: wenn ihm einer gut bezahlte, so
bekam er eine günstige Auslegung; wer aber nicht bezahlte, der
bekam eine böse Auslegung.

Nun lebten in derselben Stadt zwei fromme Männer: Rabba und
sein Schüler und Neffe Abaji, beide wegen ihrer Gelehrsamkeit berühmt. Beide träumten einmal, wie ihnen ein Ochs vor ihren Augen
getötet wurde.

Abaji bat den Traumdeuter um Auslegung, indem er ihm den
Deuterlohn gab. Da sprach Bar Hedja: „Du wirst einen Ochsen
schlachten, aber vor lauter Geschäften nicht dazu kommen, von
seinem Fleische zu essen; doch wirst du frohen Herzens trinken."
Zu Rabba aber, der ihm nichts zahlte, sagte er: „Du wirst einen
Ochsen schlachten, aber nichts von ihm essen, denn dein Herz wird
traurig sein."

Ein andermal träumten sie, ihre Haustür sei eingestürzt. Dem
Abaji deutete er wiederum günstig, zu Rabba aber sagte er: „Das
bedeutet: deine Frau wird sterben."

So träumten sie beide noch öfter ganz gleiche Träume, aber Bar
Hedja legte sie immer für Rabba ungünstig, für Abaji günstig aus.

Einstmals machte Bar Hedja eine Reise übers Meer und bestieg dasselbe Schiff wie Rabba.

Da entfiel seinem Busen ein Büchlein. Rabba hob es auf, öffnete es und las darin. Es war ein Traumbuch und enthielt verschiedenartige Auslegungen der landläufigen Träume – günstige und ungünstige. „O du Bösewicht," rief Rabba aus, „warum hast du mir immer nur böse Auslegungen gegeben? Weil ich dir nicht zahlte? Und doch wollte ich dir noch verzeihen, wenn du nicht die Nichtswürdigkeit gehabt hättest, mir zu künden, mein Weib werde mir sterben. Darum gebe Gott, daß du einem Herrn in die Hände fallest, der kein Erbarmen kennt."

Da rief Bar Hedja erschreckt aus: „Hilf Gott, das wird mein Unglück! Ich habe doch von je gehört, der Fluch eines Gottesgelehrten geht in Erfüllung, auch wenn man weniger frevelhaft gehandelt hat als ich; wie viel mehr an mir! So will ich denn fortan mein Vaterland verlassen und in der Welt umherziehen; vielleicht gewinne ich mir Vergebung."

So zog er fort bis Rom und wollte dort durch Traumdeuten sein Leben fristen. Er wählte aber seinen Platz vor einem vornehmen Hause, in welchem der Schatzmeister des Kaisers wohnte.

Nun hatte dieser in der Nacht geträumt, er habe sich mit einer Nadel in den Finger gestochen. Er winkt also dem Fremden, dessen Tracht ihm einen Weisen verrät, sagt seinen Traum und fragt nach der Deutung. Da er aber den Lohn nicht zahlte, so bekam er keinen Bescheid.

In der folgenden Nacht träumte er, ein Wurm wäre ihm in zwei Finger gedrungen. Auch diesmal verweigerte Bar Hedja die Auslegung, falls er keinen Lohn bekäme.

In der dritten Nacht träumt der Schatzmeister, ein Wurm habe ihm die ganze Hand durchfressen. Nun endlich entschließt er sich, den verlangten Lohn zu geben und erhält die Deutung: ein Wurm habe alle kostbaren Kleider des Kaisers zerfressen. Mann sah nach, und es war wirklich so.

Als das der Kaiser hörte, ward er zornig und wollte seinen Schatzmeister töten lassen. Der aber sagte: „Gnade, o Herr, denn ich wußte es ja nicht; aber der Mann, der es wußte und nicht sagen wollte, der hat den Tod verdient." Alsbald ward Bar Hedja ergriffen und grausam getötet.

So war der Fluch des Rabbi in Erfüllung gegangen.

(R. Mb. 17 d–18 b.)

34.   Aller Hoffnung bar

Es war einmal ein reicher Mann, der spottete nur, wenn er andere Almosen geben sah. Dann sagte er: „Niemand darf Almosen nehmen, er habe denn auf der weiten Welt nichts mehr zu hoffen."

Einmal nun sah er einen Mann in den elendsten Lumpen fast nackt auf einem Düngerhaufen liegen und dachte bei sich: „Wer so elend dran ist, hat doch auf der weiten Welt nichts mehr zu hoffen, der ist des Almosens bedürftig," holte einen Goldgulden aus seinem Beutel und sprach: „Du armer Mann, der du in deinem Elend aller Hoffnung bar bist, ich will dir eine reiche Gabe geben; nimm diesen Goldgulden!"

„Mögest du aller Hoffnung bar sein," erwiderte der Arme, „ich bin es noch lange nicht."

„Wie," sprach der Reiche, „ich will dir ein Almosen geben, und du fluchst mir dafür?"

Da sprach der Arme: „Meinst du, weil ich auf dem Misthaufen liege, sei nichts auf dieser Welt für mich zu hoffen mehr? Kennst du nicht das Wort der Schrift: Er richtet auf vom Staube den Armen, aus dem Kote erhebt er den Dürftigen?"*

Da sprach der Reiche: „Wenn du nicht hoffnungslos bist, so sage mir, wer ist denn hoffnungslos?"

Da erwiderte der Arme: „Hoffnnungslos sind nur die Toten; sie haben nichts mehr auf dieser Welt zu hoffen."

Da sprach der Reiche: „Ist es so, dann will ich meine Gabe den Toten bringen." Ging hinaus zum Gottesacker und vergrub dort hundert Gulden auf einem der Gräber, indem er ausrief: „So, du toter Mensch, da hast du hundert Gulden; sie sollen dir gehören, der du auf dieser weiten Welt nichts mehr zu hoffen hast." dann ging er seines Weges.

---

*   Ps. 113, 7.

Es geschah aber, daß der Arme sich erhob und von Gewinn zu Gewinn zum Wohlstand und endlich gar zu großem Reichtum gelangte, und als der Fürst der Stadt gestorben war, zu seinem Nachfolger gewählt wurde.

Den Reichen aber traf inzwischen Unfall über Unfall, Verlust über Verlust, bis er ganz verarmte. Da gedachte er der hundert Goldgulden, die er vergraben hatte und wie gut sie ihm in seiner Not zustatten kommen möchten. Er begab sich also auf den Gottesacker, suchte nach dem Grabe und sobald er es gefunden hatte, begann er seine Arbeit.

Er hatte noch nicht lange gegraben, als er bemerkt und ergriffen und als Leichenräuber vor den Fürsten geschleppt wurde, um hier die gebührende Strafe für seinen Frevel zu empfangen.

Der Fürst erkannte in dem armen Gefangenen sogleich seinen ehemaligen Wohltäter, ohne von ihm erkannt zu werden, und redete ihn strenge an. Aber der Arme versicherte hoch und heilig unter Tränen, daß er gar nicht die Absicht gehabt habe, die Leichen zu berauben, sondern nur nach dem Gelde gegraben habe, das er vor vielen Jahren, als er noch reich gewesen, dort vergraben hätte; und erzählte die ganze Geschhichte, die ja auch dem Fürsten bekannt war.

Als er geendet hatte, sprach der Fürst: „Du kennst mich also nicht?"

„Wie sollte ich Ew. Gnaden kennen!" erwiderte der Arme.

„Nun denn," rief der Fürst aus, „so erkenne in mir jenen Armen, der auf dem Misthaufen lag in tiefster Armut und dem du alle Hoffnung auf dieser Welt abgesprochen hast. Wie du siehst, hat mich Gott aus meiner Niedrigkeit erhoben und zum höchsten Herrn in dieser Stadt gemacht."

Dann erhob er sich von seinem Stuhle, umarmte den Armen und küßte ihn als seinen einstigen Wohltäter und gebot, daß man sogleich nach den hundert Gulden graben und sie ihrem Eigentümer zustellen solle.

Dann aber sprach er: „Siehst du, mein Liebster, nun ein, daß man sich nie auf seine Güter verlassen darf? Doch da du mir zu helfen bereit warst, so sollst du fortan bei mir leben und aller Not um deine Lebensbedürfnisse enthoben sein!"

So sprach der edle Fürst und hielt sein Wort.

(W. Mb. No. 188.)

35. Was du versprochen, mußt du halten

Ein junges Mädchen, das in einer Nachbarstadt einen Besuch gemacht hatte, ging wieder heim. Der Weg führte durch einen Wald,
sie verlor die Richtung und geriet bald gänzlich in die Irre. Nun war
es noch dazu ein heißer Tag, und der Durst quälte sie sehr. Nach
einigen Stunden Umherirrens kam sie an einen Brunnen, an dem
wohl ein Strick hing, aber kein Eimer. Kurz entschlossen band sie
den Strick fest und ließ sich an ihm hinunter, löschte ihren Durst
und wollte wieder hinauf. Aber das wollte nicht gelingen. „So muß
ich denn in diesem Brunnen elend sterben!" So jammerte sie; dann
aber erhob sie ihre Stimme so laut sie konnte, und rief um Hilfe.

Nun hatte sich auch ein junger Bursch im Wald verirrt, kam
suchend in die Nähe des Brunnens und vernahm die Klagen und
Hilferufe. Er ging der Stimme nach und fand den Brunnen. Er blickte hinunter, aber er konnte nichts erkennen, denn der Brunnen war
ziemlich tief. So rief er denn hinunter: „Wer ruft hier aus dem Brunnen? Bist du ein Ungeheuer oder ein menschlich Wesen?"

Hocherfreut rief das Mädchen hinauf: „Ich bin ein Mensch wie
du!" Dann berichtete sie, wie sie in den Brunnen gekommen und bat
ihn himmelhoch, sie zu befreien. Da rief der Bursche hinab: „Willst
du zu Danke auch mir gefällig sein?" „Das will ich!" klang es aus
der Tiefe. „Willst du mir das beschwören?" „Ich schwöre."

Da half er ihr aus dem Brunnen und war nicht wenig erstaunt
über ihre große Schönheit. „Nun halte, was du versprochen," begann er, „und werde mein Weib!" Sie aber sprach: „Wer bist du, dem
ıch meine Rettung aus dem Brunnen danke?" Und er: „Ich bin aus
jener Stadt und Sohn eines Priesters." „Und ich," so fuhr sie fort,
„bin aus jener Stadt, und meine Eltern sind achtbare Leute. Was
meinst du, sollen wir uns hier zusammengeben, wie die Tiere, oder
willst du nicht lieber mit zu meinem Vater kommen, damit wir ihm
alles berichten und ich dann in Ehren vor Gott und den Menschen

dein Weib sein kann? Ich will mein Wort, das ich gegeben und beschworen, treulich halten und niemals einem andern angehören, als dir allein." „Ich bin's zufrieden," erwiderte er; „aber wer soll Zeuge sein, daß wir uns hier das Wort gegeben haben?" „Das Wiesel," sprach sie, „das eben vor uns herläuft, und der Brunnen, sie beide sollen Zeugen sein." So schieden sie mit herzlichem Abschied: „Will's Gott, so sind wir bald beisammen."

Das Mädchen hielt den Schwur und wies alle Werbungen, selbst die verlockendsten, zurück. Da sie aber niemanden den Grund ihrer Weigerung verriet, so munkelten die Leute bald dies und das, und ehe ein Jahr oder zwei ins Land gegangen, galt sie für eine Person, mit der es nicht ganz richtig sei. Nun bewarb sich keiner mehr um sie.

Der Jüngling aber hielt seinen Schwur nicht, sondern heiratete eine andere. Das erste Kinde, das seine Frau ihm schenkte, war eben ein halbes Jahr alt, da kam ein Wiesel und biß ihm die Kehle durch, so daß es starb. Darauf bekamen sie ein zweites Kind, das fiel in einen Brunnen und ertrank. Nun rief die Frau wehklagend aus: „O Gott, wenn meine Kinder eines natürlichen Todes gestorben wären, so hätte ich mich trösten müssen. Nun aber haben beide einen so ungewöhnlichen Tod gefunden, daß ich sicher bin, sie sind um unserer Sünde willen gestorben. Du oder ich müssen schwer gesündigt haben. Mein lieber Mann, meinst du nicht auch?" Bei diesen Worten seufzte er tief auf und erzählte ihr von seinem Gelöbnis, und wie Wiesel und Brunnen Zeuge gewesen; die hätten seinen Treubruch nun gestraft. Da sprach sie: „Wenn das so ist, so ruht der Fluch Gottes auf unserer Ehe, alle unsere Kinder müssen sterben, und darum müssen wir uns trennen. Du aber geh hin und halte dein Versprechen!"

So schieden sie in Frieden. Nun ging der Mann in die Stadt, wo seine Verlobte wohnte, suchte ihren Vater auf und bat um seine Tochter. Der ehrliche Mann seufzte tief und sprach: „Gott sei's geklagt: meine Tochter ist krank an Leib und Seele; ihr Geist ist nicht klar, und ihr Körper hat die fallende Sucht. Wie mögt ihr sie zum Weib begehren!"

Das fiel dem jungen Manne schwer aufs Herz, und er rief in Hast: „Ach, gebt sie mir nur immer; ich getraue mich wohl, sie von beiden Krankheiten zu heilen." Und dann erzählte er dem Vater seiner Verlobten die Geschichte ihres Verlöbnisses. Sobald der Alte die gehört hatte, willigte er ein; er rief seine Tochter, sie erkannte ihren Retter, verzieh ihm und wurde sein Weib.

Nun lebten sie froh und glücklich miteinander, und keins ihrer Kinder starb, sondern alle wurden brave Leute.　(R. Mb. 31 c.–d.)

36. Wer das Glück hat, führt die Braut heim

Ein frommer und gelehrter Rabbi hatte eine einzige Tochter von großer Schönheit. Er war aber schon ziemlich alt, und seine Frau auch.

Nun hatte er einen reichen Schwestersohn, der war ein schöner junger Mann und ein Schriftgelehrter dazu. Diesen wünschte er sich zum Schwiegersohn.

Aber die Frau des Rabbi hatte auch einen Neffen, ihres Bruders Sohn, der war zwar nicht reich, aber auch ein tugendhafter und schriftgelehrter Mann; diesem wünschte sie ihre Tochter zu geben.

So konnte sich das Ehepaar nicht einigen, und war guter Rat teuer.

Aber der Rabbi fand einen Ausweg. Er gab ein Gastmahl, wozu er nicht nur Verwandte und Freunde, sondern auch die beiden Neffen lud, und alle kamen und waren vergnügt. Nachdem man genug gegessen und getrunken hatte, ließ der Rabbi seine beiden Neffen hinausgehen und redete zu seinen Gästen also: „Meine lieben Freunde, ihr seht, daß ich und meine Frau betagt sind; deshalb wollen wir unsere Tochter sobald als möglich verheiraten. Nun möchte ich sie meinem Schwestersohne, meine Frau aber ihrem Brudersohne geben; wir können uns also nicht einigen. Deshalb haben wir euch berufen, euch auch die beiden Neffen vorgestellt und bitten um euren Rat in dieser Sache."

Nach gepflogener Beratung sprachen die Gäste: „Jeder der beiden jungen Männer ist würdig, euer Eidam zu werden; da es aber nur einer werden kann, so ist unser Rat folgender. Man gebe jedem zweihundert Gulden und beauftrage ihn, dafür Waren einzukaufen;

welcher die besten Waren einkauft, der soll die Jungfrau heimführen.“

Dieser Rat gefiel den Eltern. Der Rabbi gab jedem Neffen zweihundert Gulden und sprach: „Ziehet hin und kaufet dafür Waren ein, und wer von euch die besten Waren gekauft haben wird, dem gebe ich meine Tochter.“ So zogen sie mit ihrem Gelde fort, und jeder hoffte, das schöne und reiche Mädchen zu gewinnen.

Als sie in eine große Handelsstadt gekommen waren, kaufte des Rabbi Schwestersohn für die zweihundert Gulden köstliche Waren ein; der Rabbinerin Brudersohn aber kaufte eitel Edelsteine; dann machten sie sich auf den Heimweg.

Unterwegs kehrten sie zu Nacht in einer Herberge ein, wo sich allerlei Diebesvolk befand; das hatte bald heraus, daß die Fremden Geld und Geldeswert bei sich führten; und als diese am Morgen erwachten, bemerkten sie mit Schrecken, daß ihnen Geld und Edelsteine gestohlen waren. Doch war der eine bald getröstet, denn er hatte wenig Geld in seinem Beutel gehabt, und seine Waren hatten ihm die Diebe gelassen; um so untröstlicher war der andere, welcher die Edelsteine gekauft hatte; denn diese waren ihm gestohlen worden und sein Geld dazu. Er mußte also mit leeren Händen heimkommen, und der andere bekam die Braut. Das wollte er aber nicht mit ansehen; er blieb deshalb zurück, während der andere heimzog. Als man diesen nach seinem Reisegefährten fragte, berichtete er, der habe sich von ihm getrennt und sei seine eigene Straße gezogen.

So beschloß man, bis zu dem festgesetzten Tage auf ihn zu warten; käme er bis dahin nicht zurück, so sollte der Heimgekehrte des Rabbi Eidam werden. Die Frau war sehr besorgt um ihren Brudersohn, aber sie hoffte im Stillen, er werde noch bis zum bestimmten Tage zurückkommen.

Der hatte sich endlich aus seiner Mutlosigkeit erhoben und den Entschluß gefaßt, seine früheren Studien wieder aufzunehmen. Er wandte also seine Schritte nach dem damaligen Hauptsitze der jüdischen Gelehrsamkeit, nach Babylon, der Stadt, in welcher der Exilarch, das Oberhaupt der babylonischen Juden, seinen Sitz hatte. Von allen Mitteln entblößt und in zerlumpten Kleidern kam er in Babylon an, daß ihn jeder für einen landstreichenden Bettler halten mußte. Er begab sich alsbald ins Lehrhaus, kauerte in einer Ecke und horchte dem Vortrage. Er fand bald, daß er den Jüngern des Rabbi überlegen war; aber er ließ sich nichts merken und blieb auch vollkommen unbemerkt.

Eines Tages trug der Naßi, d.i. das Schuloberhaupt, einen sehr schwierigen Stoff aus dem Talmud vor, und seine Zuhörer verstanden ihn gar nicht. Als sie das Lehrhaus verlassen hatten, blieb der arme junge Gelehrte zurück, nahm ein Talmudbuch zur Hand und studierte eifrig. Da erschien ihm der Prophet Elias und lehrte ihn, so daß er bald nicht nur die Jünger, sondern auch den Naßi an Wissen übertraf. Die am Tage angeregte religiös-wissenschaftliche Frage aber, die wegen ihrer Schwierigkeit nicht entschieden werden konnte, erschien ihm nun so einfach, daß er die Beantwortung auf den Tisch schrieb.

Am andern Morgen fand der Naßi diese Antwort, fragte nach dem Schreiber, aber niemand meldete sich, denn der Schreiber hielt sich wieder in seinem Winkel verborgen. Nun, heute kam eine noch schwierigere Frage zur Verhandlung, den ganzen Tag studierten sie und zerbrachen sich den Kopf, aber vergeblich, und als sie alle heimgingen, waren sie ihrem Ziele nicht näher gekommen. Aber am andern Morgen fand sich die Auflösung wieder auf dem Tische, und die nötigen Begründungen fehlten nicht.

Der Naßi war nicht wenig verwundert, aber auch erfreut, solchen Scharfsinn unter seinen Jüngern zu finden; denn er meinte, der Urheber dieser Beantwortungen wollte sich nur aus Bescheidenheit nicht nennen.

Aber er war doch sehr neugierig ihn zu kennen, und als zum drittenmal eine Frage unentschieden bleiben mußte, machte er vom Nebenzimmer aus ein Loch in die Wand, um die Nacht hindurch den Lehrsaal zu beobachten. Da sah er, wie aus der Ecke ein in Lumpen gehüllter Mann hervortrat, ein Talmudbuch aufschlug und studierte und dann auf den Tisch schrieb.

Der Naßi war darüber sehr erstaunt, ließ sich aber nichts merken, als er am nächsten Morgen den Lehrsaal betrat. Er schaute nach dem Winkel, der Mensch in der zerlumpten Kleidung war wieder da. Er nahm einen sehr schwierigen Stoff zur Verhandlung, es wurde viel hin und her gesprochen, Gründe wurden vorgebracht und widerlegt; endlich rief er den aus dem Winkel hervor und forderte ihn auf, sich zu der Sache auszusprechen. Der aber erwiderte: „Rabbi, ich verstehe nichts davon." Doch der Naßi forderte ihn noch einmal auf, und da gab er die Beantwortung so glatt und fließend, als wäre es die einfachste Sache von der Welt. Dann trug er noch anderes vor, und alle bewunderten sein tiefes Wissen und seinen durchdringenden Verstand. Da fragten sie den Naßi, woher er denn gewußt habe, daß der in Lumpen gehüllte Mann so grundgelehrt und scharfsinnig sei. Nun erzählte der Naßi, wie er dahinter gekommen.

Der arme Talmudjünger ward nun mit einem Schlage geehrt und begehrt, und der Naßi selber bot ihm seine Tochter an, wenn er bei ihm bleiben wollte. Aber er lehnte die Ehre ab, weil er sich nicht ganz frei fühle und sein Oheim ihn bis zu einem bestimmten Tage zurückerwarte. Ohnehin sehnte er sich nach seinen Eltern, und so beurlaubte er sich von dem Naßi und begab sich auf den Weg nach seiner Heimat. Der Naßi mit seinen Jüngern begleiteten ihn noch zwei Meilen weit, dann kehrten sie um, und er setzte seinen Weg allein fort.

Da kam er in einen wilden Wald und ging wohl drei Tage und drei Nächte darin herum, ohne den Ausweg zu finden, und der Hunger quälte ihn gewaltig. Da bemerkte er mit Freuden einen Baum, an dem schöne Äpfel hingen, schlug einige herunter und aß sie mit Heißhunger. Aber als er von den Äpfeln gegessen hatte, bemerkte er mit Schrecken, daß er den Aussatz bekam und jammerte und weinte.

Wie er nun endlich weiter schritt, bemerkte er abermals einen Apfelbaum und sprach in seinem Sinne: „Vielleicht sind die Äpfel giftig; so will ich flugs davon essen, damit ich sterbe und länger nicht so elend zu leben brauche." Also aß er von diesen Äpfeln. Aber wie groß war seine Freude, als er merkte, daß nun der Aussatz wieder von ihm wich! In inbrünstigem Gebete dankte er Gott für seine Heilung. Dann eilte er zurück zu dem ersten Baume und pflückte eine Menge Äpfel und steckte sie zu sich; dann pflückte er auch von den heilsamen Äpfeln eine gleiche Anzahl und zog rüstig weiter. „Nun habe ich genug gelernt," dachte er bei sich, „und mit den Äpfeln werde ich manchen Segen stiften können."

Als er bald darauf aus dem Walde in die nächste Stadt kam, fand er alle Einwohner derselben in großer Traurigkeit. Auf seine Frage nach der Ursache erwiderte man ihm, der allgemein verehrte König des Landes, der in dieser Stadt wohnte, sei aussätzig, und kein Arzt könne ihn heilen. Da sprach er: „So führet mich zu eurem Könige! Mit Gottes Hilfe getraue ich mich ihn zu heilen."

Zögernd und nicht ohne Mißtrauen zu äußern, führte man ihn vor den König. Dieser hatte sein Angesicht verhüllt, weil es gar zu entstellt war. Auch er fragte ungläubig: „Getraust du dich also mich zu heilen?" „So mir Ew. Majestät Vertrauen schenkt und meine Vorschrift befolgt, so möchte ich ihn mit Gottes Hilfe vom Aussatze befreien." Diese bescheidenen Worte gefielen dem Könige, und er sprach: „Ich will dir gerne gehorchen, und wenn du mich heilst, so will ich dir mein halbes Königreich geben."

Also ging der junge Mann zur Apotheke, ließ die Hälfte eines schädlichen Apfels mit Zucker überziehen und gab sie dem König. Als dieser den Apfel gegessen hatte, wurde sein Aussatz noch ärger, und der König ward sehr ungehalten. „Ich habe es gewußt," sagte er, „daß er mein Übel nur noch schlimmer machen werde." Aber der Jüngling sprach: „Ich setze meinen Kopf dafür, daß es doch besser werden wird." Dann gab er dem Könige die überzuckerte Hälfte eines heilsamen Apfels, und der Aussatz wich von ihm. Darob wurde der König sehr froh, und die ganze Stadt mit ihm. Und der König sprach: „Mein lieber Doktor, du hast mich geheilt, nun sage, wie ich dir lohne; was du verlangst, das soll dir werden." Aber der Jüngling sprach: „Königliche Majestät, ich verlange gar nichts weiter, denn nur eins: Gib mir die Stadt, in der ich geboren bin und wo mein Vater und meine Mutter wohnen, zum Eigentum." „Sie sei dir geschenkt," sprach der König, „und ich bleibe immer noch in deiner Schuld." Dann tat er ihm eine goldene Kette um den Hals, schenkte ihm viel Geld und entließ ihn mit allen Ehren. Vierhundert Ritter gaben ihm Geleit.

Als man in seiner Vaterstadt vernahm, der neue Herr halte seinen Einzug, da zogen ihm die vornehmsten Bewohnen entgegen, um ihn zu begrüßen und ihm mit Geschenken zu huldigen. So kamen auch die Juden der Stadt, der Rabbi, der des neuen Herrn Schwiegervater werden sollte, an ihrer Spitze, brachten auch ihre Gabe und baten um seinen gnädigen Schirm und Schutz. Der aber erwiderte:

„Wohl will ich euch allezeit beschützen, nur haltet euch recht und lebet ferner treu dem Glauben eurer Väter. Und wenn ihr eine Hochzeit haltet, so teilet es mir mit!" Da rief der Rabbi: „Eine Hochzeit mache ich noch in dieser Woche, so will ich es dich wissen lassen!" „Tu das!" sprach der junge Herr, und die Juden gingen hochbeglückt über den leutseligen Herrscher nach Hause, und der Rabbi rüstete die Hochzeit.

Am Hochzeitstage sandte der Rabbi zum Fürsten und ließ ihn zur Trauung laden. „Ich komme," ließ der Fürst antworten, „wartet nur ein wenig!" Er kleidete sich fürstlich und nahm dann auf dem Ehrensitze Platz, den die Juden für ihn hergerichtet hatten. Aber als die heilige Handlung vor sich gehen sollte, erhob er sich und rief: „Haltet ein, ich habe noch zuvor ein Wort zu sagen." Und da alles staunte, fuhr er fort: „Erinnerst du dich, mein lieber Rabbi, daß du deinen beiden Neffen mit je zweihundert Gulden hinausschicktest, um einzukaufen, und wer das Beste einkaufen würde, der sollte dein Eidam werden? Der eine ist ja lange daheim, der andere bin ich. So mögt ihr nun entscheiden, wer Zeit und Geld besser angelegt hat, er oder ich!"

Nachdem sich alle von ihrem Staunen erholt hatten, war da niemand, der nicht ihm den Vorzug gab, wie man sich denken kann. Also wurde ihm die schöne, reiche Braut zugesprochen, das glückliche Paar miteinander verbunden und die Hochzeit mit großer Freude gefeiert. Alle waren zufrieden und glücklich, am meisten der arme Vater des Bräutigams, da er nun aus aller Not befreit war.

Nur einer war unzufrieden und schlich sich still davon – das war der reiche Schwestersohn des Rabbi. *(R. Mb. 72 d.–74 b.)*

37. R. Samuel Chaßid

Einstmals sagte R. Samuel Chaßid zu seiner frommen Frau: „Liebes Weib, in meinem Geiste sehe ich, daß der Judenschaft zu Speier ein großes Unheil droht. So laß uns denn gemeinsam zum barmherzigen Gotte beten, ob er vielleicht in Gnaden dieses Unheil abwenden möchte. Sage aber keinem Menschen etwas davon, so lieb dir dein Leben ist."

So verbrachten sie beide die nächsten drei Tage mit Beten und Fasten; er betete in der einen Ecke, sie in der anderen.

Als aber die drei Tage um waren, sprach R. Samuel zu seiner Frau: „Mein liebes Weib, nun laß uns fröhlich sein, denn ich sehe, daß Gott in seiner großen Barmherzigkeit das Unheil abgewendet hat."

Dann schlachtete er in seiner großen Freude einen jungen Hahn, den die Frau zum Nachtmahl braten sollte.

Da kam einer seiner Schüler dazu, der verwunderte sich über das üppige Nachtmahl an einem gewöhnlichen Wochentage und rief: „Lieber Rabbi, was bedeutet das? Ich weiß doch gar zu gut, daß ihr leider arme Leute seid, die eben notdürftig zu essen haben – was bedeutet dieser Hahn?"

„Allerdings," erwiderte der Rabbi, „sind wir arm, und darum bitte ich dich, erzähle es nicht weiter, damit die Leute nicht unser spotten."

Allein der Schüler ließ nicht nach mit Bitten, bis der Rabbi ihm die Ursache sowohl des Fastens, als auch des Freudenmahles offenbarte.

Nun erst merkte der Schüler, daß er unrecht hatte, seinen Lehrer zu drängen, ihm etwas zu offenbaren, was er in seiner bescheidenen Frömmigkeit gern verschwiegen hätte; er bereute seine Neugier und bat um Verzeihung, die ihm das fromme Ehepaar auch gewährte.

(W. Mb. No. 169.)

38.   Sagen von R. Juda Chaßid

1. Die böse Stunde

R. Juda sah einmal durch das Fenster, wie ein Jüngling gar flink und behend über die Gasse eilte. Sogleich gebot er einigen seiner Schüler, sie sollten ihm nacheilen und ihn solange aufhalten, bis er ihnen rufen würde.

Die Schüler liefen hinaus und riefen dem Jüngling nach, er solle anhalten; aber er hörte nicht auf sie, sondern eilte weiter. Sie liefen ihm also nach, faßten ihn bei seinem Mantel und hielten ihn fest.

„Aber lieber, junger Mann," sprachen sie, „warum denn solche

Eile? Was habt Ihr denn in aller Welt zu tun? Ihr höret ja gar nicht, wenn man Euch ruft!"

Der junge Mann erwiderte: „Was geht es euch an, wenn ich eile? Wozu die Frage?"

Und sie sprachen wieder: „Weil wir es gerne wissen möchten. Wir fragen nicht ohne Ursache."

Er aber wollte es nicht sagen, sondern suchte sich ihnen zu entwinden und fortzueilen. Doch sie hielten ihn um so fester, der Widerstand wurde immer erbitterter, und es war eben so weit, daß es zu einer Schlägerei kommen sollte.

Da rief R. Juda einen Schüler und sprach: „Eile hin und sage ihnen, sie sollen das Schlagen lassen und den Jüngling zu mir bringen."

Das geschah. Als der junge Mennsch vor dem Rabbi stand, fragte dieser: „Sag' an, mein Sohn, warum bist du so gelaufen? Was hast du so Nötiges zu schaffen, daß du dich so beeilen mußt?"

Nun begann der Jüngling laut zu schluchzen und sprach unter Tränen: „Ach, lieber Rabbi, ich hatte etwas zu tun im Sinne, das gar nicht gut gewesen wäre; daß das nun unterblieben ist, das haben Eure Schüler zuwege gebracht; sie haben mich so lange aufgehalten, bis die böse Stunde vorüber war. Nun aber bestimmt mir eine Buße, damit ich Vergebung dieser Sünde gewinne."

Das tat R. Juda, und jener nahm die Buße gern auf sich.

Die Schüler aber priesen Gott, daß er ihren Meister mit solcher Weisheit begabt habe. *(W. Mb. No. 177.)*

2. Der bekehrte Bischof

Zur Zeit des R. Juda Chaßid wohnte zu Salzburg ein Bischof, der war ein großer Judenfeind. Der sprach eines Tages zu seinen Vertrauten also:

„Ich höre, daß zu Regensburg ein Jude wohnt, ein gar vortrefflicher Mann, mit wunderbarer Wissenschaft ausgerüstet und hochgeehrt von Juden und von Christen. Das aber ist es, was mir nicht gefällt, und ich will es nimmer leiden, daß ein Jude in so hohem Ansehen stehen soll. Ich höre weiter, daß man ihn für einen Heiligen hält, der auch weissagen kann gleich einem Propheten und auf alle Fragen Antwort weiß. Das schickt sich gleichfalls nicht für einen Juden. Darum habe ich mir vorgenommen, gen Regensburg zu ziehen und ihn mit eigener Hand zu töten. Das soll zugleich ein Herzeleid werden für die anderen Juden, wenn ich ihnen ihren Propheten fälle; für mich und euch eine Freude, denn ihr werdet sehen, wie kein Gott den Juden vor meinem Schwert beschirmen wird. Darum, ihr lieben Getreuen, bereitet euch zur Fahrt und seid meines Rufs gewärtig!"

Es währte gar nicht lange, so zog der Bischof hin nach Regensburg, von Grafen, Rittern und Knappen, wohl zweihundert Mann stark, begleitet. Vor Regensburg angelangt, sprach er zu ihnen: „Ihr, meine Lieben, sollt nun draußen bleiben, derweilen ich selbdritt ins Haus des Juden gehen will, um ihn zu töten."

Da sprachen einige: „Ew. Gnaden haben zu befehlen, und wir gehorchen gerne. Doch haben wir sagen hören, der Jude sei ein künstereicher Mann, drum seht Euch vor, daß Ihr nicht selbst zu Schaden kommet."

Der Bischof aber ließ sich nicht einschüchtern, sondern steckte einen Dolch in seinen Stiefel und begab sich in die Judengasse.

Nun war der Anschlag des Bischofs dem R. Juda nicht verborgen geblieben, und er teilte ihn seinen Schülern mit; er fügte auch hinzu, daß der Bischof bereits in Regensburg sei. „Sobald er sich in unserem Lehrsaal befindet," fuhr er dann fort, „und nach eurem Meister frägt, so weiset alle auf mich, damit euch keine Gefahr treffe; ich selbst aber will schon mit ihm fertig werden."

Kaum hatte er seine Rede geendet, so trat der Bischof in das Lehrzimmer und fragte mit drohendem Blicke nach dem Meister. Und wie befohlen, so wiesen alle auf R. Juda. Der aber hatte es mit seiner heiligen Kunst schon so gemacht, daß ihm der Bischof nichts anhaben konnte. Er mußte also freundlich tun und begann deshalb so:

„Mein lieber Rabbi, nehmt meinen Gruß zuvor!"

„Und Ihr den meinen!" rief ihm der Rabbi zur Antwort.

Dann fuhr der Bischof fort: „Mein lieber Meister, ich habe viel von Eurer Kunst gehört und daß Euresgleichen auf der Welt nicht mehr zu finden sei. Drum bin ich hergekommen, Euch zu bitten, Ihr wollet mir etwas von Eurer Kunst beweisen, damit ich Euch vor Fürsten und Herren preise."

Der Rabbi antwortete: „Gnädiger Herr, das will ich gerne tun, obwohl meine Kunst nicht gar so groß ist, damit Ihr davon berichten könnt."

Damit führte er den Bischof und seine beiden Begleiter in sein geheimes Zimmer und sprach: „Herr, blickt nur durch jenes Fenster dort, so werdet ihr Wunderbares sehen."

Das tat der Bischof ungesäumt.

R. Juda aber hatte mit Hilfe geheimnisvoller Gottesnamen es so eingerichtet, daß das Fenster immer enger wurde und der Bischof seinen Kopf nicht mehr zurückziehen konnte und zu ersticken meinte. Seine beiden Begleiter aber waren an ihren Platz gebannt, so daß sie ihres Herren Not wohl sahen, sie aber nicht wenden konnten.

Nun begann R. Juda und sprach: „Wohlan, ihr Bösewichter, nun müßt ihr alle sterben! Du, böser Bischof, gedachtest mich zu töten, aber Gott hat mir deinen Anschlag offenbart und mich vor deiner Bosheit beschützt! Ja, ich weiß auch, daß du in deinem Stiefel einen Dolch hast, mit dem du mich fällen wolltest; aber Gott hat mich vor dir bewahrt und dich in meine Hand gegeben, daß du sterben mußt samt deinen Begleitern. Ich weiß auch, daß du zweihundert Mann vor dem Tore hast; rufe sie nur, sie können dir nicht helfen. Aber sage doch, du Bösewicht, hab' ich dir jemals im Leben etwas zu leide getan, daß du von Salzburg her nach Regensburg gekommen bist, um mich zu töten? Dafür trifft dich heute Gottes Strafgericht."

Ganz zerknirscht erwiderte der Bischof: „Ei, Meister aller Meister, ich sehe wohl, daß ich gar arg gefehlt habe, laßt Gnade vor Recht ergehen, damit ich nicht so schändlich um mein Leben komme! Ich verspreche Euch, wenn Gott mir hilft, daß ich wieder in meine Stadt komme, die Juden, die ich vertrieben, wieder freundlich aufzunehmen und ihnen Gutes zu erweisen alles Tage meines Lebens; desgleichen auch anderen Juden, sofern ich Gelegenheit habe. Nun aber löset mich aus meiner Not!"

Darauf sprach der Rabbi: „So gib mir deine Hand und schwöre mir, daß du in Treuen halten willst, was du mir hier versprichst! Denn dir geziemt es um so mehr Wort zu halten, als du aus vornehmen Geschlechte geboren und ein mächtiger Bischof bist. Solltest du aber dennoch deinen Eid brechen und uns armen Juden gegenüber treulos handeln, so wisse, daß du in deinem eigenen Hause nicht sicher vor mir sein wirst. Denn ich würde dich auch dort zu finden wissen, und deine Wächter würden dir ebensowenig helfen können, wie deine zweihundert Mann hier."

Da schwur ihm der Bischof einen heiligen Eid bei seinem Glauben, und der Rabbi ließ ihn unbehelligt ziehen.

Sobald er bei seinen Leuten angekommen war, fragten sie sogleich, ob er den Juden erschlagen habe. Da erzählte er ihnen, wie sich alles zugetragen, und sie waren darüber sehr verwundert.

In Salzburg angelangt, rief er die vertriebenen Juden sogleich zurück, gewährte ihnen alle möglichen Erleichterungen und verkehrte sehr freundschaftlich mit ihnen.

Die Sage berichtet, daß er schließlich selbst ein Jude geworden ist und ein frommes, verdienstliches Leben geführt hat.

(W. Mb. 174.)

3. Der grünende Stab

Ein getaufter Jude war, wie das oft geschieht, ein grimmiger Judenfeind und brachte manchen Juden durch seine Bosheit um Leib und Leben. Das trieb er viele Jahre so.

Einstmals aber kam er zu Juda und sprach:

„Mein teurer Rabbi, setzt mir die Buße fest, denn ich bin ein großer Sünder und hab' es arg genug getrieben; nun aber quält mich die Reue."

Dann begann er dem Rabbi zu erzählen, was er alles für böse Taten vollbracht seit dem Tage, da er sich hatte taufen lassen.

Der Rabbi hörte mit zunehmendem Entsetzen all die Schandtaten an, dann rief er aus:

„Deine Sünden sind zu groß, als daß ich dir eine Buße setzen könnte; sie wurde doch nichts nützen." Und den Stab erhebend, den er sich eben zurechtschnitt, rief er aus: „So wenig dieser Stab noch grün wird oder Blätter bekommt, so wenig hast du auf Vergebung zu hoffen."

Da sprach der Abtrünnige: „Steht es so, daß keine Reue und keine Buße mir die Vergebung schaffen kann, so will ich weiter

Böses tun, und mehr noch als bisher." Und ging mit Trotz vom Rabbi weg.

Es währte aber gar nicht lange, da gewahrte Rabbi Juda mit Staunen, daß sein Stab grünte und Blätter bekam, und gedachte auch der harten Worte, mit denen er den Reumütigen abgewiesen hatte.

Alsbald ließ er ihn zu sich bitten und sprach zu ihm:

„Schau hier ein Wunder, das um deinetwillen geschehen ist! Du weißt, daß ich zu dir gesprochen habe: so wenig dieser Stab kann wieder grünen und grüne Blätter treiben, so wenig wird Vergebung dir zuteil. Nun sieh den Stab! Er ist dennoch grün geworden und hat grüne Blätter getrieben! Darum ist es sicher, daß du auch Gutes getan haben mußt, und daß auch dir vergeben werden kann. So nenne mir die gute Tat!"

Da sprach jener: „Seit ich mich habe taufen lassen, habe ich keinem Juden je etwas Gutes getan, sondern immer soviel Böses, als mir möglich war. Nur einmal tat ich's nicht. Und das geschah so.

Ich kam einmal in eine Stadt, in der zwar viele Juden wohnten, aber die Christen darin waren ihnen feindlich gesinnt und suchten einen Vorwand, sich der Juden zu entledigen. Da sie aber einen solchen nicht fanden, so warfen sie einem Juden ein totes Kind ins Haus und erhoben ein Geschrei, die Juden hätten es getötet, um sein Blut zu genießen.

Alsbald eroben sich die Bürger, und die ärgsten Feinde der Juden schickten sich an, die Judengasse zu erstürmen und alle Juden zu erschlagen, als einer von den Ratsherren der aufgeregten Menge zurief: „Meine lieben Mitbürger, wollet euch nicht übereilen und unschuldiges Blut vergießen! Lasset uns zuvor erforschen, ob die Juden wirklich Christenblut gebrauchen."

„Und wie meinet ihr, daß wir's erforschen mögen?"

„Das will ich euch wohl sagen. In unsrer Stadt lebt ein getaufter Jude, der muß es also wissen; den lasset kommen, den wollen wir befragen. Sagt er, daß die Juden unser Blut gebrauchen, so ist es auch gewiß, daß sie dies Kind getötet haben. Sagt er aber aus, daß die Juden unser Blut nicht brauchen, so haben sie dies Kind auch nicht getötet. Warum wolltet ihr unschuldiges Blut vergießen?"

So sprach der Ratsherr, der ein gerechter Mann und Freund der Juden war. Man sandte gleich nach mir, und als ich vor den hochmögenden Herren vom Rate stand, beschworen sie mich mit ihrem schweren Eide, ihnen der Wahrheit gemäß zu sagen, ob die Juden des Christenbluts bedürften oder nicht. Sagten mir auch, was geschehen war und zeigten mir den Leichnam des gemordeten Kindes.

Nachdem ich das vernommen und gesehen hatte, rief ich aus: „Ihr Herren, bei Gott im Himmel schwöre ich, daß man mit Lügen euch bedient. Steht doch im Gesetze der Juden, daß sie kein Blut genießen sollen! Darum, daß wißt ihr alle wohl, muß ihr Vieh geschächtet werden, damit das Tier recht ausbluten kann; und damit nicht genug, so waschen sie das Fleisch vom Blute rein und streuen Salz darauf, damit jegliches Blut abfließe. Wie sollten sie gar Menschenblut genießen?"

Da die Herren solches hörten, sprachen sie: „Ist dem also, dann soll den Juden kein Leid geschehen."

So habe ich durch mein Zeugnis das Unheil von den Juden abgewendet, und das ist die einzige gute Tat in meinem Leben."

„Es ist fürwahr eine gute Tat!" rief R. Juda aus und bestimmte ihm nunmehr die gewünschte Buße.

Er nahm sie freudig auf sich, tat ehrlich und aufrichtig, wie ihm geboten und ward wieder ein rechtschaffener Jude.

(W. Mb. No. 178.)

39.   Maimonides (Maimuni)

Maimuni war ein gewaltiger Gelehrter, wohl bewandert in allerlei Wissenschaften, zumal in der Arzneikunde; aber besonders hatte er die Bücher der heiligen Schrift, den Talmud und alle rabbinischen Werke mit Eifer und Fleiß durchgearbeitet und mit wunderbarem Scharfsinn manches neue Werk geschrieben, das nützlich und lehrreich ist.

Aber es gab damals manchen Schriftgelehrten, der nur aus alten Büchern lernen wollte, weil er meinte, fromme und gelehrte Leute habe es nur früher gegeben; jetzt könne man von niemandem mehr etwas Gutes lernen.

Nun hatte Maimuni eben ein tiefsinniges Werk vollendet, und nur wenige konnten es verstehen; die es aber nicht verstanden, meinten, was sie nicht verständen, das könne auch nicht wahr sein und zweifelten an Maimunis rechtem Glauben. So brachten sie ihn bald in üblen Ruf, und spanische Rabbiner wandten sich an die deutschen Rabbiner, sie möchten Maimuni mit dem Banne belegen.

Die deutschen Rabbiner traten nun zu einer Beratung zusammen. Aus allem, was sie bisher von Maimuni gehört und gesehen, ging nur die tiefste Frömmigkeit und Anhänglichkeit an Gottes Wort hervor; sie waren also nicht geneigt, der Anklage Glauben zu schenken. Doch wollten sie auch den spanischen Rabbinern nicht widersprechen. Sie beschlossen daher einen frommen gelehrten Juden nach Spanien zu schicken, der sollte suchen Kenntnis zu erlangen von dem Buche und seinem Inhalt.

Also sandten sie den R. Meïr nach Spanien in die Stadt des Maimuni.

Vor der Stadt befand sich ein Brunnen, und an diesem ließ sich R. Meïr mit seinem Diener nieder, um zu ruhen. Er holte aber, wie das Sitte und Pflicht ist, zumal für einen Schriftgelehrten, ein hebräisch Buch hervor und vertiefte sich darin. Als sie dann ihre Mahlzeit am kühlen Brunnen gehalten hatten, erhoben sie sich, um in die Stadt zu gehen.

Hier fragten sie nach dem Hause Maimunis und klopften, dort angelangt, an die Türe. Ein Diener schaute zum Fenster hinaus, und auf die Bitte, zum R. Moses eingelassen zu werden, erwiderte er: der Herr speise eben zu Mittag, es könne also niemand vor ihn gelassen werden. Aber R. Meïr rief ihm zu: „Wohl weiß ich, daß dein Herr jetzt speist; ja, noch mehr, er ißt eben Eier.“ Als das der Diener hörte, begab er sich ins Zimmer zu Maimuni und berichtete ihm, da draußen habe ein Mann Einlaß zu ihm begehrt; er habe ihm aber geantwortet, der Herr wäre nicht zu sprechen, da er eben zu Mittag speise. Darauf habe der fremde Mann ihm zugerufen: „Ich weiß wohl, daß dein Herr jetzt speist; ja, noch mehr, er ißt eben Eier.“ „Geh zurück,“ erwiderte Maimuni, „und sage dem Manne, daß er die Wahrheit gesagt hat; ja, noch mehr, er hat am Brunnen sein hebräisch Buch liegen lassen.“

Als R. Meïr diese Worte hörte, fand er, daß er sein Buch wirklich nicht mehr hatte und entsann sich, daß er es am Brunnen habe liegen lassen. „Der kann noch mehr als ich!“ rief er unwillkürlich aus;

dann aber eilte er zurück zum Brunnen vor die Stadt und fand richtig das vergessene Buch. Er steckte es zu sich und kehrte gegen Abend zum Hause Maimunis zurück.

Er wurde zugleich eingelassen und aufgefordert mitzuessen. Da kam auch eine Speise auf den Tisch, die sah aus wie die Hände eines Menschen, und R. Meïr aß nichts davon. Danach rief Maimuni seinem Diener zu: „Peter, hol' mir doch einmal einen Krug Wein aus demselben Fasse, aus dem du vorher gezapft hast." R. Meïr erschrak. „Wie," dachte er, „wenn das etwa verbotener Wein wäre?" Und er trank auch keinen Wein, sondern erwiderte auf die Einladung Maimunis zum Trinken: „Ich mag heute nicht trinken, ich bin zu müde, denn ich habe mich überlaufen; ich möchte lieber zeitig zu Bette gehen." Das wurde ihm gewährt, und Maimuni rief einem andern Diener zu, er solle morgen früh das Stück Vieh schlachten, damit sie frisches Fleisch für den werten Gast hätten. Als R. Meïr das hörte, ward er sehr betrübt und sprach in seinem Sinn: „Gewiß ist alles wahr, was die spanischen Rabbiner über diesen Maimuni nach Deutschland geschrieben haben." Denn all sein Tun und Lassen – er hatte noch mancherlei sehen müssen – schien ihm unjüdisch.

Am andern Morgen begrüßte ihn Maimuni schon in aller Frühe und ging mit ihm in ein abgelegenes Zimmer. Hier sprach er zu ihm: „Mein lieber R. Meïr, ich weiß wohl, warum du zu mir aus Deutschland gekommen bist, und ich weiß auch, wessen man mich beschuldigt. Aber man sollte niemanden beschuldigen, ehe man seiner Sache ganz gewiß ist, sonst begeht man ein Unrecht und eine Sünde. Das hast du selber an dir erlebt. Denn ich weiß ganz genau, warum du bei mir bisher hast weder essen noch trinken wollen. Die Speise gestern sah nämlich aus, wie die Hände eines Menschen, und du hast sogleich einen bösen Verdacht gegen mich gefaßt. Und doch war es nur dies Kraut hier" – und damit zeigte er ihm Blumenkohl, den R. Meïr bisher noch nicht gekannt hatte. „Den Wein aber hast du nicht getrunken, weil ich meinen Diener Peter nannte und du gemeint hast, das sei ein Nichtjude, du könntest also auch nicht wissen, ob der Wein nicht ein rituell verbotener sei. Aber Peter ist nicht nur Jude, sondern sogar ein frommer Jude, wie man ihrer wenige findet, und heißt nach einem tüchtigen Schriftgelehrten." Und dabei zeigte er ihm, daß schon im Talmud ein R. Peter vorkommt. „Was aber das frische Fleisch anlangt," fuhr Maimuni fort, „so hast du daran Anstoß genommen, daß ich das Tier schlachten und nicht schächten hieß. Nun, als die Kuh geschächtet war, fand man das Kalb in ihr noch lebendig vor, und ein solches Kalb bedarf, wie du weißt, keiner rituellen Schächtung mehr. Als ich die Kuh schächten ließ, wollte ich dir einmal diesen seltenen Fall vorführen und dir damit zugleich beweisen, wie vorsichtig man in der Verurteilung anderer sein muß. Leider sind meine rabbinischen Kollegen nicht so vorsichtig und verurteilen mich wegen Sachen, die sie nicht verstanden haben."

Dann holte er sein neuestes Werk (More Nebuchim) herbei und ging es mit ihm durch. Mit Staunen und Bewunderung folgte R. Meïr dem gewaltigen Manne, und als sie zu Ende waren, bat er, überwältigt, um Verzeihung für seinen Verdacht. Maimuni verzieh ihm gern, und R. Meïr zog heim und verbreitete überall das Lob Maimunis.

Die aber den Maimuni verlästert hatten, die strafte Gott an ihrem Leibe. *(R. Mb. 62 b.)*

40. Rabbi Amnon

Ein herrlicher Mann war R. Amnon in Mainz, reich und vornehm, gelehrt und weise und darum hochgeehrt bei Juden und Christen, besonders aber beim Erzbischof.

Als er nun wieder einmal bei diesem war, sprachen die Herren zu ihm: „Rabbi Amnon, wollt ihr euch nicht zum Christentum bekehren? Unser gnädiger Herr Erzbischof wollte euch gar gern zu seinem obersten Ratgeber machen, denn er liebt und schätzt euch über die Maßen." Aber R. Amnon achtete solcher Rede nicht.

Ein andermal drang der Erzbischof selbst in ihn, er solle sich taufen lassen; aber R. Amnon wollte nicht auf ihn hören.

Doch der Erzbischof wurde von Tag zu Tag dringender, so daß der Rabbi ganz verzagt wurde und endlich in seiner Bedrängnis sagte: „So gebe mir Ew. fürstliche Gnaden drei Tage Bedenkzeit, dann will ich meinen Entschluß kundtun." Das ward ihm gern gewährt.

Sobald aber R. Amnon wieder zur ruhigen Besinnung kam, fühlte er in tiefer Betrübnis das Unrecht, das er begangen. Wie? Bedenkzeit wollte er? Drei Tage Bedenkzeit, ob er seinen Gott verleugnen wolle? War damit nicht schon die Möglichkeit seiner Taufe ausgesprochen? Hatte er Gott nicht schon verleugnet? – Tief traurig kehrte er heim, teilte niemandem seinen Kummer mit, nicht einmal seinem Weibe, sondern verzehrte sich in innerem Grame und faßte endlich den Entschluß, sein Haupt nicht eher zur Ruhe zu legen, bis er seine Sünde gegen Gott gebüßt hätte.

So kam der dritte Tag heran, und der Erzbischof sandte zu ihm, er solle die versprochene Antwort geben. R. Amnon ließ ihm sagen, er werde nicht zu ihm kommen und wolle sich auch nicht taufen lassen. Da sandte der Erzbischof noch einmal und zum dritten Male nach ihm, aber er kam nicht. Da ließ ihn der Erzbischof mit Gewalt holen.

„Also dreimal muß ich nach dir schicken," begann der Erzbischof, „und dennoch kommst du nicht? Und hast mir versprochen, nach drei Tagen eine Antwort zu geben! Darum begehre ich zuvörderst deine Antwort zu hören."

R. Amnon erwiderte: „Auf das, was ihr von mir begehrt habt oder noch begehrt, habe ich nichts zu antworten. Daß ich aber um drei Tage Bedenkzeit bat, das war sehr unbedacht von mir; denn es ist so viel, als hätte ich meinen Gott schon verleugnet. Das bedarf der Sühne, und darum erlaubet, daß ich mir selbst das Urteil spreche! Ich habe verdient, daß man mir die Zunge abschneide."

Aber der grausame Erzbischof erwiderte: „Das ist zu wenig. Denn die Zunge hat wohl die Wahrheit geredet; aber die Füße, die nicht zu mir gehen wollten, die soll man dir abhacken und die Hände desgleichen."

Das Urteil ward sogleich vollstreckt; und allemal, wenn ein Glied abgehackt war, ließ ihn der Bischof fragen, ob er sich bekehren wolle; und allemal erhielt er die Antwort: „Nein! Ich habe gesündigt und will büßen." Dann ließ ihn der Erzbischof auf eine Bahre legen, die abgehauenen Glieder neben ihn, und nach des Rabbi Hause schaffen.

Wer beschreibt den Jammer seiner Familie! Aber R. Amnon sprach: „Das hab' ich wohl verdient; denn ich wollte Gott verleugnen, und ich freue mich, daß ich diese Sünde noch in dieser Welt gesühnt habe; denn nun darf ich hoffen, daß mir das künftige Leben zuteil werden wird."

Das war aber kurz vor Beginn des Roschhaschono (Neujahrsfest) geschehen. Am andern Morgen bat R. Amnon, man möchte ihn samt seiner Bahre in die Synagoge tragen und neben den Vorbeter stellen. Das geschah. Wie nun der Vorbeter in dem Mussafgebet bei der Keduschah hielt, bat R. Amnon ihn, anzuhalten und sprach: „Laß mich die Keduschah sprechen," und begann das Stück, das anhebt mit den Worten: „Unesanne tokef." Als er aber damit zu Ende war, da verschwand er und ward von niemand mehr gesehen, denn Gott hatte ihn zu sich genommen.

Nach drei Tagen erschien er dem R. Kalomymos ben Meschullam, seinem Lehrer, im Traume, lehrte ihn dieses Gebetstück und bat ihn, es aufzuschreiben und nach allen jüdischen Gemeinden zu schicken, daß sie es fortan ihrem Gebetbuch einverleibten.

Das geschah denn auch, und es wird von den Juden bis auf den heutigen Tag am Neujahrs- und Versöhnungstage gesprochen.

(R. Mb. 67 c.)

41.   Wie Kunz hinter das Vieh kam

Ein König hatte einen Ratgeber, der hieß Kunz.

So oft nun der König einen Rat gebrauchte, traten seine Räte zusammen, und wenn sie zum Entschluß gekommen waren, so eilte Kunz zum Könige, teilte ihm das Ergebnis der Beratung mit und tat immer so, als wenn der Rat von ihm ausgegangen wäre. Der König aber glaubte es und hielt deshalb seinen Kunz für den gescheitesten Mann.

Das verdroß die andern Räte um so mehr, als Kunz durchaus nicht der klügste unter ihnen war; im Gegenteil, er war geistig recht unbeholfen.

Sie gingen also einmal zum Könige und sprachen: „Herr König, nehmt's nicht ungut, aber unser treues Herz empfindet Sorge darum, daß Ihr den Kunz so hoch in Ehren haltet, uns aber wenig würdigt. Nicht Neid gegen ihn ist es, wenn wir uns zu fragen erkühnen, ob Ihr uns wegen irgend eines Versehens zürnt."

Der König erwiderte: „Meine Herren, ich ehre meinen lieben, getreuen Kunz so hoch, weil er euch alle an Klugheit überragt und ihr in euren Beratungen doch immer nur das beschließt, was er vorschlägt."

Darüber gerieten die Herren in große Aufregung und sprachen: „Königliche Majestät, es ist gerade umgekehrt: der Kunz weiß gar nichts zu raten, sondern beeilt sich nur, unsere Beschlüsse Euch mitzuteilen; denn er selbst hat zu wenig Verstand, um einen Rat geben zu können. Wollt Ihr uns nicht glauben, so stellet ihn einmal auf die Probe!"

„Das soll geschehen," sprach da der König, und die Herren gingen befriedigt heim.

Alsbald ward Kunz zum Könige befohlen, und dieser sprach: „Mein lieber, getreuer Kunz, du weißt, daß ich dich für den gescheitesten Mann in meiner Umgebung halte; darum will ich dich drei Dinge fragen, und wenn du sie mir bescheiden kannst, so will ich dich reich und glücklich machen."

Da sagte Kunz: „Herr König, fraget nur; ich hoffe Euch bescheiden zu können."

Da fuhr der König fort: „So möchte ich von dir wissen erstens: Wo geht die Sonne auf? Zum zweiten: Wie weit ist der Himmel von der Erde? und drittens: Was denke ich?"

Da machte Kunz ein langes Gesicht und sagte: „Herr König, auf so schwere Fragen kann man nicht sogleich die Antwort geben; doch wollt Ihr mir drei Tage Zeit zum Überlegen geben, so hoffe ich, den Bescheid zu finden." Da sprach der König: „Mein lieber Kunz, die Frist sei dir gewährt."

Nun zerbrach sich Kunz den Kopf, sann hin und her und fand keine Antwort. Er dachte aber: „In der Stadt ist es zu geräuschvoll, und man wird so oft gestört; ich will aufs Feld hinaus, um besser nachdenken zu können."

Also zog er hinaus zur Stadt, und weil er immer an seine Fragen dachte, so sprach er sie vor sich hin: „Wo geht die Sonne auf? Wie weit ist der Himmel von der Erde? Was denkt der König?"

So kam er sinnend und sprechend auch auf das Feld, wo sein Schäfer weidete. Als der ihn sah, sprach er: „Lieber Herr, ich sehe wohl, Ihr gehet in tiefen Gedanken einher, und wenn es mir zu fragen gestattet wäre, so möchte ich wohl die Ursache wissen; vielleicht, daß ich Euch mit Rat helfen könnte."

Kunz meinte auch, daß der Schäfer ihm vielleicht einen Rat wissen möchte und sprach daher: „Ach, der König hat mir Fragen zu beantworten gegeben, und wenn ich das nicht kann, so ist es um meine Ehre geschehen. Nun denke ich darüber nach, kann aber keine Antwort finden."

„Und wollen mir Ew. Gnaden nicht die drei Fragen nennen? Vielleicht weiß ich doch Rat."

Da nannte ihm Kunz die Fragen, und der Schäfer sprach: „Lieber Herr, wollt Ihr mir Eure kostbaren Kleider auf einige Zeit leihen und dafür meine Schäferkleider anlegen und auf die Schafe achten, so will ich gleich zum Könige gehen und ihm auf seine Fragen Bescheid geben, damit Ihr bei ihm nicht in Ungnade fallet."

Kunz ging darauf ein, und der Schäfer begab sich am dritten Tage zum Könige, rasiert und geschoren und gekleidet wie Kunz.

Da sprach der König: „Nun, Kunz, wo geht die Sonne auf?" „Herr," antwortete der Schäfer, „im Osten geht sie auf, im Westen geht sie unter."

Der König fand die Antwort zwar sehr einfach, aber gegen ihre Richtigkeit war nichts einzuwenden.

Er fragte daher weiter: „Wie weit ist der Himmel von der Erde?" „So weit wie die Erde vom Himmel," erwiderte der Schäfer.

Auch dagegen konnte der König nichts einwenden; aber er hoffte bei der dritten Frage zu siegen und sprach: „Nun, Kunz, was denke ich eben?"

„Herr," erwiderte der Schäfer, „Ihr denkt eben, ich sei Euer Rat Kunz! Aber der bin ich nicht, sondern nur sein Schäfer." Und dann erzählte er den ganzen Hergang.

Da sprach der König: „Da Kunz selber den Hirtenstab zur Hand genommen, so soll er die Schafe auch weiter hüten. Du aber, der du Mut und Verstand hast, sollst fortan mein Ratgeber sein."

Und so geschah es.

Daher schreibt sich das Sprichwort: „Du kommst dahinter, wie Kunz hinter die Schafe."

(R. Mb. 74 c–74 a.)

42.   Abraham besucht Ismael

Eines Tage sprach Abraham zu seiner Frau Sara: „Ich trage großes Verlagen nach meinem Sohne Ismael, denn es sind schon Jahre her, daß ich ihn nicht gesehen habe." Er bestieg also ein Kamel und ritt in die Wüste, wo sich Ismael aufhielt. Um die Mittagszeit hielt er vor dem Zelte seines Sohnes an.

Im Zelte saß Ismaels Weib mit den Kindern; Ismael selbst und seine Mutter Hagar waren nicht zu Hause. Auf die Frage nach ihrem Manne erwiderte das Weib, er sei auf die Jagd gegangen.

Abraham, der noch immer auf dem Kamele saß, sprach nun zu ihr: „Meine Tochter, gib mir doch einen Trunk Wasser, denn ich bin matt vom Wege und der Hitze!" Das Weib aber, ohne aufzustehen oder auch nur aufzusehen, erwiderte: „Wir haben kein Wasser und auch kein Brot." Sie dachte auch nicht einmal daran, Abraham zu fragen, wer er sei. Dagegen hörte dieser, wie sie mit den Kindern schrie und zankte und sie samt ihrem Vater mit Schimpfworten belegte.

Da ward es dem greisen Patriarchen weh ums Herz. Er rief dem Weibe zu und sprach: „Sage doch deinem Manne, wenn er heimkehrt, ein Greis aus dem Philisterlande hat ihn besuchen wollen, hat so und so ausgesehen, du hast ihn aber nicht gefragt, wer er sei. Und der Greis läßt dir sagen, der Nagel in deinem Zelte taugt nicht, du sollst ihn beseitigen und einen andern an seine Stelle tun."

Damit ritt Abraham wieder fort.

Als Ismael heimkam, erzählte ihm seine Frau von dem Greise und richtete auch seinen Auftrag aus. Da merkte Ismael, daß es sein alter Vater gewesen sei, dem seine Frau so wenig Ehre angetan, und verstand den Wink, den er ihm mit dem Zeltnagel geben wollte. Er verstieß sein ägyptisches Weib und nahm ein anderes aus Kanaan.

Nach drei Jahren dachte Abraham wieder einmal daran, seinen Sohn Ismael zu besuchen. Er begab sich also zu ihm und traf ihn wieder nicht zu Hause; denn er strich, wie gewöhnlich, durch Wald und Feld. Aber seine Frau trat sogleich aus dem Zelte, redete ihn freundlich an und bot ihm Speise und Trank.

Abraham jedoch erwiderte: „Ich habe Eile und will nicht erst vom Kamele heruntersteigen; aber durstig bin ich vom Wege, gib mir einen Trunk Wasser!" Da drang die Frau in ihn, ihre Gabe nicht zu verschmähen, und so aß und trank er, war frohen Mutes und dankte Gott in seinem Herzen, daß Ismael eine so brave Frau hatte.

Als er sich heimwärts wandte, sagte er zur Frau: „Höre, meine Tochter, wenn dein Mann zurückkommt, so sage ihm, ein Greis aus dem Philisterlande habe ihn besuchen wollen, hat so und so ausgesehen, und du habest ihn mit Speise und Trank erfrischt; auch sollst du ihm in meinem Namen ausrichten, der Nagel in seinem Zelte sei gut, er solle ihn darin lassen."

Als Ismael heimkam, berichtete ihm seine Frau alles getreu, und Ismael merkte, daß es sein Vater gewesen war und freute sich, daß seine Frau ihn gastfreundlich und ehrerbietig aufgenommen hatte.

Alsbald machte er sich mit seinem Weibe und seinen Kindern auf, um den Besuch seines Vaters im Lande der Philister zu erwidern. *(Te. wej. 21 d–22 b.)*

43. Josef bei Potiphar

Josef war so schön, daß in ganz Ägypten seinesgleichen nicht zu finden war. Seine Herrin, das Weib des Potiphar, entbrannte alsbald in heißer Liebe zu ihm und konnte nicht mehr ohne ihn sein.

Um seine Aufmerksamkeit zu erregen, schmückte sie sich täglich anders, aber Josef wagte nicht einmal, seine Augen zu ihr aufzuschlagen; sie redete stets in freundlichen und liebevollen Worten zu ihm, aber er schien sie gar nicht zu verstehen.

Nun sagte sie ihm gerade heraus, wie er so schön von Gestalt und Angesicht wäre, und wie sie noch niemals einen so schönen Diener gesehen hätte. Josef erwiderte in aller Einfalt: „Der alle Menschen geschaffen, der hat eben auch mich geschaffen."

„Und mit deinen wunderbaren Augen," fuhr sie fort, „bezauberst du alle Männner und Frauen Ägyptens."

„Das mag sein," erwiderte Josef, „so lange ich lebe; aber sobald ich tot bin, möchtest du wohl nicht mehr hineinschauen wollen."

„Und wie süß ist der Klang deiner Stimme! Ach, hole doch die Harfe aus meinem Gemach und singe mir; in Wonne will ich dir lauschen."

„Süßer noch ertönt meine Rede," antwortete Josef, „wenn ich das Lob meines Gottes anstimme."

„Wie reizend ist das Haar auf deinem Haupte! Hole doch den goldenen Striegel aus meinem Gemach und striegle es!"

Aber Josef rief: „Herrin, wie lange willst du mir noch solche Worte reden? Ich will an meine Arbeit gehen, und du geh zu der deinigen!"

Da rief sie ihm zur Antwort: „Mit dir mich zu beschäftigen, dich anzusehen und mit dir zu reden, soll meine einzige Arbeit sein im Hause."

Josef aber schaute bei allen ihren Reden unverwandt zu Boden und sah sie mit keinem Blicke an. Doch Suleika empfand zu ihm so heiße Liebe, daß sie nicht mehr ohne ihn leben konnte. Sie suchte ihn bei seinen Geschäften auf und setzte sich ihm gegenüber, um ihm zuzusehen und ihn zum Sprechen zu bringen. Aber Josef sah sie nicht an. Selbst ihre Drohung, wenn er ihr weiter so widerstehen werde, so wolle sie ihn anklagen und in Fesseln legen lassen, hörte er gelassen an und erwiderte, ohne aufzublicken: „Der Gott, der Himmel und Erde geschaffen, kann mich auch aus eisernen Fesseln befreien."

Da sie nun weder durch Güte, noch durch Drohungen Josefs Gegenliebe gewinnen konnte, so verfiel sie in eine schwere Krankheit. Und es kamen ihre Freundinnen, um sie zu besuchen und entsetzten sich, als sie sahen, wie sie abgemagert war.

„Wer hätte das gedacht," riefen sie aus, „daß du so elend werden könntest, du, der doch in der Welt nichts mangelt, die alles hat, wonach ihr Herz gelüstet."

Darauf erwiderte Suleika: „Ihr sollt noch heute die Ursache meiner Krankheit kennen lernen."

Dann lud sie zu einem Festmahle ein, das sie am selben Tage ihnen geben wollte, und alle kamen. Zum Nachtisch gab sie ihnen dann die schönsten Äpfel und scharfe Obstmesser dazu. Josef aber, festlich gekleidet, reichte sie ihnen.

Als die Frauen ihn sahen, waren sie wie verzaubert und konnten die Augen nicht mehr von ihm wenden, so daß sie sich alle in die Finger schnitten und die Äpfel blutig wurden.

Da rief Suleika: „Aber was tut ihr denn? Warum ißt doch keine von den herrlichen Äpfeln und schneidet sich die Finger blutig?"

Nun erst bemerkten die Frauen, daß ihnen das Blut von den Händen troff und gestanden der Suleika, sie wären von der Schönheit ihres Dieners so betroffen und in seinen Anblick so versunken gewesen, daß sie nichts anderes gesehen und empfunden hätten.

Da erwiderte Suleika: „Und doch habt ihr ihn nur einmal gesehen! Wie soll es mir ergehen, die ich ihn beständig in meinem Hause aus- und eingehn sehe? Begreift ihr nun, warum ich so dahinsieche?"

Und sie riefen alle: „Wir begreifen es. Aber da er dein Sklave ist, was brauchst du so dahinzuschwinden? Sieh doch zu, daß du dich ihm offenbarst!"

„Das habe ich getan," sprach Suleika, „aber alle meine Liebesbeteuerungen habe ich vergebens verschwendet, er ist zu tugendhaft, um mir Gegenliebe zu schenken."

Von ihren Hausleuten aber wußte niemand um das Geheimnis ihrer Krankheit, am allerwenigsten ihr Gatte Potiphar; nur die Frauen, die sie besuchten, wußten darum, denn sie hatte es ihnen ja anvertraut. Und diese rieten ihr, da sie den Josef weder durch gute noch durch böse Worte habe gewinnen können, es mit der List zu versuchen.

Eines Tages nun, als Josef im Hause seine Arbeit tat, trat sie plötzlich herein und stürzte auf ihn zu; er aber stieß sie heftig von sich weg.

Da hub sie bitterlich zu weinen an. „Du verschmähst mich also!" rief sie aus. „O, umsonst habe ich mich zu dir herabgelassen, ich, die Herrin, zu meinem Knechte! Wie, bin ich dir etwa nicht schön genug? Und doch hat man mich immer schön geheißen! Oder fürchtest du dich vor meinem Manne, deinem Herrn? Beim Leben des Pharao, nichts soll dir jemals von ihm geschehen! O, so erbarme dich meiner Not, ich liebe dich, und wenn du mir kein Gehör schenkst, so muß ich sterben."

Josef erwiderte: „Herrin, halt' ein und sprich nicht mehr solche Worte! Wohl ehrt mich deine Liebe, aber mein Herr hat mich noch mehr geehrt. Siehe, Hab und Gut hat er mir anvertraut, alle Hausleute sind mir untergeben, nur du nicht, du, sein Weib, dieweil du ihm allein gehörst. Wie sollte ich sein Vertrauen täuschen und eine Sünde begehen gegen meinen Herrn und gegen den Ewigen, meinen

Gott? Darum hör' auf, solche Worte zu mir zu reden, denn niemals werde ich deinen Wunsch erfüllen."

Aber Suleika gab ihre Sache noch nicht verloren und sann auf neue List.

Einst geschah es, daß der Nil zu steigen begann, um, wie alljährlich, über seine Ufer zu treten und Ägypten zu überschwemmen. Dann pflegten sich die Ägypter hinaus an den Fluß zu begeben und im Freien ein Freudenfest abzuhalten. So geschah auch damals, und Potiphar und seine Leute waren auch dabei. Suleika aber war daheim geblieben, sie war ja krank.

Sobald sie allein im Hause war, schmückte sie sich wie eine Königin, schminkte ihr Angesicht, verbreitete in ihren Gemächern die köstlichsten Wohlgerüche und setzte ihren Stuhl an die Tür, durch die Josef eintreten mußte.

Bald genug kam Josef; aber als er seine Herrin erblickte, kehrte er um. Da rief sie ihm zu, und er blieb stehen. „Warum kehrst du um?" fuhr sie fort, „komm nur, ich mache dir schon Platz." Und Josef kehrte zurück und ging an seine Arbeit.

Sie aber folgte ihm, stellte sich vor ihn, geschmückt wie eine Königin und von dem berauschenden Dufte ihrer Kleider umhüllt, und rief: „Beim Leben des Pharao schwör' ich: Wenn du mir nicht sogleich zu Willen bist, so mußt du noch heute sterben!" Damit zog sie unter ihren Kleidern einen Dolch hervor und zückte ihn auf Josef. Erschreckt wandte er sich zur Flucht. Aber sie hatte ihn bereits an seinem Gewande über der Brust gefaßt, und als sich Josef gewaltsam von ihr losmachte, riß das Gewand; Suleika behielt es in ihrer Hand, und Josef eilte zur Tür hinaus.

Nun geriet sie in Furcht. „Wie, wenn das bekannt würde?" Aber sie faßte einen schnellen Entschluß. Schnell legte sie wieder ihre gewöhnliche Kleidung an, begab sich an ihren gewohnten Sitz und legte das Gewand Josefs neben sich. Dann sandte sie einen Knaben hinaus, um ihren Mann vom Feste am Nil zu rufen.

Vor ihrem Hausgesinde aber rief sie mit lauter Stimme: „Seht, mein Mann hat uns einen hebräischen Sklaven gebracht, der mir heute Gewalt antun wollte, weil er glaubte, ich sei allein zu Hause. Da ich aber schrie, erschrak er, lief davon und ließ sein Gewand bei mir." Und als Potiphar heimkehrte, erzählte sie ihm dasselbe. Er glaubte es, geriet in flammenden Zorn und gab Befehl, den Josef zu peitschen.

Josef aber betete in seinen Schmerzen: „Herr, Gott, du weißt, daß ich unschuldig bin; warum soll ich unter den Händen dieser Bösewichte sterben, denen ich nichts getan habe?"

Da öffnete Gott einem unmündigen Kindlein von elf Monaten den Mund, und es rief aus: „O, ihr Männer, warum mißhandelt ihr diesen unschuldigen Mann? Er hat nichts getan, und meine Mutter hat gelogen; sie ist die Schuldige. Höret nur!" Und damit erzählte das Kind den ganzen Hergang, und als es fertig war, verlor es wieder die Sprache.

Erstaunt hörten die Männer zu, und Potiphar, der den Josef nicht einmal angehört hatte, empfand tiefe Scham. Um aber seine Frau zu retten, stellte er Josef vor die Richter, damit sie ihr Urteil über ihn sprechen sollten. Von ihnen zur Rede gestellt, schwur Josef bei seinem Gotte, daß er unschuldig und bereit sei zu sterben, wenn ihm irgend ein Unrecht nachgewiesen würde.

Die Richter ließen Josefs Gewand zur Stelle schaffen, und als sie sahen, daß der Riß sich vorn über der Brust befand, so sprachen sie zu Potiphar: „Der Knecht ist unschuldig, deine Frau hat zuerst die Hand nach ihm ausgestreckt. Aber um deine Frau nicht dem Gerede auszusetzen, soll der Knecht ins Gefängnis."

So kam Josef ins Gefängnis und blieb daselbst zwölf Jahre.

Auch hier suchte ihn Suleika auf und versprach ihm die Freiheit, wenn er sie erhören wollte, aber Ketten und Pein, wenn er sie noch weiter verschmähte. Doch Josef erwiderte: „Besser, ich bleibe im Kerker, als daß ich sündige. Gott wird mich vor allem Bösen beschützen, das du mir zufügen willst."

So mußte sie endlich von ihm abstehen. *(T. wej. 45.)*

44.   Gottes Wort ist nur für Menschen

Als Moses in den Himmel stieg, weil Gott dem Volke Israel sein Wort verkünden wollte, traten alle Engel hin vor Gottes Thron und sprachen: „Herr der Welt! Neunhundertvierundsiebzig Menschenalter hast du dieses Kleinod nicht von dir gegeben, sondern es verborgen; und jetzt willst du es einem Menschen geben? Was ist der Mensch denn, daß du seiner achtest?[1] So laß doch deine Herrlichkeit im Himmel!"[2]

Da sprach der Herr zu Mose: „Mein Knecht, gib ihnen Antwort, wenn du es vermagst!"

Und Mose sprach: „Das vermag ich wohl; allein ich fürchte, daß der Feuerhauch, der ihnen aus dem Munde geht, mich töten möchte."

„So fasse meinen Thron," sprach Gott, „und dann gib ihnen Antwort!" Mose tat es und begann wie folgt:

„O, Herr, das erste deiner heiligen Worte heißt: ‚Ich bin der Ewige, dein Gott, der dich aus dem Ägypterland herausgeführt.' Nun sagt, ihr Engel: seid ihr denn im Ägypterland gewesen? Hat man euch geknechtet? Mußte Gott euch aus Ägypten führen? Darum kann dieses Wort für euch nicht gelten.

Und nun das zweite Wort! Es heißt: ‚Du sollst nicht andre Götter vor mir haben!' Ja, lebt ihr denn, wie wir, umringt von Götzendienern, die euch zum Götzendienst verleiten könnten? Darum kann auch dieses Wort für euch nicht gelten.

Und weiter heißt es: ‚Du sollst den Namen Gottes nicht zum Falschen brauchen!' Nun sagt mir: treibt ihr Handel und Gewerbe, daß man euch deswegen warnen müßte falsch zu schwören?

Das vierte Wort befiehlt den Sabbattag zu heiligen. So sagt mir nur: was ist denn euer Werk, das ihr am Sabbat nicht verrichten dürfet?

Das fünfte Wort gebietet, daß man seine Eltern ehre. Habt ihr einen Vater oder eine Mutter, daß man euch befehlen müßte, sie zu ehren?

Und wenn noch weiter Mord und Ehebruch und Diebstahl, sowie Lügen oder sündliches und neidisches Begehren untersagt sind – kennet denn auch ihr den Haß, den Neid und die Begier, daß man sie euch verbieten muß? Darum gestehet nur, daß ihr der Gottesworte nicht bedürfet!"

Als das die Engel hörten, schwiegen sie, und jeder lehrt' ihn einen weisen Spruch – sogar der Todesengel.   *(Pr. M. No. 225.)*

[1]   Ps. 8, 5.
[2]   Ps. 8, 2.

45.   Die Weisheit des Knaben David

Zur Zeit des Königs Saul lebte im Lande Israel ein wohlhabender Mann, der besaß ein sehr schönes Weib, auf das der Verwalter jener Landschaft schon längst sein Auge geworfen hatte. Als nun der Mann gestorben war, fürchtete das Weib, der Verwalter würde sie nun wegen ihrer Schönheit und ihres Geldes mit Gewalt zu sich nehmen und beschloß deshalb, ihre Heimat zu verlassen.

Sie nahm einen großen Krug, füllte ihn zur Hälfte mit Goldstücken, goß dann Honig darüber bis zum Rande und übergab den Krug in Gegenwart von Zeugen einem aus der Verwandschaft ihres toten Mannes zum Aufbewahren bis zu ihrer Wiederkehr. Dann zog sie aus der Stadt.

Nun begab es sich, daß der Verwandte, der den Krug in Verwahrung genommen hatte, die Hochzeit seines Sohnes hielt und ein wenig Honig brauchte; und da er eben keinen im Hause hatte, so gedachte er dem anvertrauten Kruge etwas zu entnehmen, um es später wieder zurückzugeben. Wie er aber den Honig aus dem Kruge goß, gewahrte er die Goldstücke darin, holte sie alle heraus und füllte den Krug mit Honig.

Inzwischen starb der Verwalter jener Provinz, und die schöne Witwe kehrte alsbald in ihre Heimatstadt zurück. Nichts Böses ahnend holte sie den Krug, um ihm in ihrer Wohnung die Goldstücke zu entnehmen.

Aber wie erschrak sie, als sie nur Honig in ihm fand und merkte, daß der Verwandte sie betrogen hatte! Doch gab sie noch nicht alle Hoffnung auf, sondern ging zum Richter und klagte ihm ihr Leid.

Da sprach der Richter: „Hast du Zeugen, daß im Kruge Gold verborgen war, als du ihn dem Manne übergabst?"

Betrübt erwiderte die Frau: „Ich habe keine Zeugen."

„So kann ich dir nicht helfen," sprach der Richter. „Doch willst du noch einmal dein Heil versuchen, so geh zum König Saul; auf ihm ruht Gottes Geist, vielleicht weiß er dir Rat."

So ging die Frau zu König Saul und brachte ihre Klage vor.

Der König berief den obersten Gerichtshof, Greise von erprobter Redlichkeit und Weisheit. Allein auch ihre erste Frage war: „Hast du Zeugen, daß im Kruge Gold verborgen war, als du ihn dem

Manne übergabst?"

Und als sie traurig sagte: „Dafür hab' ich keine Zeugen," so sprach der Obmann des Gerichtshofs: „Meine Tochter, daß du die Wahrheit sprichst, das glauben wir; daß der Verwandte dich bestohlen hat, desgleichen. Doch können wir kein Urteil fällen, sofern du keine Zeugen hast." Traurig ging die Frau von dannen, denn ihre letzte Hoffnung war geschwunden.

Da begegnet ihr der jugendliche David, dermalen noch ein Schafhirt, mit mehreren Gespielen. Der sieht sie, wie sie weint und klagt, und fragt sie voller Mitleid, warum sie denn so weine.

Sogleich erzählt sie ihm, wie es ihr ergangen und keiner ihr zu ihrem Rechte helfen könne.

Da sprach David: „Willst du zum Könige gehen und mir die Erlaubnis bringen, daß ich das Urteil sprechen darf, so will ich dir zu deinem Rechte helfen."

Da ging die Frau sogleich zurück zum Könige und berichtete, wie ein Knabe sich ihrer angenommen, und wenn der König es erlaubte, so getraute er sich wohl, die Wahrheit an den Tag zu bringen.

Der König hatte nichts dagegen, und die Frau ging hin und holte David.

Als Saul den Knaben sah, gefiel er ihm sehr wohl, und er fragte: „Bist du's, der sich getraut, in dieser schweren Sache ein Urteil recht zu fällen?"

David erwiderte: „So du, mein Herr und König, es erlaubst, so getraue ich mich wohl, mit Gottes Hilfe, die Wahrheit an den Tag zu bringen."

„So gehe hin," sprach König Saul, „und Gott sei mit dir, daß du der armen Frau zu ihrem Gute helfest."

Sogleich ging David mit dem Weibe in ihr Haus und ließ den Krug mit Honig vor sich bringen. Dann ward der Mann, dem er zum Aufbewahren übergeben war, herbeigerufen und gefragt, ob das der Krug sei, den das Weib ihm übergeben hatte. Der sprach: „Es ist der nämliche; ich habe keinen andern Krug im Hause."

„So bringt mir einen leeren Krug!" rief David. Und als man einen leeren Krug gebracht, goß er allen Honig aus dem alten Kruge in den neuen, zerschlug den alten Krug vor aller Augen zu Scherben und prüfte eine Scherbe nach der anderen. Da glänzte ihm ein Goldstück hell entgegen, das an einer Scherbe klebte.

„Sehr her," rief David zu den Augenzeugen, „und überzeugt euch, daß die Frau im Rechte ist!"

„Du aber," wandte er sich an den ungetreuen Mann, „bekenne, daß du das Geld herausgenommen hast! So gehe hin und hole es zur Stelle!"

Der Überführte wagte keine Widerrede. Saul aber und die um ihn waren, staunten ob der Weisheit dieses Knaben und erkannten, daß Gottes Geist aus ihm gesprochen habe. *(Pr. Mb. No. 198.)*

46. Joab

Einst sandte König David seinen Feldherrn Joab mit 12 000 auserwählten Kriegern in das Land der Ammoniten, um ihre Hauptstadt Rabbath-Ammon zu erobern.

Aber als sie die Stadt sechs Monate lang belagert hatten und sie doch nicht erobern konnten, sprachen die Hauptleute zu Joab: „Was sollen wir die Stadt noch länger belagern, da wir sie doch nicht bezwingen können? Und nur die Felder ringsumher verwüsten, das kann doch wahrlich nicht unser Ziel sein. Deshalb meinen wir, es sei das beste, wir ziehen heim."

Da sprach der starke Joab: „Mit nichten, meine lieben Waffenbrüder! Das wäre ein Schmach bei allen Völkern, die es hören, und würde sie gewiß ermutigen, uns zu bekriegen. Vernehmet denn, was ich im Sinne habe, und tut danach!

Schleudert mich in die Stadt hinein und wartet dann noch 40 Tage. Seht ihr bis dahin kein Blut herausfließen, so wisset, daß ich zu Tode gefallen bin und ziehet heim! Fließt aber Blut heraus, so erkennet daran, daß ich die meisten Leute der Stadt getötet habe. Dann dringet in die Stadt, daß wir sie vollends in unsere Gewalt bringen. Denn es ist nun einmal mein Entschluß, nicht unverrichteter Sache heimzukehren. Kann ich die Stadt nicht erwerben, will ich für meinen König sterben."

Mit diesem Vorschlage ihres Feldherrn waren die Hauptleute wohl zufrieden.

Nun steckte Joab 1000 Goldgulden zu sich, gürtete sein gutes Schwert um und ließ sich mit Hilfe eines schlanken Baumes über die Mauer schleudern.

Der Wurf gelang, aber Joab fiel sehr unsanft im Hofe einer Witwe nieder, und noch dazu so unglücklich auf sein Schwert, daß es in zwei Stücke zerbrach.

Nun hatte die Witwe eine verheiratete Tochter, die fand den Helden ohnmächtig liegen und meinte nicht anders, als er wäre tot. Als man ihn aber aufheben wollte und Leben in ihm merkte, trug man ihn hinein, brachte ihn zu sich und labte ihn mit Speis und Trank. Als er sich vollends erholt hatte, fragte man ihn, wer er wäre, und wie er hierher gekommen.

Da antwortete er: „Ich bin ein Amalekiter, von den Israeliten gefangen genommen und vor ihren Anführer gebracht worden. Der aber hatte eine ganz besondere Grausamkeit ersonnen und befahl, mich wie ein Ball in eure Stadt zu schleudern; denn er zweifelte nicht daran, daß ich mich zu Tode fallen würde. Nun aber bin ich noch am Leben und bitte euch, lasset mich in Frieden bei euch bleiben!"

Darauf holte er 10 Goldgulden hervor, gab sie der Witwe und bat, ihn dafür gut zu pflegen.

So lebte er eine Woche in ihrem Hause, bis er sich ganz von seinem Falle erholt hatte. Danach wollte er hinaus, um sich die Stadt anzusehen. Aber die Frau und ihre Tochter erinnerten ihn daran, daß er in seiner Kleidung auffallen und in Lebensgefahr geraten würde; sie gaben ihm also andere Kleider, die legte er an und zog nun prüfend durch die Stadt.

Rabbath-Ammon war groß und schön, mit starken Mauern umgeben, mit festen Toren und Türmen versehen; die Bewohner aber waren im Kriege wohlerfahren und hatten schon manchem Feinde widerstanden.

Als Joab bei einem Schmiede vorbeikam, fragte er ihn, ob er ihm ein Schwert wie sein altes machen wollte. Dabei zeigte er ihm die Stücke seines zerbrochenen Schwertes. Als der Schmied dieses sah, rief er verwundert aus: „Ein so herrliches Schwert habe ich in meinem Leben nicht gesehen!"

Joab aber sprach: „Sofern du mir ein solches Schwert zu schmieden vermagst, so will ich es dir mit Golde lohnen."

Da machte sich der Schmied ans Werk, und als er eins vollendet hatte, übergab er es dem Joab. Doch der zerbrach es mit leichter Mühe. „Das taugt nichts," rief er dem Schmiede zu, „du mußt ein besseres machen!"

Der Schmied machte ein zweites; aber auch dieses zerbrach Joab, und ebenso ein drittes, obgleich eins immer besser war als das andere. Aber das vierte war dem Joab recht, denn es war noch besser, als sein durch den Fall zerbrochenes. Und als er es in den Lüften schwang, da blitzte ihm das Feuer aus den Augen.

„Nun sage mir," rief er dem Schmiede zu, „wen wünschest du mit diesem Schwert zuerst getötet?"

Ohne Zögern erwiderte der Schmied: „Den Führer der Israeliten, den Joab!" „Das glaub ich wohl," rief Joab, „doch dreh' dich einmal um, so wirst du etwas gewahren."

Der Schmied wandte sich um, und Joab hieb ihm mit einem Streiche den Kopf ab, indem er ausrief: „Wie ist dir, Schmied?" Aber das Schwert war so hart und scharf, daß der Schmied nur einen kalten Schauer fühlte und ausrief: „Mir ist, als ob ein kalter Schnee an meinem Nacken rührte." Dann fiel er tot nieder, und sein Kopf rollte davon.

Joab aber ging fürbaß und fand von ungefähr in einem Hofe 500 Mann streitbarer und wohlgerüsteter Krieger. Da zog er sein Schwert und hieb so gewaltig auf sie ein, daß keiner, der ihm nahte, mit dem Leben davonkam. Nachdem er diese Arbeit vollbracht hatte, ging er in seine Herberge zurück übergab seiner Wirtin abermals 10 Goldgulden, damit sie ihn mit Speise und Trank bestens verpflege.

Aber in der Stadt verbreitete sich alsbald die Kunde, wie 500 Krieger in einem Hofe erschlagen seien; und da niemand sagen konnte, wer sie erschlagen habe, so sprachen sie endlich: „Das hat niemand getan, als der böse Geist Asmodai."

Auch die Witwe hörte von dem Blutbade und berichtete es dem Joab, indem sie die Frage hinzufügte, ob er auf seinem Umgange in der Stadt etwa gehört habe, wer es angerichtet. Aber Joab erwiderte: „Ich habe nichts gehört; ich wollte eben fragen, ob ihr nichts gehört habt."

So hielt er abermals 10 Tage Ruhe. Dann legte er sein Schwert an und zog durch die Straßen über den Marktplatz und erschlug dabei an 1500 Mann, so daß ihm endlich die blutige Hand am Schwerte klebte.

Da eilte er wieder in seine Herberge, wo er die junge Frau antraf, und rief ihr zu: „Nun mache mir sogleich ein Wasser warm, daß ich das Blut von meinem Schwerte waschen kann." Sie aber gab zur Antwort: „Nun wohnst du unter einem Dach mit uns und ißt und trinkst an einem Tische mit uns und tötest unsere eignen Leute! Ist das der Dank für unsere Gastfreundschaft? Und dazu soll ich dir noch warmes Wasser machen? Das tu' ich nimmermehr!"

Als Joab diese Worte hörte, rannte er ihr das Schwert durch den Leib und wusch auf diese Art das Blut von ihm; dann stürzte er wieder aus dem Hause.

In der Stadt aber hatte sich ein neues, noch größeres Geschrei wegen der 1 500 Erschlagenen erhoben, und man forschte von neuem nach dem Urheber. „Das kann nur ein Feind sein, der sich heimlich eingeschlichen hat und unerkannt das Verderben unter uns verbreitet!" so hieß es endlich.

Da wurde ein Befehl erlassen, daß jeder, der einen Fremden in seinem Hause hätte, denselben vor den König bringen sollte.

Nun begab es sich aber, daß der Herold, der diesen Befehl des Königs in den Straßen ausrief, dem Joab begegnete. Wie dieser den Ruf vernommen, erschlug er den Herold und jeden, dem er begegnete, bis er endlich ans Tor der Stadt kam und auch hier die Wache tötete.

Nun öffnete er das Tor, daß das Blut herausfloß.

Im Lager der Israeliten hatte man den Joab bereits aufgegeben und beklagte seinen Tod. Als sie aber das Blut herausfließen sahen, da riefen sie hocherfreut und laut: „Höre, Israel, der Ewige ist unser Gott!" Und Joab, als er diesen Ruf vernahm, erstieg einen Turm auf der Mauer und rief hinab: „Ja, Gott verläßt sein Volk doch nimmer! Sendet aber hin zum König David, daß er komme, denn wir haben jetzt die Stadt in unserer Gewalt."

Wie nun Joab niederschaute, gewahrte er auf seiner rechten Hand die Worte: „Er wird vom Heiligtum dir Hilfe senden," die Worte, die der König dann in seinen Psalm 20 aufgenommen hat.

Als David vor die Stadt kam, erfuhr er, daß von allen Einwohnern derselben nur noch der König und einige wenige seiner Leute lebten; die wurden vor ihn geführt und alle hingerichtet. Die schwere goldene Krone des Königs, in der die kostbarsten Edelsteine glänzten, wie auch viele andre Beute aus der Stadt führte David nach Jerusalem und tat sie in seine Schatzkammer; die Götzenbilder aber ließ er alle verbrennen.

(W. Mb. No. 146.)

47.   Salomo und die Schlange

Zu Zeiten König Davids ging ein alter Mann im Winter auf die Straße. Da fand er eine Schlange, die vor Kälte schier erfroren war. Der alte Mann gedachte jenes Wortes, daß man gegen alle Wesen solle gütig sein, hob die Schlange auf und tat sie in den Busen, daß sie sich erwärme und am Leben bleibe.

Doch als die Schlange warm geworden war und ihr volles Leben wieder hatte, legte sie sich fest um den Leib des Mannes, daß er schmerzlich stöhnend ausrief: „Böse Schlange, ist das der Lohn dafür, daß ich dir Gutes tat? Denn ohne mich wärst du jetzt erfroren!"

Die Schlange aber ließ nicht nach. Da sprach der alte Mann: „So wollen wir vor einen Richter gehn, und was der sagen wird, das soll geschehen."

„Das ist mir schon ganz recht," erwiderte die Schlange, „nur sage mir, wer soll der Richter sein?"

Da sprach der alte Mann: „Der soll es sein, dem wir zuerst begegnen." So gingen sie und trafen einen Ochsen.

„Steh still, mein Ochse," rief der alte Mann, „steh still, hör' unsern Streit und sprich dein Urteil!" Der Ochs blieb stehen, und der Greis erzählte alles, was geschehen war und wie die Schlange ihn zum Danke töten wolle.

„Und das ist Recht!" erwiderte die Schlange, „denn in der Thora steht geschrieben: ‚Ich will Feindschaft machen zwischen dir und dem Menschen.'"

Nun hub der Ochse an und sprach: „Die Schlange hat ganz recht, wenn sie dir für das Gute Böses tut, denn der Lohn der Welt ist eben Undank. Handelt doch mein Herr ganz ebenso. Wenn ich den ganzen Tag auf seinem Felde mit schwerer Arbeit mich ermüdet habe – und nur zu seinem Vorteile –, dann labt er sich am reichen Mahle, mir aber wirft er etwas Haferstroh zum Essen hin; dann streckt er sich aufs weiche Lager, um zu ruhen, ich aber muß mit einer Streu im Hofe zufrieden sein und bin dem Frost und Regen preisgegeben. Das ist nun einmal so: wer andern Gutes tut, erwirbt sich bösen Lohn. Darum hat die Schlange recht, wenn sie dich tötet."

Die Rede tat dem alten Manne weh. Sie gingen aber weiter und begegneten dem Esel. Als der den Streit gehört, gab er dieselbe Antwort wie der Ochse.

Nun ging der alte Mann vor König Davids Thron. Allein auch der vermochte nicht zu helfen. „Da du doch wußtest," sprach er zu dem Greise, „daß schon die Thora Feindschaft zwischen Mensch und Schlange schreibt, so hättest du sie liegen lassen müssen, weil sie unser Feind ist; dann wäre sie erfroren, und du bliebest ohne Schaden."

Traurig schritt der alte Mann von dannen. Da fand er auf dem Felde, neben einem Brunnen, des Königs Sohn, den jungen Salomo. Dem war sein Stab in den Brunnen gefallen, und die Knechte waren nun dabei, eine Quelle nach dem Brunnen hinzuleiten, damit das Wasser drinnen höher steige und den Stab nach oben bringe; dann wollte Salomo ihn mit der Hand erfassen. Als das der Alte sah, da dachte er in seinem Herzen: „Das muß ein kluger Mensch sein! Ich will es auch bei ihm versuchen; vielleicht verhilft er mir zu meinem Rechte, daß ich mein Leben rette."

So trat er hin vor Salomo und trug ihm seinen Handel vor. Doch Salomo begann: „Mein Lieber, warum gehst du nicht zu meinem Vater?"

„Bei deinem Vater bin ich wohl gewesen," erwiderte der Alte, „doch der erklärte, daß er mir nicht helfen könne."

„So folge mir," sprach Salomo, „wir wollen beide noch einmal zu meinem Vater gehen."

So gingen beide mit zum König David.

Hier angelangt, sprach Salomo: „O, sage mir, mein Vater, warum sprichst du diesem Manne hier nicht Recht?"

Und David gab zur Antwort: „Mein Sohn, ich kann ihm kein

Recht sprechen; warum hat er nicht das Bibelwort beachtet? Darum geschieht ihm schon ganz recht."

„Willst du mir gestatten," sprach nun Salomo, „daß ich das Urteil spreche?"

„Wenn du es kannst," erwiderte der König, „so tu es ohne Furcht!"

Da wandte Salomo sich an die Schlange: „Warum willst du dem, der dir Gutes tat, mit Bösem lohnen?"

„Weil Gott es selbst befohlen hat," erwiderte die Schlange, „daß ich den Menschen in die Ferse beiße."

„So willst du," fragte Salomo, „befolgen, was die Thora sagt?"

„Sehr gern," erwiderte die Schlange.

„So laß vom Menschen ab," sprach Salomo, „und stell' dich auf den Boden neben ihn! Denn also heißt es in der Schrift: ‚Die zwei, die miteinander streiten, sollen beide vor den Richtern stehen.‘[1] Darum mußt du bei ihm stehen."

„Auch damit bin ich einverstanden," rief die Schlange, ließ von dem Manne ab und stellte sich an seine Seite.

Nun rief der weise Salomo dem Alten zu: „Weil doch die Schlange das Gebot der Thora will befolgen, und weil die Thora sagt: ‚Du sollst der Schlange ihren Kopf zerschmettern,‘ so spreche ich das Urteil aus: Zerschmettre ihr den Kopf!"

Da hob der Mann den Stab, an dem er ging, weil er schon alt und schwach war, und tat, wie Salomo gesprochen.   *(Pr. Mb. No. 144.)*

48.   Das höhere Verdienst

Als einst der Regen gar zu lange ausblieb, sandte man zwei fromme Männer zu Aba Chilkia, daß er sein Gebet um Regen zu Gott emporsenden solle. Sie begaben sich in sein Haus, aber sie trafen ihn nicht, denn er war aufs Feld gegangen, um zu arbeiten. Sie gingen also hinaus und fanden ihn in einem Weinberge beschäftigt.

Als sie ihn sahen, riefen sie ihm zu: „Grüß' Gott!" Aber er

---

[1]   5. B. Mos. 25, 1.

wandte sich weder nach ihnen um, noch erwiderte er den Gruß. Am Abend ging er heim, und die beiden Männer folgten ihm.

Er trug aber seine Geräte auf der einen Schulter, seinen Mantel auf der andern. Seine Schuhe hielt er in der Hand; nur wenn er an ein Wasser kam, dann tat er sie an seine Füße. Sein Gewand ließ er beim Gehen herabhängen, kam er aber an Dornen vorbei, so zog er es in die Höhe. Vor seinem Hause angelangt, wurde er von seiner Frau im schönsten Putz empfangen. Er ließ die Frau vorangehen, dann folgte er, so daß die beiden Männer erst zuletzt eintraten.

Nun wurde zu essen aufgetragen; er setzte sich mit seiner Frau und seinen beiden Söhnen an den Tisch, die beiden Männer aber lud er nicht zum Essen ein. Beim Austeilen gab er dem jüngeren Sohne zwei Stücke Brot, dem älteren aber nur eins.

Dann sprach er leise zu seinem Weibe: „Ich weiß recht wohl, warum die beiden Leute zu mir gekommen sind. So folge mir, wir wollen auf den Söller gehen und dort um Regen beten: vielleicht erbarmt sich Gott und sendet seinem Volke Regen, dann brauchen sie uns nicht mehr darum zu bitten und auch nicht zu glauben, er sei auf unser Bitten gekommen."

Auf dem Söller angekommen, stellte er sich in eine Ecke und sie in die andere, und beide sandten ein inbrünstiges Gebet um Regen zu Gott empor. Alsbald zog auf der Seite der Frau eine Regenwolke herauf, und es begann zu regnen. Da stiegen beide wieder herab, traten ins Zimmer und ließen nicht im geringsten merken, daß sie gebetet hatten.

Nun erst fragte Aba Chilkia die beiden Männer, was sie von ihm begehrten. Und sie sprachen: „Unsere Schriftgelehrten haben uns zu dir geschickt, du möchtest Gott um Regen bitten."

„Gott sei's gedankt," erwiderte Aba Chilkia, „daß ihr meines Gebetes nicht mehr bedürfet; es regnet ja schon."

Sie aber sprachen: „Wir haben gemerkt, daß wir den nur eurem Gebet zu verdanken haben. Aber nun haben wir noch eine andre Bitte: Dein Tun ist den ganzen Tag hindurch so seltsam gewesen, daß wir gern darüber aufgeklärt sein möchten."

„Ich bin bereit zu antworten," sagte Aba Chilkia.

Da sprachen die Männer: „Als wir dich begrüßten, warum hast du dich nicht einmal umgewendet?"

„Weil ich an diesem Tage um Lohn geackert habe," erwiderte er, „so wollte ich keine Minute durch Reden versäumen."

Da fragten sie weiter: „Warum hast du die Geräte über die eine und den Mantel über die andere Schulter gelegt, da du doch beides auf einer Schulter tragen konntest?"

Und er erwiderte: „Der Mantel ist geliehen, und zwar zum Anziehen, nicht um Dinge darauf zu legen."

„Und warum hast du deine Schuhe den ganzen Weg in der Hand getragen; sobald du aber ans Wasser kamst, sie an die Füße getan?"

„Weil ich den ganzen Weg drauf achten kann, daß ich nicht auf etwas Hartes oder Scharfes trete, im Wasser aber kann ich's nicht; darum hab' ich meine Schuhe angezogen."

„Du ließest dein Gewand beim Gehn herunterhängen; nur wenn du an Dornen vorbeikamst, zogst du es in die Höhe. Wir meinen, du hättest es umgekehrt machen müssen, damit dich nicht die Dornen stechen."

Aba Chilkia antwortete: „Die Wunden am Körper heilen schon bald wieder zu, aber die Risse in den Kleidern nicht."

„Aber warum hat sich dein Weib zu deinem Empfange so geschmückt?"

„Daß sie mir wohlgefalle, und ich an keine andere zu denken brauche."

„Und warum ließest du sie vorangehen und gingst selbst zwischen ihr und uns?"

„Weil ich euch nicht genügend kannte, so ging ich lieber selbst als nächster hinter meiner Frau."

„Und warum hast du uns nicht aufgefordert, mitzuessen?"

„Weil ich gesehen habe, daß das Brot für uns und euch nicht reichte. Sollt' ich mit meinem Munde reden, im Herzen aber anders denken? Welch eine Sünde! Darum hab' ich lieber nichts zu euch gesagt."

„Aber du gabst dem jüngeren Sohn zwei Stücke Brot, dem älteren nur eins?"

Und Aba Chilkia erwiderte: „Der jüngere Knabe ist tagsüber in der Schule, der hat zwei Stücke bekommen; der ältere ist zu Hause und kann essen, wann er will; darum hab' ich ihm nur ein Stück gegeben."

„Ach, lieber Rabbi," sprachen sie nun, „werde nicht ungeduldig und antworte noch auf diese eine Frage: „Warum ist die Regenwolke auf der Seite heraufgezogen, wo deine Frau gestanden hat?"

Und er antwortete: „Weil sie den ganzen Tag daheim ist und den Armen Brot gibt, und das ist besser als Geld. Denn wenn ich ihnen schon Geld gebe, so müssen sie doch das Brot erst kaufen. Und noch einen anderen Grund will ich euch sagen: Wir haben böse Nachbarn, so böse, daß ich Gott schon gebeten habe, sie sterben zu lassen; meine Frau aber hat gebetet, daß sie Buße tun und sich bessern möchten."

(R. Mb. 29 b–d.)

49. Onkelos

1.

Onkelos, ein Heide, wollte zum Judentum übertreten, das er liebgewonnen hatte. Als das der Kaiser hörte, sandte er einige Männer zu ihm mit dem Befehle, den Onkelos vor ihn zu führen. Dieser aber begann mit den Männern ein religiöses Gespräch, das damit endete, daß auch sie zum Judentum bekehrt wurden.

Da das der Kaiser erfuhr, sandte er noch mehr Männer nach Onkelos aus und verbot ihnen streng, ein religiöses Gespräch mit ihm zu führen. Willig folgte ihnen Onkelos.

Unterwegs kamen sie an einem jüdischen Hause vorbei, an dessen Tür sich die Mesusa befand. Als Onkelos diese erblickte, lachte er laut auf. Nach dem Grunde dieses Lachens gefragt, erwiderte er: „Jeder Fürst und König sitzt auf seinem Throne im Gemach; die ihn behüten aber, die stehen draußen vor der Tür. Umgekehrt der König aller Könige, der Heilige, des Name sei gelobt: er hält die Wache draußen an der Tür, damit die Juden drinnen wohlbehütet seien. Des zum Zeichen geht ihn die Mesusa außen angebracht; und deshalb sagen wir: Gott behütet deinen Ausgang und deinen Eingang, von nun an bis in Ewigkeit."

Diese Worte machten auf die Männer solchen Eindruck, daß auch sie das Judentum annahmen.

Als das der Kaiser hörte, sandte er keinen mehr nach Onkelos, weil er fürchtete, sein ganzen Volk möchte zum Judentume übertreten.

(W. Mb. No. 38.)

2.

Onkelos war der Schwestersohn des Kaisers Hadrian. Eines Tages hub er an und sprach: „Mein werter Ohm, ich bin nun wie ein Kalb, das nur die Mutter kennt, die es ernährt hat, und den Stall, der ihm ein Obdach gibt, sonst aber von der Welt nichts weiß. So möcht' ich denn hinaus, damit ich Menschen kennenlerne, ihr Tun und Treiben sehe und mir durch irgend eine Hantierung meinen Lebensunterhalt erwerbe."

Da sprach der Kaiser: „Was willst du unternehmen? Willst du ein Kaufmann werden, um dir im Himmel Güter zu erwerben? Um derentwillen brauchst du nicht zu wandern: ich habe Reichtümer genug, davon darfst du dir nehmen, so viel du magst – und bleibe hier!"

Doch Onkelos erwiderte: „Mein Vorsatz ist gefaßt und unabänderlich: ich will ein Kaufmann werden. Dazu erbitt' ich deinen Rat: sage mir nur, welche Waren ich am klügsten kaufe, um sie mit dem größten Nutzen zu verkaufen."

Sprach der Kaiser: „So achte meinen Rat! Welche Ware du von allen ungeachtet und verschmäht gewahrst, daß niemand sie mag kaufen, die kaufe du! Denn es kommt die Zeit, wo sie im Preise steigt und reichlichen Gewinn dir bringt."

Onkelos versprach, dem Rate zu folgen, nahm Urlaub und begab sich geradewegs nach Palästina, ward Jude und vertiefte sich in das Gesetz, das schriftliche wie auch das mündliche. Er las daheim und lauschte gierig den Belehrungen der Weisen in dem Lehrhause. Und weil er gar so eifrig lernte, ward er blaß und schwächlich.

Als er nun genug gelernt zu haben meinte, wandte er sich wieder heimwärts. Doch wie erschrak der Kaiser, als er den Neffen bleich und abgemagert sah. „Beim Jupiter," so rief er aus, „entweder hast du bei dem Handel viel verloren oder jemand hat dir sonstwie übel mitgespielt."

„Mein kaiserlicher Oheim," sprach da Onkelos, „wer wollte mir etwas zu leide tun, so lange du am Leben bist! Mein bleiches

Aussehn rührt daher, daß ich ein Jude ward und Tag und Nacht mich mühte, Gottes Lehren zu erkennen."

Da erwiderte der Kaiser finster: „Wer hat dir das geraten?"

„Du selbst," gab Onkelos zur Antwort.

„Ich selbst?" rief Hadrian, „ich wüßte nicht, wann ich dir diesen Rat gegeben hätte."

„Du hast es nur vergessen," versetzte Onkelos. „Erinnerst du dich noch, daß du mir, als ich auszog Waren einzukaufen, den Rat erteiltest: die Ware einzukaufen, die andere verschmähten, weil sie hinterher im Preise steigen und mir Gewinn eintragen würde? Nun zog ich in die Welt und fand, daß man kein Volk geringer achtet als die Juden. Und doch steht eine Zeit bevor, da sie gar hoch geachtet werden sollen, wie der Prophet Jesaja spricht: ‚Und Könige werden deine Wärter sein, und ihre Gebieterinnen deine Ammen; mit dem Angesichte werfen sie sich zur Erde nieder vor dir und den Staub deiner Füße lecken sie‘ (Jes. 49 23). Darum hab' ich mir die Lehre Israels gekauft – gehorsam deinem Rate."

Da sprach der Kaiser: „So war es nicht gemeint. Doch warum wurdest du noch Jude?"

Und Onkelos erwiderte: „Weil ich die Lehre Israels, die Thora, mir ganz zu eigen machen wollte; und dazu muß man Jude sein. Denn wie man niemandem ein Schiff vertraut, der nicht auf ihm gelebt und seine Einrichtungen kennt, um sie zu brauchen, wie Wind und Wellen es verlangen: so kann auch der die Thora nicht erkennen und verstehen, der nicht ein Jude ist und in der Thora lebt. So heißt es auch in unsrer heiligen Schrift (Ps. 147, 19. 20): ‚Er tat Jakob kund sein Wort, seine Satzungen und Rechte Israels. So tat er keinem andern Volke, und Rechte kennen sie nicht.‘"

Der Kaiser wurde nachdenklich und schwieg.

Die Juden aber nennen Onkelos mit Stolz den Ihrigen, und seine Bibelübersetzung steht noch heut in hohen Ehren. *(Pr. Mb. No. 96.)*

50. Matthia ben Charasch

Matthia ben Charasch war ein schöner Mann. Um so mehr achtete er darauf, jeder Verführung aus dem Wege zu gehen, um nicht zu sündigen. So sah er auch niemals ein Weib nur an, es sei denn sein eigenes. Über diesen tugendhaften Lebenswandel grollte Satan.

Er trat vor Gott und sprach: „Herr, was denkst du von Matthia ben Charasch?"

Und Gott erwiderte: „Seine Frömmigkeit ist tadellos."

„Und doch," fuhr Satan fort, „getraue ich mich, ihn zur Sünde zu verleiten, wenn du es mir gestattest."

„Es soll dir gestattet sein," sprach Gott.

Nun nahm Satan die Gestalt eines berückend schönen Weibes an und trat dem Frommen, der eben über die Straße ging, entgegen. Der aber sah an ihr vorbei. Satan drehte und wendete sich so, daß Matthia das Weib sehen mußte, wohin er auch blickte.

Da ward dem Frommen bange, er rief einen Schüler und gebot ihm, brennende Kohlen aus der Küche zu bringen. Der brachte sie und Matthia brannte sich damit eigenhändig seine Augen aus. Als Satan dieses sah, erfaßte ihn Entsetzen und er wich hinweg.

An diesem Frommen waren seine Künste machtlos abgeprallt.

Da sandte Gott den Engel Raphael hinab zu Matthia, um ihm sein Augenlicht zurückzugeben. Er aber sprach, als ihm der Engel seinen Auftrag kundgetan hatte: „Ich begehre keines Augenlichtes mehr, damit ich fernerhin vor Verführungen sicher sei." Diese Antwort brachte der Engel Gott zurück.

Da sprach Gott: „Geh noch einmal zu meinem Knechte Matthia und sage ihm, daß ich seine lautere Frömmigkeit kenne und ihn darum allezeit so bewahren werde, daß er durch seine Augen nie zur Sünde soll verleitet werden."

Erst auf diese Zusicherung hin ließ sich Matthia ben Charasch vom Engel Raphael die Augen heilen. *(W. Mb. No. 247.)*

51. Der Sabbatengel

Wenn der Israelit am Freitag Abend das Gotteshaus verläßt, um sich in seine Wohnung zu begeben, begleiten ihn zwei Engel, ein guter und ein böser. Finden sie sein Haus sabbatlich gerichtet, die Lichter hellen Schein verbreitend, den Tisch gedeckt, wie sich's gebührt, dann ruft der gute Engel aus: „Also sei es auch am nächsten Sabbat!"

Und dazu muß der böse Engel wider seinen Willen Amen sagen.

Wenn das Haus jedoch nicht sabbatlich gerichtet ist, wenn die Licher nicht brennen und kein Tisch festlich bereitet ist, dann ruft der böse Engel aus: „Also sei es auch am nächsten Sabbat!" Und dazu muß der gute Engel wider seinen Willen Amen sagen.

(W. Mb. No. 164.)

52.   Die Sabbatspeise

Einst fragte der römische Kaiser den R. Josua ben Chananja, woher es komme, daß die Sabbatspeisen so köstlich schmeckten, viel köstlicher als die Speisen an den anderen Tagen der Woche.

„O, Kaiser," erwiderte der Gelehrte, „das will ich dir wohl sagen. Wir haben eine köstliche Wurzel, die heißt Sabbat, von der tun wir in die Speisen, und davon bekommen sie den köstlichen Geschmack."

„So gib mir auch von dieser Wurzel," sprach der Kaiser, „damit ich mir ebenso wohlschmeckende Speisen bereiten lasse!"

„O, Kaiser," erwiderte da R. Josua, „die Wurzel will ich dir gern geben, doch wird sie dir nichts nützen. Denn wisse, sie übt ihre Wunderkraft nur bei dem, der auch den Sabbat ehrt und heilig hält."

(W. Mb. No. 5.)

53.   Bar Kappara

In einer Stadt am Meere wohnte ein sehr reicher Mann, der hieß Bar Kappara. Dessen liebster Spaziergang war am Meeresstrande, wo sich den Augen und Sinnen allerhand Abwechselung bietet.

Eines Tages nun nahte ein Schiff dem Hafen und wollte eben einlaufen, als es Schiffbruch litt und alle Leute darauf ins Wasser fielen. Ein gewaltiges Geschrei erhob sich da sowohl von den Unglücklichen, als auch von denen, die am Lande standen und das Unglück sahen; man sprang in Kähne, um zu retten, was gerettet werden konnte, andere schwammen und erfaßten noch manchen, der eben versinken wollte. Auch Bar Kappara war entschlossen ins

Wasser geeilt und holte einen, der eben noch zum letzten Male emportauchte, heraus und brachte ihn für tot ans Land und dann in sein Haus.

Sobald er hier zum Leben erwacht war, fragte ihn Bar Kappara, wer und woher er wäre, den Gottes Gnade am Leben erhalten, während so viele andere ertrunken wären. Da antwortete der Gerettete, er sei aus Rom und ein Sohn des Kaisers, sein Gefolge sei ertrunken und all sein Hab und Gut ins Meer gefallen. Nun würde er gern heimreisen, aber er wisse hierzulande nicht Bescheid und sei zudem aller Mittel zur Reise entblößt.

Bar Kappara redete ihm freundlich zu und hieß ihn gutes Mutes sein, er wolle gern für alles sorgen.

Er schaffte nun vor allen Dingen dem Schiffbrüchigen neue, stattliche Kleider; dann ging er hin und kaufte drei schöne Pferde, mietete zwei Diener dazu und übergab sie nebst angemessener Reisezehrung dem kaiserlichen Jüngling.

Der war freudig überrascht ob solcher Großmut, umarmte seinen Retter und rief unter Tränen der Rührung: „Mein teurer Freund, du hast mir nicht nur das Leben gerettet, sondern stattest mich noch mit Pferden, Dienern und Gelde aus, damit ich wieder heimkommen könne; das Geld kann ich dir schon wiedergeben, sobald ich zu meinem Vater gekommen bin; was du aber sonst an mir getan, das kann ich dir nicht vergelten, das mögen dir die Götter lohnen; ich aber bleibe immer in deiner Schuld. Doch eines sollst du wissen: es kommt dereinst die Kaiserkrone auf mein Haupt, dann will ich allen Juden gütig sein um deinetwillen."

„So mag dich Gott behüten," erwiderte Bar Kappara, „daß du wohlbehalten heimkehrest und dir geschehe, wie du hoffst, und den Juden gütig bleibest allezeit, wie du gesprochen. Lebe wohl!"

Der Jüngling zog hinweg, gelangte glücklich heim nach Rom und erzählte seinem Vater von seinem Schiffbruch und von seiner Rettung durch den Juden. Darüber war der Vater sehr erfreut; nur war es ihm sehr ärgerlich, daß sein Sohn gerade durch einen Juden gerettet worden war, denn er haßte die Juden und mochte auch das Gute nicht aus ihren Händen. Er befahl also seinem Sohne, so schnell wie möglich seine Schuld beim Juden abzutragen, damit er nicht etwa eines Tages persönlich vor ihm erscheine, um sie einzufordern.

Er wolle in seinem Hause keinen Juden sehen.

Mit Unmut vernahm der Sohn des Vaters Worte, doch tat er ihm den Willen und sandte Boten zu Bar Kappara, die ihm das geliehene Geld brachten, außerdem aber kostbare Geschenke, die eines Kaisers wohl würdig waren.

Als sie in Bar Kapparas Haus traten, merkte er sofort, daß sie die Boten eines vornehmen Herrn sein müßten und fragte nach ihrem Begehr. Sie aber erwiderten: „Unsrer Herr entbietet dir durch uns seinen Gruß und wird sich freuen, wenn er hört, daß du gesund bist. Zum andern sendet er dir das Geld, was du ihm geliehen hast, zurück und bleibt noch immer in deiner Schuld; doch erneuert er sein Versprechen, so viel in seiner Macht steht, allen Juden gütig zu sein."

Aber Bar Kappara sprach: „Euer Herr hätte sich nicht so zu bemühen brauchen; will er nur meinen Glaubensgenossen gnädig gesinnt sein, so bin ich hochzufrieden." So sprach er und wollte nichts annehmen. Auch als sie ihm sagten, ihr Herr hätte ihnen eingeschärft, Geld und Geschenke nicht wieder zurückzubringen, bei Vermeidung seines Zornes, nahm er nichts an, sondern beschenkte sie ihrerseits mit goldenen Ringen und Armbändern.

So kehrten sie heim, brachten alles zurück und berichteten, wie ehrenvoll sie behandelt worden wären und zeigten ihre reichen Geschenke. Der edle Jüngling war darüber hocherfreut; der Vater aber, der die Juden nun einmal nicht leiden mochte, ward darüber nur um so verdrießlicher und suchte seinem Verdrusse durch ein judenfeindliches Gesetz Luft zu machen. Es sollte hinfort, bei Todesstrafe, kein jüdisches Knäblein in den Bund der Väter aufgenommen, kein Sabbat mehr gehalten werden u. dgl. m.

Die Juden waren übel dran. Sie beteten und fasteten und taten Buße, daß Gott den Sinn des Kaisers wenden möchte, damit er das grausame Gesetz zurücknehme. Als aber all ihr frommes Tun nichts half, gedachten sie angesehene Männer zum Kaiser zu schicken und durch Überreichung eines großes Geldgeschenkes die Rücknahme des Gesetzes zu erwirken. Aber der Kaiser weigerte sich, irgend einen Juden zu empfangen.

Als nun das Gesetz in allen Provinzen des Reiches bekannt geworden war, so erfuhr es auch Bar Kappara und faßte den Entschluß, nach Rom zu gehen und zu versuchen, ob er nicht Zutritt zum Kaiser und die Aufhebung des harten Gebotes erlangen könnte. Dabei setze er große Hoffnung auf die Fürsprache des Kaisersohnes, dem er ja das Leben gerettet, und auf die dankbare Gesinnung des Kaisers selbst, wenn der Lebensretter seines Sohnes ihn um Gnade bäte.

So machte er sich auf den Weg und kam nach Rom.

Nun war Bar Kappara nicht nur ein reicher, sondern auch ein gelehrter Mann, und als die römischen Juden von seiner Ankunft hörten, suchten sie ihn auf, erwiesen ihm viel Ehre und rieten ihm, wenn er etwas für sie tun wolle, wie sie gehört hätten, doch erst bei dem jungen Kaiser sein Heil zu versuchen, damit dieser bei seinem Vater ein gutes Wort für sie einlege. Schließlich ermächtigten sie ihn auch, wenn er ihre Glaubensfreiheit mit Geld erkaufen könnte, jede beliebige Summe zu bieten.

Bar Kappara erwiderte: „Liebe Brüder, wenn es Gottes Wille ist, daß ich Gnade finde, so braucht es eures Geldes nicht. Ich hoffe aber, Wohlgefallen zu finden in des jungen Kaisers Augen und daß er für uns bitten wird bei seinem Vater."

Hierauf begab er sich, stattlich gekleidet, vor das Schloß des jungen Kaisers und ließ ihm melden, ein Jude wünsche seine kaiserliche Hoheit zu sprechen.

„Ein Jude?" dachte sich der Kaisersohn, „Was der von mir will, kann ich mir schon denken. Was kann ich aber tun? Ich wollte längst schon ihren Wunsch erfüllen, allein mein Vater will nicht. Doch um meinen guten Willen wenigstens zu zeigen, so mag der Jude vor mich kommen."

Und der Türhüter erhielt Befehl, den Juden vorzulassen.

Beim Anblick der stattlichen Gestalt des Bar Kappara gedachte der Kaisersohn sogleich seines Retters, doch erkannte er ihn nicht, da manches Jahr inzwischen vergangen war. Bar Kappara aber warf sich ihm zu Füßen und sprach: „Kaiserlicher Herr, wir flehen deine Gnade an, daß du bei deinem Vater für uns bitten wolltest, daß er das grausame Gesetz gegen uns zurücknehme. Gedenke auch, was du mir versprochen hast, als ich dich aus dem Wasser rettete, daß du allen Juden wolltest gütig sein um meinetwillen." So sprach er unter Tränen.

Kaum aber hatte des Kaisers Sohn diese Worte gehört, als er von seinem Sitze sprang, Bar Kappara aufhob, ihm um den Hals fiel und vor Freude weinend ausrief: „Mein teurer Retter, steh' auf und sei getrost! Ich will gewiß mein Bestes tun, um meinen Vater zur Zurücknahme des harten Gebotes zu bewegen." Dann setzte er ihn neben sich und tat ihm große Ehre an.

Aber Bar Kappara sprach: „So sehr mich deine Freundschaft auch beglückt, so muß ich dich doch bitten, vorerst jede Ehrung zu unterlassen, denn nicht deswegen habe ich den weiten Weg zu dir gemacht, sondern unverzüglich deinen Vater zu bitten, er möge das grausame Gesetz aufheben, durch welches schon so viele Juden um ihr Leben gekommen sind. Sei versichert, du tust damit ein gutes Werk und unser Gott wird dir dafür mit langem Leben lohnen."

„Bei allen Göttern," erwiderte der junge Kaiser, „ich will mit meinem Vater reden; ich will furchlos mit ihm reden und dir dann verkünden, was ich ausgerichtet habe. Bis dahin sei getrost!"

Mit großer Spannung erwarteten die Juden Roms die Rückkehr Bar Kapparas. Als er kam, sprach er zu ihnen: „Meine Brüder, ich denke, daß die Sache ein gutes Ende nehmen wird. Doch lasset in eurem Beten und Fasten nicht nach; ich selber will desgleichen tun, damit sich Gott für uns erbarme."

Das klang den Juden wenig erbaulich, denn sie erkannten daraus, daß er noch nichts ausgerichtet habe.

Der junge Kaiser aber ging zu seinem Vater und bat ihn, er möchte am folgenden Tage sein Gast zum Mittagessen sein. Das versprach der Vater. Als sie nun an der Tafel saßen, kam Bar Kappara und begehrte Einlaß. Aber der Türwächter hielt ihn an und bedeutete ihm, daß der Kaiser eben bei Tische wäre. „Das tut nichts," meinte Bar Kappara, und schenkte ihm einen goldenen Ring, „melde mich nur immerhin!"

„Und wenn du mir auch noch so viele Ringe schenkest," antwortete der Türwächter, „so könnte ich dich doch nicht einlassen. Denn der alte Kaiser speist heute bei seinem Sohne. Er kann keinen Juden sehen, und lasse ich dich dennoch ein, das könnte mich mein Leben kosten."

Da sprach Bar Kappara: „So bringe dem jungen Kaiser dieses Brieflein. Begehrt er mein, sobald er es gelesen, so rufst du mich; wo nicht, so will ich gern von hinnen gehen."

Der Türhüter mochte sich das Ringlein gern verdienen und übergab das Schreiben seinem Herrn. Als der es gelesen hatte, erschrak er sehr. Denn er dachte: „Laß' ich den Juden hereinkommen, so verläßt mein Vater, der keinen Juden sehen kann, die Tafel; lasse ich den Juden nicht herein, das wäre ungebührlich gegen meinen Lebensretter. Was soll ich also tun? Ich will aber lieber meinem Herzen folgen und ihn doch hereinlassen. Vielleicht, daß mein Vater, wenn er den Juden sieht, der mir das Leben gerettet hat, sich um meinetwillen dazu entschließt, den Juden gnädig zu sein." Also gab er Befehl, der Jude sollte sogleich heraufkommen.

Der Türhüter war nicht wenig erstaunt, daß ein Jude vor den Kaiser gelassen wurde, und noch dazu über Tisch. „Das muß doch ein ganz ungewöhnlicher Jude sein," sagte er sich und stieg die Stufen hinab zu Bar Kappara. Dieser hatte sich also in seiner Berechnung nicht geirrt.

Als er in den Saal trat, fiel er vor den Kaiser nieder und bat um Gnade für sich und die armen Juden, deren Leben durch das grausame Gebot gefährdet sei. Sobald aber der junge Kaiser den Bar Kappara gesehen hatte, erhob er sich, nahm ihn bei der Hand und setzte ihn neben sich an den Tisch.

Dann sprach er: „Mein teurer Vater, diesem Juden bin ich Ehre und Liebe schuldig, denn er ist es, der mir das Leben gerettet hat. Hätte er es nicht getan, so wäre ich heute nicht mehr am Leben, und du hättest keinen Nachfolger auf dem Throne. Wir verdanken ihm also viel, und darum wäre es unsere Pflicht, auch ihm Gutes zu erweisen. Das aber kann am besten dadurch geschehen, daß du das harte Gesetz, das du der Juden wegen gegeben hast, zurücknimmst." Mit diesen Worten fiel er vor seinem Vater nieder und umfaßte flehend seine Kniee.

Dem alten Kaiser ward es wunderlich zu Mute. Der Jude war ihm ein Greuel; aber er bedachte andrerseits, daß, wenn sein Sohn ertrunken wäre, die Krone und das Reich in fremde Hände hätten übergehen müssen – es schien ihm also, daß der Jude etwas Dank verdient habe, aber er konnte seinem Hasse nicht entsagen. So entschloß er sich folgendermaßen und sprach: „Mein lieber Sohn, es kommt der Tag, da ich dir alle meine Untertanen übergebe, so will ich heute den Anfang machen mit den Juden: sie seien dir geschenkt! Nun tu' mit ihnen, wie es dir beliebt, aber sage es mir nicht!" Dem Bar Kappara aber reichte er eine goldene Halskette mit den Worten: „Da, Jude! Diese goldene Kette schenke ich dir zum Lohne dafür, daß du meinem Sohne das Leben gerettet hast." Damit verließ er den Saal.

Bar Kappara aber wollte die Kette nicht behalten. „Nicht um Gold und Goldeswert habe ich dir das Leben gerettet," sagte er, „und begehre keinen andern Lohn, als daß du den Juden gestattest, nach ihrer Religion zu leben." Erst als der junge Kaiser heftig in ihn drang, entschloß er sich, die goldene Kette zu behalten.

Dann wurde sogleich in Gegenwart von einigen Räten der Krone ein Gesetz niedergeschrieben, wonach die Juden fortan in der Ausübung ihrer Religion ungehindert sein sollten; Bar Kappara aber eilte freudig zu seinen Glaubensbrüdern, um ihnen die glückliche Wendung zu berichten und eine Abschrift des neuen Gesetzes vorzuzeigen. Die Freude der Juden kann man sich denken; sie dankten Gott und Bar Kappara und feierten ein Freudenfest.

Am folgenden Tage sandte der junge Kaiser nach Bar Kappara, und die Juden erschraken schon, weil sie fürchteten, der Kaiser könnte wieder etwas anderes beschlossen haben. Aber Bar Kappara beruhigte sie, indem er ihnen sagte, er habe ohnehin versprechen müssen, vor seiner Abreise noch einmal im kaiserlichen Schlosse vorzusprechen.

Dort angekommen, fand er den jungen Kaiser bei Tische, umgeben von den vornehmsten Männern des Reiches. Er hatte kaum den Juden erblickt, so erhob er sich von seinem Sitze, eilte ihm entgegen, nahm ihn bei der Hand und setzte ihn an seine Seite. Dann erzählte er allen Herren, wie er diesem Juden zu ewigem Dank verpflichtet sei und gab ihm nochmals das Versprechen, so lange er lebe, solle die Juden keine Unbill treffen; auch wolle er es seinem Nachfolger einschärfen, stets gnädig gegen sie zu sein. Dann gab er ein Zeichen, und herein brachte ein Diener ein kostbares Samtgewand, mit dem Bar Kappara sogleich bekleidet wurde; darüber hing ihm der junge Kaiser eine goldene Kette.

Aber auch der alte Kaiser begann Wohlgefallen an dem stattlichen Juden zu finden, der seinem Sohne das Leben gerettet und die

Heimkehr ermöglicht hatte, beschenkte ihn neuerdings und bat ihn, doch mit Weib und Kind nach Rom zu kommen und dort zu wohnen.

Nur mit Widerstreben gab Bar Kappara nach; und als er mit seiner Familie wieder nach Rom gekommen war, tat es der junge Kaiser nicht anders, Bar Kappara mußte seine Wohnung neben dem kaiserlichen Schlosse nehmen. Die Juden aber hatten, so lange der junge Kaiser lebte, keinen Grund zur Klage. *(W. Mb. No.241.)*

54. Keine Überraschung!

R. Chanina b. Chachinai zog aus, um sich bei namhaften Gelehrten weiterzubilden und blieb zwölf Jahre fort. Inzwischen hatte sich seine Heimatstadt so verändert, daß er, heimgekehrt, sein Haus nicht finden konnte. Er setzte sich also an den Rand des Baches, aus dem die Einwohner ihr Wasser holten, und hier hörte er, wie ein junges Mädchen einem anderen zurief: „Tochter Chachinais!" „Das könnte ja meine Tochter sein," denkt der Rabbi, „ich will doch hinter ihr hergehen und sehen, wohin sie geht." Er folgt ihr also nach und tritt ins Haus. Wie ihn sein Weib erblickt und erkennt, da rührt sie der Schlag vor plötzlicher Freude, und sie stirbt. Da begann Rabbi Chanina: „Herr der Welt, ist das der Lohn der Frau, die zwölf Jahre allein gelebt, daß sie bei meiner Heimkehr sterben muß?" Dann aber betete er inbrünstig zu Gott, und das Leben kehrte ihr zurück.

Hieraus soll aber jeder lernen, daß man nicht plötzlich wiederkommen, sondern sich vorher anmelden soll. *(W. Mb. No. 73.)*

55. Ein geduldiger Lehrer

Rabbi Perida hatte einen Schüler von ungewöhnlich schwachem Auffassungsvermögen, so daß er ihm jede Sache vierhundertmal wiederholen mußte, ehe er sie behielt.

Einmal hatte er ihm eine Sache eben zum vierhundertsten Male vorgetragen, als er zu einem guten Werke abgerufen wurde. Als er zurückkam, fand er, daß sein Schüler wieder alles vergessen hatte.

Da sprach der Rabbi: „Sag' an, mein Sohn, wie kommt es, daß du es heute noch nicht kannst, wiewohl ich es vierhundertmal mit dir wiederholt habe? Das hat doch sonst genügt, warum denn heute nicht?"

Darauf erwiderte der Schüler: „Mein lieber Rabbi, ich will dir bekennen, daß ich von der Minute an, wo man dich zu dem frommen Werke rief, nicht mehr auf deine Rede völlig achtete, weil ich mir immer dachte: Jetzt geht der Rabbi fort."

„Nun denn," sprach R. Perida, „so gib jetzt acht, wir wollen noch einmal beginnen." Und lehrt ihn noch einmal, vierhundertmal, bis der Schüler es behalten hat.

Da erscholl eine Himmelsstimme also: „Was willst du lieber, mein Perisa: noch vierhundert Jahre leben, oder gleich samt deinen Kindern eingehn in das Paradies?"

„So will ich lieber," gab R. Perida zur Antwort, „sogleich mit meinen Kindern in das Paradies."

Gott aber sprach: „Diesem wahrhaft frommen Manne werde beides: vierhundert Lebensjahre und das Paradies!" *(Pr. Mb. No. 132.)*

56.   Almosengeben rettet vom Tode

Benjamin, ein frommer Mann, hatte die Almosen der Gemeinde zu verteilen. Da kam einstmals, zur Zeit der Hungersnot, auch eine Frau und bat um ein Almosen. Doch Benjamin beteuerte, er habe alles fortgegeben, und ehe nicht neue Gaben eingegangen wären, könnte er ihr gar nichts geben.

Da sprach die Frau: „So schwöre ich, daß, wenn du mir nicht hilfst, eine arme Frau mit sieben unmündigen Kindern Hungers sterben muß."

Als Benjamin das hörte, ward ihm weh ums Herz, und er bedachte sie mit einer Gabe von seinem eignen Gute.

Nicht lange darauf ward Benjamin so krank, daß keiner glaubte, er werde wiederum genesen.

Da traten die Engel vor Gottes Thron und sprachen: „Herr der Welt! Es heißt: wenn einer auch nur einen aus dem Volke speist, so gilt das so viel, als hätte er die ganze Welt erhalten. Nun hat doch

Benjamin die Frau mit sieben Kindern gespeist, und soll jetzt eines jähen Todes sterben?"

Da ließ Gott Benjamin gesunden, daß er noch zweiundzwanzig Jahre lebte.

(W. Mb. No. 83.)

57.   Nahum aus Gimso

1.

Einstmals wollten die Juden dem römischen Kaiser, der eben in Syrien, also in ihrer Nähe, weilte, ein Geschenk übersenden und berieten, wer wohl am geschicktesten wäre, ihm solches zu überbringen. Da kamen sie überein, R. Nahum aus Gimso zu senden. Nahum war ein frommer und gelehrter Mann, dem Gott schon manches Wunder hatte geschehen lassen.

Sie füllten also ein zierliches Kästchen mit allerlei Kostbarkeiten, mit Perlen und Edelsteinen und übergaben es dem Nahum, daß er es dem Kaiser bringe.

Aber in einer Herberge, die er unterwegs einmal aufsuchen mußte, hatte man gemerkt, daß der Inhalt des Kästchens ein kostbarer sein müsse, bemächtigte sich des Kästchens, leerte es aus und füllte es wieder mit Erde. Er erschrak heftig, beruhigte sich aber gleich und sprach, wie immer, wenn ihm etwas Böses widerfuhr: „Gam su letoba" (Was Gott tut, das ist wohlgetan!) und setzte seinen Weg zum Kaiser fort.

Dort angelangt, überreichte er das Kästchen mit der Bitte, der Kaiser möchte die Gabe, die ihm die Juden sandten, gnädig annehmen; er wisse ja, sie wären nur arme Leute.

Der Kaiser nahm das Kästchen freundlich an; doch als er es öffnete und eitel Erde darin fand, geriet er sehr in Zorn und rief: „Seht her, wie die Juden meiner spotten! Eine Lade voll mit Kot! Das sollen sie fürwahr mit ihrem Leben büßen!"

Da erhob sich einer von des Kaisers Räten, ein alter Mann, und sprach: „Mein kaiserlicher Herr, beeil' dich nicht, das Todesurteil auszusprechen, du könntest leicht unschuldig Blut vergießen. Vernimm zuvor, was ich zu sagen weiß. Mir ward von altersher die Kunde, daß Abraham, der Stammvater der Juden, sobald er sich vor

Feinden schützen wollte, eine Handvoll Erde von dem Boden hob und gegen diese Feinde schleuderte. Da ward der Staub zu Schwertern, die die Feinde töteten. Auch Pfeile wurden draus, wenn er von dieser Erde auf die Feinde warf. Vielleicht, daß in dem Kästchen solche Erde ist!"

Der also sprach, war niemand anders als der Prophet Elias, der plötzlich erschienen war und die Gestalt eines der kaiserlichen Räte angenommen hatte, um die Gefahr von den Juden abzuwenden.

Nun war der Kaiser eben im Begriff, gegen eine aufrührerische Provinz zu Felde zu ziehen, und als er von der wunderbaren Erde hörte, dachte er: Das wäre mir eben recht; ich will's einmal versuchen."

So zog er vor die größte Stadt der Feinde, warf eine Handvoll Erde aus dem Kästchen gegen sie – und siehe da: es wurden eitel Schwerter draus! Nun war die Stadt gar bald bezwungen, und der Kaiser ließ die kostbare Erde in seiner Schatzkammer sorgfältig aufbewahren. Die Lade aber füllte er mit Perlen und Edelsteinen, übergab sie dem Nahum als Gegengeschenk und entließ ihn mit großer Ehre und Auszeichnung.

Als er nun wieder zu der Herberge kam, in welcher man sein Kästchen seines Inhaltes beraubt und dann mit Erde gefüllt hatte, fragte man ihn staunend, was er denn dem Kaiser geschenkt habe, daß er so ausgezeichnet worden sei.

Da antwortete er: „Ich habe ihm nichts andres übergeben, als was ich von hinnen mitgenommen."

„Wenn das so ist," dachten die Bösewichter, „so wollen wir uns auch so große Ehre und Reichtum holen." Füllten also einen Kasten mit Erde an, brachten sie dem Kaiser und sprachen: „Herr Kaiser, nimm auch unsere Gabe an, es ist dieselbe Erde, wie der Jude dir gebracht."

„Laßt sehen," sprach der Kaiser und versuchte sie.

Als er aber fand, daß es Erde war, wie jede andere, ward er zornig und ließ sie alle töten. Den Juden aber blieb er wohlgesinnt sein Leben lang.

2.

Derselbe Nahum zog eines Tages zu seinem Schwiegervater. Drei Esel trugen die Geschenke, die er ihm überbringen wollte: herrliche Speisen und Getränke und süße Früchte.

Da begegnete ihm ein hungriger Armer und sprach: „Ach, Rabbi, gebt mir etwas zu essen!"

„Gedulde dich ein wenig," rief ihm Nahum zu, „Ich will von einem Esel herunterholen, dann will ich dir geben."

Doch ehe er damit fertig war, brach der Arme zusammen und gab seinen Geist auf.

Schmerzliche Reue erfaßte da den Nahum, er warf sich auf den Toten und rief aus: „So mögen die Augen, die dein Elend gesehen und sich deiner nicht erbarmet haben, erblinden! Die Hände, die sich deiner nicht erbarmten, müssen abgeschnitten werden! Die Füße, die sich deiner nicht erbarmten, daß sie eilten, müssen lahm werden! Ja mehr: der ganze Leib des Unbarmherzigen verdient, von Gott gestraft zu werden!"

Diese Verwünschung des frommen Mannes ging nur allzusehr in Erfüllung. Er erblindete, beide Arme mußten ihm abgenommen werden, den ganzen Körper bedeckten Geschwüre, und auf beiden Füßen ward er lahm.

So lag er elend und hilflos auf seinem Bette, dessen Stollen im Wasser standen, damit das Ungeziefer nicht zu ihm hinaufkrieche, und in einer ärmlichen Hütte, die jeden Tag den Einsturz drohte. Daher machten ihm seine Schüler, die in Treue an ihrem frommen Lehrer hingen, das Anerbieten, ihn samt dem Bette aus der baufälligen Hütte herauszutragen; das übrige Hausgeräte wollten sie danach gleichfalls herausschaffen.

Aber Nahum sprach: „So lange ich selbst in dieser Hütte weile, wird sie nimmermehr zusammenbrechen." So machten sie sich denn zuerst daran, sein Hausgerät hinauszuschaffen, und dann erst trugen sie das Bett mit ihrem teuren Meister hinaus. Kaum aber war der draußen, so stürzte die Hütte zusammen.

All dies Elend ertrug Nahum mit Geduld, um sein Vergehen in diesem Leben abzubüßen und so die ewige Seligkeit im künftigen Leben zu erwerben. *(W. Mb. No. 95.)*

58.   Uneigennütziges Wohltun

R. Elieser aus Barthotha in Obergaliläa, dessen Grab noch heute bei den Ruinen dieser Stadt gezeigt wird, war überaus wohltätig gegen die Armen, obwohl er selbst nicht zu den Begüterten gehörte. Wenn die Almosensammler seiner ansichtig wurden, so entzogen sie sich ihm deshalb oft genug absichtlich, weil sie wußten, daß er alles herzugeben pflegte, was er gerade bei sich hatte.

Einstmals ging er aus, um für seine Tochter, die kurz vor ihrer Hochzeit stand, noch allerlei einzukaufen. Da erblickte er von fern die Armenpfleger, die aber, als sie seiner ansichtig wurden, in eine andere Straße einbogen. Flugs eilte er ihnen nach, holte sie ein und fragte sie, für wen sie sammelten. Als er hörte, daß für ein armes, verwaistes Brautpaar die Aussteuer zusammengebracht werden solle, gab er ihnen ohne Besinnen alles Geld, das er bei sich hatte, und behielt nur einen Silberling zurück. Für diesen kaufte er ein Maß Weizenkorn und schüttete es daheim in den Kornkasten. Dann ging er in das Lehrhaus, um dort an den Verhandlungen und Vorträgen der Gelehrten teilzunehmen.

Inzwischen kam seine Frau auch nach Hause und fragte ihre Tochter, was der Vater ihr eingekauft habe. Diese erwiderte: „Alles, was er heimgebracht, hat er in den Kornkasten getan. Komm und sieh!"

Aber sie konnte die Türe kaum aufmachen, denn die ganze Kammer war bis hinauf an die Decke voll Weizen.

Da lief sie zu ihrem Vater ins Lehrhaus und rief: „Mein Vater, komm eilends heim und sieh, was dein himmlischer Freund dir beschert hat!" und erzählte ihm von dem Wunder in der Kornkammer.

Der fromme Mann merkte nun wohl, daß Gott sein Wohltun damit habe lohnen wollen; aber er wollte keinen irdischen Lohn, sondern den ewigen Lohn im Himmel. Darum rief er sogleich aus: „So schwöre ich bei Gott, daß weder ich noch du von diesem Segen mehr Genuß haben sollst, als jeder Arme."

Und so geschah es auch.   *(W. Mb. No. 42.)*

59.   Gelehrtendünkel

Rabbi Simeon, Sohn Eleasars, kam soeben von der hohen Schule heim, gehoben von dem Bewußtsein, mehr als andere gelernt zu haben; auch hatte er bereits einen geachteten Namen und galt für einen der bedeutendsten Gelehrten. So ritt er stolz und selbstgefällig auf seinem stattlichen Esel am Ufer eines Flusses, lächelte zufrieden vor sich hin, und die Siegesfreude strahlte auf seinem Angesichte.

Da nahte ihm ein Mann zu Fuß, ein Mohr, der rief ihm ehrerbietig zu: „Grüß' dich Gott, mein Rabbi!"

Der Rabbi aber erwiderte seinen Gruß nicht, sondern rief im Spott: „Ei, sag' mir an, du Wicht, sind alle Leute deiner Stadt so schwarz wie du?"

„Ich weiß es nicht," erwiderte der Schwarze, „doch frage meinen Meister, der mich schuf, warum er so ein garstig schwarzes Ding geschaffen hat!"

Die Rede schnitt dem Rabbi in das Herz; er sah nun ein, daß seine Frage gar nicht fein gewesen und daß er Gott gelästert habe.

Sogleich stieg er von seinem Esel, fiel dem schwarzen Mann zu Füßen und sprach: „Ich bitte dich, o Lieber, verzeihe mir, was ich so unbedacht gesprochen habe!"

Der Schwarze aber sagte: „Ich verzeihe nicht, bis du zu deinem Schöpfer gehst und ihn befragst, warum er solchen schwarzen Wicht geschaffen hat." Und wandte sich und ging.

Der Rabbi aber folgte ihm, bis sie zu seiner Stadt gelangten. Wie nun die Leute dieser Stadt den R. Simeon erkannten, riefen sie voll Ehrfurcht: „Sei uns gegrüßt, du unser Herr und Meister!"

Da rief der Schwarze aus: „Wen nennt ihr Herr und Meister?"

Sie aber sprachen: „Den hochgelehrten Rabbi, der dir folgt."

„Wenn das ein Rabbi ist," erwiderte der Schwarze, „so wünsch' ich wohl, daß es nicht viele seinesgleichen gäbe!"

„Nicht viele?" riefen alle aus, „so sprich, warum? Was hat der würdige Rabbi dir getan?"

„Das sollt ihr gleich erfahren!" sprach der Schwarze und erzählte.

Da riefen alle: „Wir bitten dich mit ihm: vergieb! Er ist ein so vortrefflicher Gelehrter, daß er es wohl verdient."

Da sprach der Schwarze endlich: „Nun wohl, da ihr mich alle bittet, so will ich ihm verzeihen um euretwillen. Er aber soll sich's merken und in Zukunft seinen Hochmut fahren lassen."

Das hat Rabbi Simeon getan.

Der Schwarze aber war kein anderer, als der Prophet Elias.

(Pr. Mb. No. 102.)

60. **Die beste Ware**

Es fuhr ein Schiff mit reicher Ladung übers Meer, und in dem Schiff befanden sich die Eigentümer dieser Ladung. Sie fuhren heim und redeten von ihren Waren, von Einkauf, Verkauf und Gewinn.

Auf demselben Schiff befand sich auch ein Schriftgelehrter. Und als die Handelsleute nichts mehr unter sich zu sprechen hatten, fragten sie den Rabbi, welche Waren er denn mit sich führte und wo er sie hätte.

Der Rabbi sprach: „Ich trage alle meine Waren bei mir."

Da meinten sie zuerst, er handle wohl mit Perlen und Edelsteinen und habe sie in seinen Kleidern stecken. Sie musterten ihn scharf und merkten bald, daß er nichts bei sich führte. Da begannen sie sich zu belustigen und machten manche spöttische Bemerkung über seine unsichtbaren Schätze. Der Rabbi aber sprach: „Ich sage euch, die Ware, die ich mit mir führe, ist kostbarer als eure Ware."

Doch was geschah?

Auf hohem Meere kamen Seeräuber, die plünderten das Schiff so gründlich, daß den Handelsleuten nichts blieb als das nackte Leben. So kamen sie als arme Leute an das Land.

Der Rabbi aber ging sogleich ins Lehrhaus jener Stadt am Meeresufer, und da man hier sein tiefes Wissen leicht bemerkte, erwies man ihm viel Ehre und beschenkte ihn mit allem, was er brauchte.

Alsbald ging er hinaus zum Meere, und jung und alt gab ihm in Ehrfurcht das Geleite.

Er fand die Handelsleute noch am Strande. Diese, kaum notdürftig gekleidet und völlig ratlos, trauten ihren Augen kaum, als sie den Rabbi, mit prächtigen Kleidern angetan und ehrenvoll geleitet, kommen sahen. Sie eilten ihm entgegen, baten um Verzeihung, daß sie ihn verspottet hatten und flehten ihn inständig an, die Einwohner der Stadt um Kleidung und um Nahrung für die Ausgeplünderten zu bitten.

Das versprach der Rabbi und fuhr fort: „Seht ihr nun, daß meine Ware besser ist als eure? Denn eure Ware ist dahin, die meine hab' ich noch. Auch bringt nicht jede Ware den Gewinn, den man erhofft; die Thora aber bringt Gewinn in diesem und in jenem Leben." *(Pr. Mb. No. 136.)*

61. Das erste Ehejahr

Es lebte einst ein frommer Mann, hieß R. Ruben, des Gebet war ganz besonders wohlgefällig vor Gott und hatte schon manches böses Verhängnis von den Juden abgewendet.

Er hatte nur einen einzigen Sohn, der war dem Vater gleich in Frömmigkeit und Gelehrsamkeit, und dieser einzige Sohn sollte ihm sterben. So hatte es der Todesengel ihm im Namen Gottes angekündigt.

Da sprach R. Ruben: „Was Gott bestimmt hat, das kann niemand wehren oder wenden. Doch muß ich es beklagen, daß ich die größte Freude eines Vaters nicht haben soll, meinem Sohn zuvor unter der Chuppa (Trauhimmel) zu sehen."

„Das mag dir noch gelingen," sprach der Todesengel, „ich will dir gerne warten."

Dem Rabbi war zwar nicht hochzeitlich zu Mute, doch da die Braut schon ausersehen war und er den Sohn nicht betrüben wollte, so verlobte er die beiden unverzüglich und verkündete, daß die Hochzeit in vier Wochen sein sollte. Man kann sich denken, daß die Leute über diese Eile nicht wenig erstaunt waren. Aber keiner kannte die Ursache.

Nun sandte der Rabbi seinen Sohn aus, um zur Hochzeit zu laden. Da begegnete ihm der Prophet Elias und sprach: „Wohin, mein Sohn, so eilig?"

Der junge Mann erwiderte: „Ich lade eben die Gäste zu meiner Hochzeit."

Da sprach Elias: „So weißt du nicht, daß du noch vor der Hochzeit sterben mußt?"

„Ist das der Wille Gottes," antwortete der Bräutigam, „so will ich mich wohl fügen, denn ich bin nicht besser als meine Vorfahren, die ja auch sterben mußten."

Elias aber fuhr fort: „Ich will dir einen guten Rat erteilen, den befolge! Sobald die Hochzeitsgäste schon am Tische sitzen, so setze dich zu ihnen; aber iß und trinke nicht und schlage deine Augen nieder! So wird ein Mann erscheinen mit unbedecktem Haupte, mit verworrenen Haaren und zerrissenem Gewande. Sobald du ihn erblickst, steh' auf, geh' ihm entgegen, verneige dich und führe ihn mit allen Ehren an den Tisch und gib ihm einen Platz bei deinen Ehrengästen. Doch weigert er sich, obenan zu sitzen und wählt sich einen andern Platz, so setz' dich neben ihn und unterlaß nicht, ihm jede Ehre anzutun. Dies ist mein Rat, sieh zu, daß du ihm folgest."

Der Bräutigam versprach es, ging heim zu seinem Vater und berichtete ihm, daß er die Gäste eingeladen habe. Von der Begegnung mit dem Propheten Elias aber sagte er nichts, um seinen Vater nicht zu betrüben und ließ auch keinerlei Traurigkeit merken. So schienen Vater und Sohn sich gleichermaßen auf die Hochzeit zu freuen.

Als nun das junge Ehepaar getraut war und die Geladenen bei Tische saßen, zog bei Speisen und Getränken bald die heitere Hochzeitstimmung ein; nur der junge Ehemann saß still und trübe da und aß nicht und trank nicht, und keiner wußte, wie er das erklären sollte.

Es währte gar nicht lange, so trat ein Mann, barfüßig und barhäuptig, in zerrissenen Kleidern, ein, ganz so, wie ihn Elias angekündigt hatte. Der junge Ehemann erhob sich schnell von seinem Sitze, ging dem alten Bettelmann entgegen, faßte seine Hand und wollte ihn zum Ehrenplatze führen. Der Bettler aber weigerte sich dessen, und so setzte er ihn neben sich, ließ ihm auch die besten Speisen und Getränke reichen – kurz, er tat ganz so, wie ihm Elias anbefohlen hatte.

Allein der Anblick seines grausen Nachbars lähmte ihm die Zunge, daß er unfähig war, ein Wort zu sprechen.

Da begann der Fremde so laut, daß es alle hörten: „Mein Sohn, ich will dich etwas fragen."

„So frage nur," erwiderte der junge Mann mit Bangen.

„Wenn du ein Haus willst bauen," fuhr der Fremde fort, „und du bedarfst des Strohes, um den Lehm damit zu mengen, sage mir, woher nimmst du das Stroh?"

Da sprach der junge Mann: „Ich würde wohl zum Bauern in die Scheune gehen und dort so viel des Strohes kaufen, als ich brauchte."

Und wieder fragte der Fremde: „Wenn aber alles Stroh vermengt ist mit dem Lehm und jener Bauer zu dir kommt und wünscht sein Stroh zurück – was willst du machen?"

Sprach der junge Mann: „So wollt' ich ihm sein Stroh bezahlen, oder es durch andres Stroh ersetzen."

„Wie aber," fuhr der Bettler fort zu fragen, „wenn er kein Geld und auch kein andres Stroh annehmen will, wie willst du es dann machen?"

„So bliebe mir nichts weiter übrig," antwortete der andere, „als den Lehm ganz zu zertrümmern und das Stroh herauszulesen, damit der Bauer dasselbe Stroh zurückerhalte, das er mir gegeben hat."

„Nun denn," so fuhr der sonderbare Gast zu reden fort, „so hast du selbst dein Urteil ausgesprochen. Denn der Bauer, der das Stroh dir gab, ist Gott, der Herr; der Lehm bist du; das Stroh ist deine Seele, die fordert Gott zurück, dieselbe, die er dir einst gab. Ich selber aber bin der Todesengel, den Gott, der Herr, gesandt, um sie zu holen."

Als das die Hochzeitsgäste hörten, erfaßte sie ein jäher Schrecken; lautlose Stille trat ein. Der Bräutigam faßte sich alsbald und sprach: „Ist es der Wille Gottes, daß ich sterbe, so bitt' ich dich, erlaube mir, daß ich zuvor von meinen Eltern und von meiner Braut noch Abschied nehme – dann will ich gerne sterben."

Da sprach der Todesengel: „Die Bitte will ich dir gewähren."

Nun ging der junge Mann zu seinen Eltern und zu seinem jungen Weibe, um ihnen Lebewohl zu sagen, und es erhob sich großes Weinen und Klagen, wie man sich denken kann. Der Vater sandte ein inbrünstiges Gebet zum Himmel. Die Braut aber sprach: „Sag' mir doch einmal, daß ich es begreife: Wer sagt denn, daß du sterben mußt?"

„Der Todesengel ist gekommen," erwiderte der Bräutigam, „dort sitzt er und erwartet mich. Ich habe nur noch so lange Frist, bis ich dir für immer Lebewohl gesagt." Danach küßte er sie mit Inbrunst unter heißen Tränen.

Aber die Braut sprach: „Bleib' hier, ich will zum Todesengel gehen und selbst mir ihm reden; ich kann es noch nicht glauben, daß er dich töten soll."

So ging sie hin und sprach: „Bist du es, der mir den Neuvermählten töten will?!

„Ich bin's," erwiderte der Todesengel.

Da sprach die Braut: „So gehe hin zu Gott, der dich gesandt, und mahne ihn an das Gebot, das er in seiner Thora selbst gegeben hat: ‚Wenn einer sich mit einem Weibe verlobt und sie noch nicht genommen hat, so soll er ein ganzes Jahr vom Kriegsdienst frei sein, damit er nicht im Kriege falle und ein andrer Mann sie nehme' (Deut. 20, 7). Will Gott sein eigenes Gebot umstoßen? Und wäre das nicht gerade so, als wollt' er – Gott behüte – seine ganze Thora umstoßen?"

Der Todesengel war betroffen, das Entsetzen und die Angst, die sich so rührend auf dem bleichen Angesicht des jungen Weibes malten, erfüllten ihn mit Mitleid. Er trat vor Gott und legte Fürbitte ein, und die anderen Engel, die das hörten, baten ebenfalls um Gnade. Im Hochzeitshause aber stand der fromme Vater und betete mit Inbrunst für das Leben seines Sohnes.

Da erbarmte sich Gott seiner und der Braut und schenkte dem Sohne noch sieben Lebensjahre.

So erfüllte sich das Psalmenwort (Ps. 145, 19): „Den Willen derer, die ihn fürchten, tut er und hört ihr Flehen und hilft ihnen."

(W. Mb. No. 194.)

62.   Kindlicher Gehorsam

Ein frommer Mann lag im Sterben. Da rief er seinen Sohn und sprach zu ihm: „Mein lieber Sohn, ich werde mich von diesem Lager nicht mehr erheben, sondern sterben; ich fühle es wohl. So bitte ich dich, daß du, wenn ich gestorben bin, alltäglich hinausgehst an den Fluß und den Fischen ein Stück Brot ins Wasser wirfst. Vergiß es nicht und sei versichert, daß diese Wohltat dir am Ende reichen Segen bringen wird."

„Das wolle Gott verhüten, daß du sterbest!" sprach der Sohn mit Tränen in den Augen; „doch was du mir befiehlst, das will ich tun mit tausend Freuden, und wäre es noch viel mehr."

Der fromme Mann starb, und alle trauerten um ihn, denn er war geachtet und geliebt um seiner Tugenden willen. Der brave Sohn hielt sich eine Woche trauernd in seiner Wohnung, aufgesucht und durch freundlichen Zuspruch von Verwandten und Bekannten getröstet; dann aber machte er sich auf, um das Gebot seines sterbenden Vaters zu erfüllen.

Jeden Tag ging er nun an das Wasser und streute Brot hinein.

Da war aber ein großer Fisch, der fing alles für sich auf, und wenn ein kleinerer sich nahte, so stieß er ihn hinweg. So fraß er allein alles fort und wurde groß und fett davon.

Da nun die kleineren Fische sahen, daß der große ihnen alles wegnahm, gingen sie zum Lewiathan, das ist der König der Fische, und klagten ihm ihr Leid. „Wenn du, o König, es ihm nicht wehrst," so schlossen sie ihre Rede, „so wird er zuletzt noch so groß und stark wie du. Sieh also zu, daß du ihm wehrest!"

Da sprach der König: „So gehet hin und untergrabet den Boden an der Stelle, wo der Mensch zu stehen pflegt, wenn er das Brot ins Wasser wirft, und saget dem großen Fische, daß er dabei helfe. Wenn dann der Mensch sich wird dem Wasser nahen, um wieder Brot hineinzuwerfen, so wird er in das Wasser fallen. Dann bringet ihn zu mir."

Ob dieser Antwort waren die kleinen Fische sehr erfreut, schwammen heim und meldeten dem großen Fische den Befehl des Königs. Aber der große Fisch ward sehr betrübt, denn die herrliche und dazu mühelos gewonnene Nahrung sollte ihm fortan nicht mehr werden – und er selbst sollte dazu mithelfen! – Doch dem Befehle des Königs mußte gehorcht werden.

So schwammen sie denn alle, der große Fisch und die kleinen, an die Stelle, wo der Jüngling das frische Brot ins Wasser zu streuen pflegte, und untergruben sie. Und als er, wie gewöhnlich, mit vollem Brotsack kam und sein frommes Tun beginnen wollte, gab der unterwühlte Boden nach, und er stürzte ins Wasser. Sofort verschlang ihn der große Fisch und schwamm mit ihm zum Lewiathan.

Hier angelangt, sprach er: „Deinem Befehle, o König, gehorsam, bringe ich dir den Menschen, dessen edlem Tun ich Wachstum und Gedeihen verdanke." Damit spie er seinen Wohltäter aus; der aber wurde sogleich vom Lewiathan verschlungen – und all sein Jammern half ihm nichts.

Nun aber sprach der Lewiathan zum jungen Menschen: „Sag' an, weshalb hast du eigentlich an jedem Tage meinen Fischen Brot gegeben? Was hattest du für einen Grund und welche Absicht?"

Und der Jüngling gab zur Antwort: „Ich habe weiter nichts bezweckt, als meines Vaters letzten Wunsch zu erfüllen, der sterbend mir geboten hat, die Fische täglich mit frischem Brot zu füttern und mir verhieß, daß das mir selbst zum Segen werde gereichen. Nun aber sehe ich, daß es mich ins Unglück gebracht hat."

Da sprach der Lewiathan: „Es soll der Segen dir gewiß nicht fehlen, da du so treu erfüllt hast, was dein Vater dir befohlen; ich will dich alle siebzig Sprachen lehren." Das tat er sogleich. Dann spie er ihn ans Land.

Der Jüngling aber, der so lange hatte die frische Luft entbehren müssen, fühlte sich so schwach und matt, daß er halb ohnmächtig am Ufer niedersank und seine Augen schloß.

Nicht weit davon saßen auf einem Baume zwei Krähen, es war ein Vater und sein Sohn. Der Sohn begann und sprach: „Ei, Vater, wie gelüstet's mich, die Augen jenes Menschen zu genießen, der dort am Ufer liegt; ich meine, er sei tot."

Da antwortete der Vater: „Mein Sohn, ich rate dir davonzubleiben; der Mensch da tut nur so, als ob er schlafe. Sobald du dich ihm nahest, greift er dich und tötet dich."

Aber der unerfahrene Sohn erwiderte: „Ich will es dennoch wagen," und flog hinab zum Menschen.

Nun hatte dieser alle Sprachen vom Lewiathan gelernt, verstand also die Sprache der Vögel und hatte auch die Rede der beiden Krähen angehört und verstanden. Und als die junge Krähe sich auf ihn setzte, um ihm die Augen auszuhacken, ergriff er sie mit beiden Händen, um sie zu töten. Die alte Krähe sah es und rief: „Das hast du wohl verdient, mein Sohn, da du auf meine Warnung nicht gehört hast." Zum Jüngling aber sprach er: „Verschone meinen Sohn, so will ich dir einen Schatz zeigen, so reich, daß du für alle Zeiten sollst herrlich und in Freuden leben können."

Da sprach der Mensch: „Das will ich gerne tun, doch erst, sobald ich deinen Schatz mit meinen Augen sehe."

„So grabe nur ein wenig unter jenem Baume," rief die alte Krähe wieder, „so wirst du einen Schatz finden, der dich reich und glücklich macht."

Alsbald begab der Jüngling sich an den besagten Baum und stieß nach wenigen Minuten schon auf einen Schatz, so reich, daß er vor Freude sich kaum fassen konnte. Die Krähe aber ließ er frei.

Nun dankte er Gott für den Reichtum, den er ihm beschieden, baute sich ein schönes Haus, kaufte sich Äcker und Wiesen, hielt Knechte und Mägde, tat Gutes den Armen und lebte glücklich bis an sein seliges Ende. *(W. Mb. NNo. 133.)*

63. Die Amramkirche zu Mainz

R. Amram, ein frommer und gelehrter Mann zu Mainz, war auf eine Zeit nach Köln am Rhein gegangen, um dort zu lehren. Da er aber krank ward und fühlte, daß er sterben werde, berief er seine Schüler an sein Lager und bat sie, wenn er gestorben wäre, seine Leiche nach Mainz zu bringen und neben seinen Eltern zu bestatten. Aber sie weigerten sich des, weil die weite Reise mit einer Leiche mit zu viel Beschwerden und Gefahren verbunden wäre.

Da sprach der Rabbi: „So versprechet mir wenigstens dieses: Wenn ich gestorben bin und ihr meine Leiche, wie sich's gehört, gewaschen, gekleidet und in den Holzkasten gelegt habt, so stellet diesen Kasten in ein Schifflein und laßt das Schifflein auf dem Rheine gehen, wohin es will; es wird den rechten Weg schon finden." Das versprachen sie und hielten ihr Versprechen.

Das Schifflein aber schwamm den Rhein hinauf, bis es an die Stadt Mainz kam.

Sobald die Leute es erblickten, waren sie sehr verwundert, keinen Menschen zu sehen, der es lenkte, noch mehr aber, daß es immer zurückwich, so oft man es ans Land ziehen wollte. Sie meldeten es dem Erzbischof, und nun strömte jung und alt, Juden und Christen an den Rhein, um das Wunder zu sehen. Aber so oft ein Christ sich anschickte, den Nachen ans Land zu ziehen, wich er zurück. Sobald aber ein Jude ihm nahete, kam er vorwärts. So merkte man bald, daß das Schifflein zu den Juden wollte und forderte diese auf, es zu länden und zuzusehen, was es mit ihm für Bewandtnis habe. Das geschah, und die Juden fanden in dem Kasten einen Leichnam und ein Schreiben, das lautete also:

„Liebe Bruder und Freunde der heiligen Gemeinde zu Mainz! Ich komme zu euch, weil ich in Köln am Rhein gestorben bin und in meiner Heimatstadt Mainz neben meinen Eltern begraben sein will. Ich bitte euch, mir diesen Dienst zu erweisen, und Gott schenke euch dafür Frieden und langes Leben! Dieses wünscht   *R. Amram.“*

Als die Juden das gelesen und also des R. Amram Tod erfahren hatten, waren sie sehr betrübt, nahmen den Kasten heraus und setzten ihn aufs Land. Aber die anwesenden Christen wollten den Leichnam, den sie für einen Heiligen hielten, nicht von den Juden fortschaffen lassen, und so entstand ein großes Getöse. Doch konnten die Christen den Kasten nicht von der Stelle bewegen. Da befahl der Erzbischof, man sollte darüber wachen, daß der Kasten an seinem Platze bliebe; dann ging er hin und bestellte Bauleute, die über der Leiche eine Kirche erbauten. Die Juden konnten das nicht verhindern und waren darüber sehr traurig.

Aber allnächtlich erschien R. Amram seinen Schülern und bat sie, ihn zu begraben. Da teilten diese das den Mainzer Schülern mit, und diese entschlossen sich zu einer List. In einer dunklen und stürmischen Nacht holten sie einen Gehenkten vom Galgen herunter, kleideten ihn in das weiße Totengewand und legten ihn in die Lade; den R. Amram aber holten sie heraus und begruben ihn neben seinen Eltern.   *(W. Mb. No. 241.)*

64.   Die schnelle Reise

Es lebte einst zu Mainz ein frommer Rabbi, der sterbend seinem gelehrten Sohne Elieser nebst anderen Geboten auch das ans Herz legte: niemals an die Donau zu gehen.

Nun hatte der R. Elieser viel sagen hören von R. Juda, der zu Regensburg saß und zudem auch ein wenig mit ihm verwandt war, und hätte ihn gar zu gerne aufgesucht, um von dessen tiefen Wissen etwas zu lernen. So entschloß er sich denn endlich, gen Regensburg zu ziehen und übertrat so das väterliche Gebot.

R. Juda empfing ihn, wie es unter Gottesgelehrten üblich, indem er ihm die Hand zum Friedensgruße reichte; dann aber sprach er:

„Ich hätte dir billigerweise meine Hand zum Gruße gar nicht reichen sollen, denn du hast deines Vaters Gebot übertreten; und nur um dieses deines ehrwürdigen Vaters willen habe ich sie dir gereicht."

Über diese Worte R. Judas erschrak R. Elieser sehr und merkte, daß dem frommen Gelehrten nichts verborgen war.

Er blieb nun im Hause R. Judas; aber Woche um Woche verging, Monate verstrichen, ohne daß dieser sich irgendwie mit ihm beschäftigte. Dem R. Elieser war deshalb gar nicht wohl zu Mute: er hatte den weiten Weg nach Regensburg gemacht, war Monate lang von seinem Hause abwesend, und hatte dennoch nichts gelernt!

So war der Winter hingegangen, und das Peßachfest stand bevor. Am Rüsttage (Erew Peßach) in der Frühe war es dem R. Elieser ganz besonders weh ums Herz.

„Nun bin ich drei viertel Jahr von meinem Hause fort," so seufzte er, „und habe nichts gelernt! Heute abend beginnt das Peßachfest, das jeder Hausvater daheim, von seinem Hausgesind umgeben, mit Dank und Freude feiert – und ich bin fern, an einem fremden Tische, und mein Haus wird mich vermissen und noch dazu in Sorge sein, da es nicht weiß, wie es um mich steht . . ."

Dem R. Juda war der traurige Seelenzustand des R. Elieser nicht unbekannt geblieben; er hatte seinen Gast sorgfältig beobachtet und mit Genugtuung wahrgenommen, daß seine Absicht, ihn durch Nichtbeachtung zu strafen, erreicht wurde. Nun aber sollte die Buße auch beendet sein.

Am besagten Tage also redete er ihn an und sprach:

„Ich sehe wohl, R. Elieser, daß du recht traurig bist und kann mir die Ursache deiner Traurigkeit auch denken. Heute ist der Seder-Abend, und den möchtest du, wie es Brauch bei guten Juden ist, mit

Frau und Kindern feiern. Ist's nicht so?"

„Ach, lieber Rabbi," erwiderte R. Elieser, „so ist es allerdings, und wenn es irgendwie mit Gottes Hilfe möglich wäre, so möchte ich heute abend wohl in meinem Hause sein; aber es ist zu spät, und heute noch nach Mainz zu kommen, ist unmöglich."

„Nun," fuhr R. Juda fort, „was gibst du mir, wenn ich dich heute, noch vor Beginn des Festes, nach Mainz heimbringe?"

„Ach, spotte meiner nicht," rief R. Elieser, „das ist ja rein unmöglich."

„Es ist mein lauterer Ernst," erwiderte R. Juda.

„Ach," rief R. Elieser lebhaft, „ich gäbe drum, was einer begehrt, wenn ich heute abend noch zu Hause sein könnte. Denn eine größere Freude wüßte ich mir nicht, als den heiligen Festtag daheim mit Weib und Kind zu begehen."

„Nun," erwiderte R. Juda, „vorderhand hab' ich noch Wichtiges zu tun, ich muß die Mazzen für heute abend backen; sobald ich das getan, will ich darauf denken, wie du noch heute kannst gen Mainz gelangen."

Über diese Worte R. Judas war R. Elieser sehr verwundert, doch schwieg er in Ehrfurcht und folgte ihm in die Backstube.

Als die zum Gebrauch für den Peßachabend besonders gekennzeichneten Mazzen (die sog. Mizwos) aus dem Ofen kamen, sprach R. Juda zu R. Elieser: „Nun nimm dir eine von diesen Mazzen und hebe sie wohl auf, damit du sie noch warm nach Mainz bringst."

R. Elieser lachte vor Freuden, ging hin und machte sich reisefertig.

R. Juda aber tat ihm die Mazze in den Busen. Dann gingen sie zur Stadt hinaus aufs Feld.

Nun aber fiel es dem R. Elieser wieder schwer aufs Herz, daß er die ganze Zeit bei einem solchen Manne zugebracht und doch nichts von ihm gelernt hatte, und also unverrichteter Sache heimkehren mußte. Er war deshalb wieder sehr traurig und niedergeschlagen.

R. Juda merkte das und sprach: „Wohl weiß ich es, daß du von mir geheimes Wissen lernen wolltest. Ist's nicht so?"

„So ist es," sprach R. Elieser, „und deswegen habe ich den weiten Weg zu dir gemacht und die vielen Monate geopfert; allein die Hoffnung hat mich arg betrogen."

· „Und das mit Recht," versetzte R. Juda, „denn du hast deines Vaters Wort nicht beachtet. Doch weil dein Vater ein Verwandter von mir war und dazu ein sehr frommer Mann, so sollst du doch noch etwas lernen."

Alsbald schrieb er mit seinem Stabe einige geheimnisvolle Gottesnamen in den Sand und hieß sie R. Elieser lesen. Der tat es und, o Wunder! sogleich ward ihm das ganze Wissen des R. Juda kund. Aber dieser fuhr mit seinem Stabe über die Schrift im Sande, also daß alles wieder verwischt wurde, und sogleich hatte R. Elieser alles wieder vergessen. Das wiederholte er ein zweites und ein drittes Mal, und R. Elieser war sehr traurig, daß er nichts von des Rabbi geheimer Wissenschaft behalten konnte.

Nun schrieb R. Juda die geheimnisvollen Worte zum vierten Male in den Sand und befahl R. Elieser, diese Worte mit dem Munde aufzufangen und zu schlucken; das tat er; und als die heiligen Worte in ihn gekommen waren, wirkten sie derart in ihm, daß er nun alles so gut wußte, wie R. Juda und nichts wieder vergaß.

Voller Freuden nahm er Abschied von seinem Lehrer, und dieser gab ihm einen so kräftigen Segen mit und fügte noch manchen wundertätigen, geheimnisvollen Gottesnamen hinzu, daß R. Elieser gegen Abend gesund und wohlbehalten in Mainz ankam.

Es war eben die Zeit, daß die Juden in die Synagoge gingen, um das Peßachfest zu begrüßen. Und als sie den R. Elieser sahen, boten sie ihm den Friedensgruß, den er fröhlich erwiderte, und fragten ihn, wo er die letzte Nacht geherbergt habe und von wo er heute hergekommen sei; denn es wäre gegen allen Brauch, daß ein Gottesgelehrter an einem Freitag oder an einem Rüsttage vor dem Feste einen weiten Weg unternehme.

Da sprach R. Elieser: „Ich bin heute nachmittag noch zu Regensburg gewesen und habe dem R. Juda Chaßid Mizwoh-Mazzen backen helfen. Und damit ihr es glaubet, so sehet hier die Mazze, die er mir mitgegeben hat, und die noch warm ist, und hier den Brief, den er mit eigener Hand an die Juden von Mainz geschrieben hat."

Als sie das Wunder hörten, war die Freude unter ihnen groß. Am meisten aber freuten sich des Rabbi Frau und Kinder und feierten nun ein gar fröhliches Peßachfest. *(W. Mb. No. 173.)*

65.   R. Jechiel

R. Jechiel in Paris war ein großer Schriftgelehrter und Kabbalist. Er hatte sich in seinem Studierzimmer eine Wunderlampe hergestellt, die brannte von einem Freitagabend bis zum andern – ohne Öl.

Die Kunde von dieser Wunderlampe kam auch dem Könige zu Ohren, und er ließ R. Jechiel fragen, ob die Sache wahr sei.

Der Rabbi befand sich nun in großer Verlegenheit, was er antworten sollte. Denn einerseits wollte er sich mit seiner Kunst nicht brüsten, andrerseits fürchtete er, für einen Hexenmeister gehalten zu werden – und das war gefährlich. Er entschloß sich also zu einer Notlüge und ließ dem Könige antworten: es wäre nicht wahr.

Der König gab sich scheinbar zufrieden, verabredete aber mit einigen seiner Räte, er wollte an einem Mittwoch unangemeldet den Rabbi aufsuchen und sich durch den Augenschein Gewißheit verschaffen.

Nun gab es zahlreiche Judenfeinde in Paris, und manche waren so frech, daß sie sich ein Vergnügen daraus machten, den Rabbi in seinen Studien zu stören, indem sie an die Tür seines Studierzimmers klopften. Um sich vor solchen Störungen zu schützen, hatte R. Jechiel mit seiner kabbalistischen Kunst einen Nagel in den Boden gesteckt, auf den schlug er mit dem Hammer, sobald ein Unberufener an die Tür klopfte, und der Klopfer versank in den Erdboden.

Wie nun der König zu ungewohnter Zeit an seine Tür klopft und der Rabbi den Nagel schlägt, so sinkt der König bis an die Lenden in den Erdboden. Aber der König klopft nun erst recht, und R. Jechiel schlägt noch einmal auf den Nagel – da springt der Nagel weit heraus, und der Rabbi erschrak gewaltig.

„Das ist kein andrer als der König," dachte er, öffnete eiligst die Tür, fiel auf seine Kniee und bat demütig um Verzeihung. Dann aber führte er den König herein; denn als der Nagel aus dem Boden heraussprang, war auch der König wieder aus der Erde herausgehoben worden – aber der Schreck hatte ihn so sehr mitgenommen, daß er mehr tot als lebendig war.

Der Rabbi setzte ihn also an das Kaminfeuer, damit er sich erwärme, und brachte ihn mit allerlei stärkenden Mitteln allmählich wieder zu sich.

Dann verneigte er sich abermals und sprach: „Königliche Majestät, was ist euer Begehr, daß ihr zu so ungewohnter Zeit mein Haus habt aufgesucht? Ein scharfer Wind weht um mein Haus, und der Eintritt ist nicht ohne Gefahr. Wer mir in böser Absicht naht, den schlingt die Erde ein. Wäre ich nicht sofort herausgekommen, so hätte die Erde auch euch verschlungen."

„Nun," sprach der König, „halb hatte sie mich schon verschlungen. Es ist nur gut, daß du mich wieder gerettet hast. Ich will dir auch sagen, warum ich zu dir gekommen bin. Ich habe nämlich viel reden hören von deinen Zauberkünsten und auch von deiner Lampe, die ohne Öl brennt. Nun wollte ich mich selbst davon überzeugen."

R. Jechiel erwiderte: „Behüte Gott, daß ich ein Zauberer sei! Aber ein weniges von den Händeln dieser Welt und ein wenig Wissen ist mir auch bekannt."

Dann zeigte er dem Könige sein Wunderlicht: es war eine Art Mörtel und spendete Licht.

Darüber war der König sehr verwundert, und der Rabbi gefiel ihm; er machte ihn zu seinem Freund und Ratgeber und hielt ihn hoch in Ehren.

Aber die Hofleute waren neidisch auf den Juden und haßten ihn und suchten ihn zu stürzen. Einstmals sagten sie zum Könige: „Wie magst du einen Juden an deinem Hofe leiden, für den du doch nur ein Unreiner bist! Wenn du ein Glas Wein nur anrührst, so trinkt er ihn nicht mehr; und gar aus demselben Glase mit dir würde er um keinen Preis trinken."

Der König schwieg dazu. Einmal aber, als R. Jechiel wieder bei ihm saß, reichte er ihm ein Glas Wein zu trinken.

Der Rabbi sprach: „Noch darf ich keinen Wein trinken; aber ehe ich vom Platze gehe, werde ich ihn vor deinen Augen trinken; gestatte mir also ein wenig Frist!"

Inzwischen kam die Zeit, daß der König, wie immer nach dem Mahle, seine Hände waschen mußte, und er tat das in einem goldenen Becken. Da erhob sich R. Jechiel und trank das Waschwasser aus dem goldenen Becken vor den Augen des Königs und seiner Herren aus. Dann sprach er laut, damit es alle hörten:

„Dieses darf ich trinken, das ist mir nicht verboten; aber den Wein darf ich nicht trinken, das verbietet mir meine Religion."

Als das der König sah und hörte, war er wohl befriedigt und
hielt den R. Jechiel noch mehr in Ehren als bisher. *(R. Mb. 67b.)*

66.   Der verschlossene Kasten

Ein reicher Mann, der merkte, daß er sterben werde, entbot die
angesehensten Männer der Gemeinde an sein Lager und sprach in
ihrer Gegenwart zu seinen drei Söhnen:

„Liebe Söhne, ich hinterlasse euch so viel, daß es für euer ganzes
Leben wohl genügen kann. Ihr werdet außerdem noch einen Kasten
finden, den sollt ihr uneröffnet lassen, es sei denn, daß die höchste
Not euch zwingt, ihn aufzumachen. Damit ihr aber meinen letzten
Willen noch besser befolgen könnet, so soll der Kasten stets ab-
wechselnd bei dem einen, der Schlüssel aber bei dem andern sein.
Das müßt ihr mir mit Hand und Mund versprechen."

Weinend versprachen es die Söhne in des Vaters Hand und die
Männer der Gemeinde waren Zeugen. Dann starb der brave Mann.
Die Söhne teilten das reiche Erbe, der älteste nahm den Kasten in
Verwahrung und der zweite den Schlüssel.

Aber der jüngste Sohn war ein Verschwender, und es währte
nicht zu lange, so hatte er sein reiches Erbe aufgezehrt. Nun kam er
zu den Brüdern und verlangte, sie sollten doch den Kasten öffnen,
denn er hätte nichts und wäre in großer Not.

Dieses Ansinnen versetzte die Brüder in große Betrübnis, denn
sie gedachten des Versprechens, das sie dem Vater einst gegeben
hatten. So entschloß der älteste sich zu einem Opfer: er gab dem
jüngsten 5 000 Gulden mit den Worten: „Die gebe ich dir, damit du
dir aufhelfest; kannst du sie mir wiedergeben, desto besser; kannst
du es aber nicht, dann sollen sie dir geschenkt sein. Aber den Kasten
lassen wir noch uneröffnet."

Der jüngste Bruder nahm das Geld und war zufrieden. Allein es
währte wiederum nicht lange, so hatte er es aufgezehrt.

Er kam zum zweiten Bruder und versuchte ihn zu überreden,
den Kasten endlich aufzuschließen, denn er sei in großer Not.

Der zweite Bruder, dem des Vaters Wunsch nicht minder heilig
war, tat, wie der älteste getan, lieh seinem jüngsten Bruder auch

5 000 Gulden, indem er sagte: „Du magst sie mir zurückbezahlen oder nicht; den Kasten aber lassen wir verschlossen."

So war der jüngste wiederum zufrieden. Doch als die Reihe an ihn kam, den Schlüssel zu verwahren, da machte er sich einen Nachschlüssel; und als der Kasten an ihn kam, schloß er ihn auf und nahm, so viel er wollte, indem er stets den Kasten mit so viel Steinen beschwerte, als er ihn um Geld erleichtert hatte, damit man seine Tat nicht merke.

So brauchte er von seinen Brüdern nichts zu fordern, und diese meinten, er sei ein Besserer geworden, gehe redlich den Geschäften nach, und waren herzlich froh.

Nach vier Jahren war der Kasten leer, und nur noch Steine lagen darin.

Nun kam der jüngste Bruder zu den beiden anderen und sprach: „Liebe Brüder, ich glaubte endlich euer nicht mehr zu bedürfen, doch ich sehe leider, ich habe weder Glück noch Stern. So ist die Not am höchsten, und darum bleibt nichts übrig, als den Kasten aufzuschließen."

Als die Brüder sahen, daß sie den Kasten nicht länger konnten verschlossen halten, ließen sie die Männer, die bei des Vaters Tode zugegen gewesen waren, in die Gemeindestube bitten, schafften den verschlossenen Kasten auch dahin, und der älteste der Brüder sprach:

„Liebe Freunde, die ihr unseres Vaters Willen habt vernommen und den Kasten kennet, sehet und bezeuget, daß dieser Kasten unversehrt und wohlverschlossen ist."

„Wir sehen und bezeugen es," lautete die Antwort.

„Dieser Kasten," fuhr jener fort, „sollte nur in höchster Not geöffnet werden. Wir hofften, daß es niemals dazu kommen werde. Aber unser jüngster Bruder ist verarmt; 5 000 Gulden haben wir ihm jeder schon geschenkt; es war vergebens, und heute hat er wieder nichts. Darum besteht er drauf, daß wir den Kasten öffnen."

Man öffnete, und siehe da, es lagen eitel Steine in dem Kasten, und die Brüder wie die Zeugen waren starr vor Staunen.

Der jüngste Bruder aber rief: „Da seht ihr, meine Freunde, wie meine Brüder mit mir umgegangen sind: sie haben sich das Geld herausgeholt und dafür Steine eingelegt. Jetzt weiß ich auch, warum sie mir so großmütig von ihrem Reichtum gaben, um den sie mich betrogen."

Damit wollte der Nichtswürdige den Verdacht von sich auf seine beiden Brüder lenken. Diese sahen einander stumm und fragend an und hegten einer gegen den andern Verdacht.

Die Zeugen aber sprachen: „Wir sind nicht weise genug, hier zu entscheiden, wer im Rechte sei. Doch wohnt in jener Stadt, nicht weit von hier, ein weiser Rabbi, zu dem begebet euch, der wird den Streit entscheiden."

So machten sich die Brüder auf den Weg zum Rabbi und trugen ihm ihr Anliegen vor. Der Rabbi war ein kluger Mann und merkte bald, wie die Sache stand; er hütete sich aber, seine Meinung auszusprechen, sondern beschloß es so anzufangen, daß der Dieb sich selbst verraten müßte.

Er begann also und sprach: „Ihr lieben Leute, das seht ihr selbst ja ein, daß dieser Fall sehr schwierig und ein Urteil nicht so leicht zu fällen ist. Geduldet euch noch einen Tag, bis ich die Sache überdenke, dann gebe ich euch Bescheid. Meine Gedanken sind ohnehin mit einem andern Fall beschäftigt, der mir soeben zur Entscheidung übergeben wurde. Vielleicht schickt euch der Himmel her, daß ihr mir raten könnet.

Mir ist das Folgende berichtet worden: Zwei reiche Männer, jeder Vater eines einzigen Kindes, der eine eines Söhnchens, der andre eines Töchterchens, hatten diese Kinder schon im zartesten Alter miteinander verlobt, um dadurch ihre Freundschaft noch mehr zu befestigen. Aber die beiden Väter starben, noch ehe die Kinder herangewachsen waren, und hinterließen diesen ein ungeheures Vermögen.

Nun wurde aus dem Sohn ein Taugenichts und Verschwender, und als er das Alter erreicht hatte, daß er hätte heiraten können, war all sein Reichtum vertan und er am Bettelstabe.

Die Tochter aber war zur Freude Gottes und der Menschen herangewachsen, ausgestattet mit allen Vorzügen des Geistes und des Herzens, und war so schön geworden, daß ihres gleichen nicht zu finden war. Kein Wunder, daß die Freier sie umschwärmten.

Aber sie hatte ihren Verlobten nicht vergessen und sandte hin zu ihm, daß sie seiner harre und er nicht länger zögern möge, mit ihr vor Gott zu treten. Da ließ er ihr zur Antwort sagen, es wäre schon genug, daß er selbst in Armut lebe, er wolle nicht auch sie ins Elend stürzen. Er entsage ihr deshalb und bitte sie, auch seiner zu vergessen.

Diese Antwort tat dem Mädchen wehe: der Wunsch des Vaters war ihr heilig, und sie beschloß, den Anverlobten selbst zu fragen.

Sie legte Samt und Seide an, begab sich zu ihm und sprach: „Mein Liebster, steht es gar so böse, daß wir unserer Väter letzten Willen nicht erfüllen können? Und wenn du gar nichts hast, so habe ich doch so viel, daß wir beide sorglos leben können."

Da sprach der Jüngling: „Es muß schon bleiben, wie ich sage. Ich kenne mich zu gut, um nicht zu wissen, daß ich, sobald ich wieder Geld und Gut besitze, ein Lotterleben führen und auch dich um dein Vermögen bringen werde. Darum laß ab von mir!"

Da ging das Mädchen fort und war sehr traurig. Allein nach einer Woche legte sie noch köstlichere Kleider an, schmückte sich mit goldenem und silbernem Geschmeide, ging zu ihrem Anverlobten und bat ihn noch einmal, der Väter Wunsch doch zu erfüllen.

Er aber blieb bei seiner ersten Rede.

Nach abermals acht Tagen versuchte sie es zum dritten male. Sie war noch glänzender gekleidet, und die kostbarsten Perlen und Edelsteine schimmerten an ihr; sie versicherte ihm noch einmal, daß sie reich genug wäre, um selbst ein verschwenderisches Leben führen zu können; er solle also nicht unterlassen, dem Willen ihrer Väter nachzukommen – doch alles war vergebens. Der junge Mann blieb dabei, er würde das größte Vermögen in Kürze durchbringen und sie dadurch mit ins Verderben reißen. Solche Schlechtigkeit und Sünde aber wolle er nicht begehen.

Nun ließ das Mädchen ab von ihm, ging hin und heiratete einen hübschen, rechtschaffenen, aber armen Jüngling und hielt eine glänzende Hochzeit mit ihm, wie das bei ihrem Reichtum nicht anders zu erwarten war.

Allein als man das junge Ehepaar in feierlichem Zuge abends nach seinem Heim geleitete, brach eine Räuberbande aus dem Hinterhalt hervor und nahm Braut und Bräutigam gefangen. Der Führer der Bande, nicht zufrieden mit der Beute an Hab und Gut, wollte auch die Braut für sich behalten, doch sie bat ihn so inständig und beschwor ihn bei Gott, von seinem Vorhaben abzulassen, daß er

Mitleid mit ihr empfand und sie freiließ, ohne auch nur etwas von ihrem Schmuck zu nehmen.

Soweit der Sachverhalt. Nun aber schreibt man mir, daß ich entscheiden möchte, wer der edelste von diesen dreien sei: der Bräutigam, der seine Braut nicht ins Unglück bringen wollte, oder die Braut, die ihres Vaters Wunsch so treulich zu erfüllen strebte, oder der Räuber, der das Weib eines anderen freigab. Wie denkt ihr darüber?"

Da sprach der erste Bruder: „Der edelste ist wohl der junge Mann, der seine Braut nicht will ins Unglück bringen."

„Mir scheint," so hub der zweite Bruder an, „am edelsten die Braut zu sein, der ihres Vaters Wille über alles ging."

Der jüngste Bruder aber sprach: „In meinen Augen ist der Räuber wohl der edelste. Ließ er doch die Braut, die er behalten konnte, ungekränkt und unberaubt! Nur war es töricht, daß er ihr nicht wenigstens den teuren Schmuck genommen und behalten hat; denn dafür ist er doch ein Räuber."

Da rief der Rabbi aus: „Nun, Gott sei Dank, daß er den Dieb uns offenbart hat!" Und zum jüngsten Bruder hingewendet, sprach er: „Du Bösewicht, der du das Gut, das du mit deinen Augen nicht gesehen hast, behalten wissen willst, du hast fürwahr das Geld, das du gesehen, auch nicht unberührt gelassen. Gestehe, daß du es genommen hast!"

Betroffen schwieg der jüngste Bruder, der Schrecken lähmte seine Zunge – er war überführt. Er gestand dem Rabbi, daß er das Geld allmählich aus dem Kasten genommen und dafür Steine hineingelegt, bis gar kein Geld mehr zu entnehmen war.

Die Brüder aber sahen, daß ihm nicht zu helfen war und wollten nichts mehr von ihm wissen, so daß er fortan in Armut und in Elend leben mußte. *(W. Mb. No. 222.)*

67.   Der Lahme

Ein lahmer Jude hatte viel davon gehört, wie in einer Stadt ein Arzt wäre, der alle Krankheiten heile und insbesondere die Blinden sehend und die Lahmen wieder gehend mache.

Er entschloß sich also kurz und gut, den Wunderdoktor aufzusuchen. In der Stadt angekommen, bemerkte er, wie nachts ein Mann umherging und die Kranken heilte; darüber verwunderte er sich sehr.

Als nun der Mann auch zu ihm kam und nach seinem Begehren fragte, antwortete der Jude: „Herr, ich bin ein armer Jude. Ich habe aber vernommen, daß ihr alle Krankheiten heilet, und darum habe ich mir ein Herz gefaßt und bin auch hierher gekommen und flehe euch an, daß ihr auch mich wieder gesund machet; denn ich bin lahm."

Darauf erwiderte der Arzt: „Du bist ein Jude und weißt, daß Gott die Zauberei verboten hat, und dennoch kommst du her, daß ich ein Wunder an dir tue? Und glaubst, daß ich etwas vollbringen könne, was Gott nicht will? Vernimm! Ich bin ein böser Geist, der nur das Aussehen eines Arztes angenommen hat, um diejenigen Personen zu verderben, die an Zauberei glauben. Deine Krankheit war heilbar, und nach einiger Zeit wärest du wieder gesund geworden. Nachdem du dich aber auf Zauberkraft verlassen hast, wirst du zur Strafe bis an dein Lebensende lahm bleiben." *(W. Mb. No. 190.)*

68.   Warum die Wormser Juden besonders viel heimgesucht wurden

Als Cyrus, der Begründer des Perserreichs, den Juden gestattete, wieder nach Palästina heimzuziehen, eilten diese voller Freuden aus allen Ländern der Zerstreuung in ihre Heimat und ließen sich in ihren früheren Städten nieder.

Nur die Juden in Worms folgten diesem königlichen Rufe nicht, denn sie waren reich und angesehen und mochten ihre neue Heimat nicht verlassen.

Auch als die Juden von Jerusalem ihnen schrieben, sie möchten doch ins heilige Land zurückkehren, damit sie zu den Wallfahrtsfesten in Jerusalem erscheinen könnten, denn von Worms aus sei das wegen der weiten Entfernung doch nicht möglich, schrieben sie ihnen zurück:

„Wohnet ihr im Namen Gottes in Groß-Jerusalem; wir aber

bleiben hier in Worms, das ist ein Klein-Jerusalem und behagt uns wohl."

Sie wollten also nichts von der Erlösung wissen, und ob dieser Widerspenstigkeit hatten die Wormser Juden später mehr zu dulden, als andere jüdische Gemeinden. *(M. niss. 1.)*

69.   Die Herren von Dalberg

Zu Worms war eine Sitte, daß bei Fest- und Trauerzügen, ob man dem Brautpaar oder eine Leiche das Geleite gab, zwei Diener der Herren von Dalberg mit dem Stabe dem Zuge voranschritten.

Diese Sitte hat folgenden Ursprung.

Ein Herr von Dalberg hatte einen Sohn, der war an Leib und Seele herrlich ausgestattet und in Wissenschaften und in Sprachen wohl bewandert. Nun hätte er auch gern Arabisch lernen mögen, zog deshalb aus ins Morgenland und kam bis nach Jerusalem. Allein sein Reisegeld war aufgezehrt, und er geriet in bittere Not; von Hunger und von Krankheit todesmatt, lag er, von niemanden beachtet, bald im Straßenkot. „Ach," rief er jammernd aus, „wenn hier doch einer wüßte, wer ich bin, und wer mein Vater ist; wenn einer hier den Namen Dalberg kennte, den Namen, der mit Ehrfurcht von so vielen genannt, ich würde nicht so elend liegen und verkommen müssen. Jede Wohltat, die man mir erwiese, mein Vater würde doppelt und dreifach sie vergelten."

So rief er jammernd aus – allein vergebens; er sprach ja Deutsch und das verstand kein Araber.

Da kam zu seinem Glück ein Jude her, der Deutsch verstand. Als der den Fieberkranken sah, schaffte er ihn in sein Haus und in ein sauberes Bett, holte einen Arzt und pflegte ihn, bis er genesen war. Dann blieb der junge Herr noch bei dem Juden, bis er vollständig Arabisch konnte, und empfing in dieser Zeit von ihm, was er bedurfte.

Das alles schrieb der Sohn dem Vater. Der war nun sehr erfreut, daß seinem Sohne so viel Gutes war geschehen, sandte einen Boten mit viel Geld, den Juden zu bezahlen, und noch mehr. Dann zog der junge Herr von Dalberg heim.

Bald darauf starb der Vater, und es folgte ihm sein Sohn; der schrieb es in die Chronik seines Hauses, daß seine Nachfolger zu allen Zeiten den Juden freundlich bleiben und sie beschirmen sollten.

Seitdem schritten allen Zügen, in Freud' und Leid, zwei Dalbergische Diener mit Stäben voran, zum Zeichen dieses Schutzes.

(M. niss. 2.)

70. Die beiden Unbekannten

Zu Worms brennen in der Synagoge zwei Lichter zum Gedächtnis jener Unbekannten, die einst in schwerer Zeit die Juden in Worms vom Untergang gerettet haben. Auch bei der Seelenfeier des siebenten Peßachtages wird ihrer heute noch gedacht.

Dazu wird folgendes berichtet.

In der Osterwoche, der Zeit so mancher Prozession, am Tage vor dem Passahfest der Juden, zog eine Prozession auch durch die Judengasse. Da wollte es der böse Zufall, daß aus einem Hause, dessen Bewohner von der vorüberziehenden Prozession nichts wußten, ein Gefäß mit Unrat nach der Straße ausgeschüttet und ein Kruzifix besudelt wurde. Man kann sich denken, welch ein Toben nun begann.

„Mit Absicht ist's geschehen! Sie wollen unser Heiligstes beschimpfen und verhöhnen! Schlagt die Juden tot!" So scholl es durcheinander.

Doch ließ man ihnen eine Woche Frist, damit derjenige sich melde, der den Unrat ausgeschüttet hatte; der sollte dann getötet werden. Wenn er sich aber innerhalb der Frist nicht meldete, so müßten alle Juden sterben.

Die Woche ging herum, der siebente Tag des Peßachfestes war schon angebrochen, und noch hatte sich keiner gemeldet. So drohte der ganzen Gemeinde der sichere Untergang.

Zum letzten Male will der Synagogendiener sein Amt versehen, die Juden in das Gotteshaus berufen und öffnet todbereit das Tor der Judengasse.

Da gewahrt er außen vor dem Tore zwei unbekannte Männer,

die begehren Einlaß.

„Wer seid ihr?" ruft er fast bestürzt, „von wannen kommt ihr heut' am heiligen Festtage? Und gerade heute, an dem Tage, an dem uns allen der sichere Tod bevorsteht? Darum kehret eilends um und rettet euer Leben!"

Die Unbekannten aber sprachen: „Wir wissen alles, und eben darum kommen wir. Wir hoffen, daß es uns gelingen wird, das Unheil von euch abzuwenden."

Hierauf begaben sie sich auf den Marktplatz und sprachen also: „Ihr Herren und Bürger von Worms! Ihr steht bereit, die Judengasse zu erstürmen und alle Juden zu ermorden; vernehmet denn, daß sie unschuldig sind. Wir beide sind es, die an jenem Tage, zwar ohne böse Absicht, den Unrat auf die Straße gossen; wollt ihr dieses als Verbrechen mit dem Tode strafen, so tötet uns; doch schont der frommen Juden eurer Stadt!"

Kaum hatten sie gesprochen, so wurden sie ergriffen und unter Martern hingerichtet. Die Juden aber waren gerettet.

Ob die zwei Unbekannten wirklich Menschen waren? Oder Engel, von Gott gesandt, um die Gemeinde zu erretten? *(M. niss. 3.)*

71.   Die Zaubergans

Im 15. Jahrhundert geschah es einmal, daß eine mörderische Krankheit in der Stadt Worms wütete und viele Bürger ihr zum Opfer fielen. Doch in der Judengasse starb kein einziger.

Das machten sich die Judenfeinde bald zu nutze; sie stellten Zeugen auf, die unter Eid bekundeten: sie hätten es gesehen, wie Juden um die Mitternacht aus ihrer Gasse sich geschlichen und in alle Brunnen Gift geworfen hätten.

Die Menge glaubte das sofort und faßte den Beschluß, an einem Tage alle Juden zu erschlagen: Männer, Frauen, Kinder, jung und alt. Dieser Tag fiel auf den 10. Adar.

Man kann sich das Entsetzen denken, als die Juden den Beschluß erfuhren. Sie schickten Abgesandte an den Bürgermeister und baten ihn, das Urteil abzuwenden.

Der Bürgermeister, der eben vor dem Tore seines Hauses stand, war sehr erstaunt; er wußte nichts von dem Beschluß. Er hob ein Stäblein, das er soeben frisch geschnitten hatte, schlug damit auf die dicke Kette, die am Schlosse hing, und sprach: „So wenig dieses Stäblein es vermag, die dicke Kette hier zu sprengen, so wenig habt ihr Böses zu befahren."

Doch wunderbar: die Kette sprang entzwei!

Da rief der Bürgermeister aus: „Wenn von dem Schlage dieses schwanken Stäbleins die Kette riß, so ist's ein Zeichen Gottes: er will den Tod der Juden! So nehme das Verhängnis seinen Lauf! Ich kann es nicht verhindern, will es aber auch nicht fördern."

Da nun die Juden sahen, daß ihr Schicksal unabwendbar war, beschlossen sie, ihr Leben wenigstens so teuer hinzugeben, wie nur möglich.

Als nun der unheilvolle Tag gekommen war, gingen die zwölf Vorsteher der jüdischen Gemeinde auf das Rathaus, um dort in aller Form ihr Todesurteil zu vernehmen; es hatte aber jeder ein großes Messer unter seinem Mantel.

Im Rathaus saßen alle Herren schon versammelt; der Obmann las das Urteil und schloß mit den Worten: „Des zur Straf' und Sühne sollen alle Juden miteinander Todes sterben."

Da riefen die zwölf Vorsteher: „Das ist erlogen und das Urteil falsch; und sollen alle Juden sterben, so sterbt ihr zuvor."

Mit diesen Worten stürzten sie sich auf die Herren, und harter Kampf entspann sich, bis die Juden überwältigt waren; doch lag auch mancher Ratsherr tot am Boden.

Indessen hob auch in den Straßen das Geschrei und Morden an; die Juden zogen, zehn bis zwanzig Mann vereinigt, durch die Straßen und töteten von Christen, wen sie konnten; die Frauen aber steckten manches Haus in Brand und mehrten so den Schrecken in der Stadt.

Das alles half den Juden freilich nicht, und das Ende war, daß alle Juden, die man finden konnte, ermordet wurden. Denn alle fand man nicht, weil manche Christen, die die Beschuldigung der Juden nicht als recht erkannten, in ihrem Hause sie verbargen.

Das wußte man; doch mochte man nicht jedes Haus durchsuchen; man griff deshalb zu einem Zaubermittel. Durch Zauberbann ward eine Gans gezwungen, auf das Dach der Häuser hinzufliegen, in denen man noch Juden finden konnte. Die mußten dann sofort herausgegeben werden und gleichfalls sterben.

Zur selben Zeit befand sich in der Stadt ein fremder Jude, der auch in weltlicher Gelehrsamkeit bewandert war und ganz besonders gut Latein verstand, der war deshalb befreundet mit dem Pfarrer und von ihm in seinem Hause verborgen. Wie nun die Zaubergans von Haus zu Haus flog und angab, wo sich noch ein Jude fand, geriet der Pfarrer und sein Gast in Angst.

Doch dieser sprach zu seinem Wirt: „Ich weiß ein Mittel, das mich und manchen andern Juden retten kann." Und als der Pfarrer dieses hören wollte, fuhr er fort: „Ihr wollt doch eben in die Kirche gehen, um zu predigen. So leihet mir ein Priesterkleid und nehmt mich mit und stellt mich der Gemeinde als Amtsgenossen vor und lasset mich statt euer predigen!"

Nach einigem Bedenken willigte der Pfarrer ein, der Jude legte Priesterkleidung an, und beide gingen in die Kirche.

Sobald der Jude auf der Kanzel stand, hub er gewaltig an zu predigen, daß alle sich verwunderten. Mit dem Gebot der Nächstenliebe fing er an, dem wichtigsten Gebot, das Gott gegeben, und das sie gleichwohl nicht genug beachteten; wie sie vom blinden Haß sich leiten ließen, vom Haß zu Mord und Todschlag übergingen; so sei das jüngste Judenmorden auch nur Folge ihres Hasses, denn die Juden seien ganz unschuldig. „Und nicht genug," schloß er seine Rede, „daß ihr das göttliche Gebot: ‚Du sollst nicht morden' aus eurem Herzen stoßet, so sündigt ihr auch noch durch Zauberei und Aberglauben. Oder meint ihr etwa, eine dumme Ganz vermöge euch unfehlbar Wahres zu verkünden? Habt ihr noch nichts von trügerischer Zauberei gehört? Habt acht, ob eure Gans sich nicht noch einmal auf die Kirche setzt, in der doch sicherlich kein Jude ist. So lasset endlich ab von eurem Tun! Die Juden haben, ob sie gleich unschuldig sind, zumeist den Tod gefunden; wenn sich noch einer irgendwo verbirgt, so lasset ihn in Frieden leben!"

Er war noch kaum zu Ende, als sich ein Geschrei erhob: „Die Gans sitzt auf dem Kirchendach! Die dumme Gans! Hier in der Kirche gibt es keinen Juden! Der Prediger hat recht: die Zauberei ist trügerisch! Fort mit der Gans!" So klang es durcheinander.

Und als sie aus der Kirche kamen und auf dem Dach die Gans

erblickten, bereuten sie, was sie getan, und mit dem Glauben an den Zauber war es aus.

Der 10. Adar aber ist in Worms ein Fasttag bis auf diesen Tag.

(M. niss. 10.)

72.   Rabbi Meïr von Rotenburg

Dieser fromme und gelehrte Mann war Großrabbiner des Deutschen Reichs und blühte um die Mitte des 13. Jahrhunderts. Er hat manches gelehrte Buch geschrieben und ist auch als religiöser Dichter geschätzt.

Da es den deutschen Juden unter Kaiser Rudolf von Habsburg schlecht genug erging, so wollten sie, zumal die in den rheinischen Städten, nach Jerusalem auswandern; in ihrer Spitze R. Meïr, der damals seinen Sitz in Mainz hatte.

Er war schon glücklich in der Lombardei, als ein getaufter Jude ihn erkannte und verriet. Der Kaiser hatte längst nach ihm gefahndet, denn man hatte ihm gesagt, die Juden würden sicherlich ein hohes Lösegeld für ihren hochverehrten Rabbi zahlen.

So ward der Rabbi Meïr in den Turm zu Ensisheim gesetzt, doch war die Haft sehr milde; man ließ ihm alle Bücher zum Studieren und jede andre Freiheit, nur daß er sein Gefängnis nicht verlassen durfte.

Als die Juden hörten, R. Meïr sei gefangen, brachten sie ein großes Lösegeld zusammen. Allein der Rabbi schrieb an alle Juden, es sollten nicht mehr als 500 Gulden Lösegeld geboten werden – bei Vermeidung seines Bannes. Der kluge Mann erkannte wohl, daß sonst noch mancher Rabbi könnte aufgehoben und dann gegen hohe Summen freigegeben werden – das wollte er vermeiden.

Nun weiß man nicht, warum der Rabbi just 500 Gulden angab; das aber ist gewiß, daß ihn der Kaiser dafür nicht herausgab, und so blieb denn Rabbi Meïr sieben Jahre, bis zu seinem Tode, im Gefängnis.

Jetzt kam Befehl, den Leichnam zu bestatten, und die Knechte kamen, ihn herauszuholen. Doch wie sich einer nur der Türe nahte, um sie aufzuschließen, fiel er tot zu Boden. Da wagte endlich keiner mehr hineinzugehen.

So blieb der Leichnam 14 Jahre im Gefängnis liegen und verweste in den Kleidern.

Nun war zu Worms ein reicher, kinderloser Mann mit Namen Alexander, der gedachte Gotteslohn sich zu verdienen, wenn er den Leichnam dieses heiligen Mannes löste und bestattete. Vom Tode jener Knechte, die ihn einst begraben sollten, hatte er gehört; doch hoffte er, daß ihm, dem Glaubensbruder, der in Ehrfurcht und in reiner Absicht komme, nichts geschehen werde.

So begab er sich zum Kaiser, bot das Lösegeld und war erfreut, als der ihm die Erlaubnis gab, den Leichnam aus dem Turm zu holen und zur Erde zu bestatten, wo es ihm beliebte.

Doch Alexander hatte immerhin noch Furcht, es könne die Berührung der Gebeine Rabbi Meïrs, gleichwie vor 14 Jahren jenen Knechten, auch ihn das Leben kosten. Er ließ sich also waschen, wie man einen Toten wäscht, zog seine Sterbekleider an und andere Kleider darüber, nahm einen neuen Sack und eine neue Lade nebst einigen Dienern und fuhr auf einem neuen Wagen zum Gefängnis.

Nicht ohne Spannung und in sicherer Entfernung ließ man Alexander sich der Türe nahen. Doch nichts geschah! Er schloß sie auf, las die Gebeine in den neuen Sack hinein, tat diesen in die neue Lade und die Lade auf den neuen Wagen, holte dann auch alle Bücher und die Pulte ohne jeden Unfall und kam glücklich wieder heim nach Worms.

Hier begrub er die Gebeine, setzte einen schönen Denkstein auf das Grab, auf dem zu lesen stand, wann R. Meïr ins Gefängnis kam, wann er darin gestorben und wann er begraben worden.

Im selben Jahre starb auch Alexander. Vor seinem Tode hatte er gebeten, ihn neben Rabbi Meïr zu bestatten.

Diese Bitte ward erfüllt und seine fromme Tat auf seinen Leichenstein geschrieben. *(M. niss. 14.)*

73. Abraham

I.

Zur Feier der Geburt Abrahams waren viele von den Hofleuten Nimrods, darunter auch seine Weisen und Zauberer, im Hause Terachs beim Festmahle vereint. Als sie nun spät in der Nacht heimkehrten, sahen sie einen großen Stern am östlichen Himmel, der fuhr daher und verschlang vier andere Sterne, einen im Osten, einen im Westen, einen im Süden und einen im Norden. Als die Weisen und Zauberer sich von ihrem Staunen erholt hatten, sprachen sie untereinander: „Dieser Stern ist nichts anderes, als das neugeborene Knäblein des Terach; es wird groß werden und sich vermehren, und seine Nachkommen werden mächtige Könige besiegen und ihr Land erobern."

Am andern Morgen gingen sie zum Könige und berichteten ihm, was sie gesehen hatten, fügten auch gleich ihre Deutung hinzu und rieten ihm, dem Terach das Kind abzukaufen und es zu töten, damit es weder seinem Lande, noch anderen Ländern Gefahr bringen könne, sobald es herangewachsen wäre.

Alsbald ließ der König den Terach rufen und sprach zu ihm: „Ich höre, daß dir ein Sohn geboren ist, der, wie meine Weisen aus den Sternen lesen, dem Lande Unheil bringen wird. Drum gib mir deinen Sohn, daß er getötet werde! Dir aber will ich dafür mit Gold und Silber reichlich lohnen."

Terach verneigte sich und sprach: „Es soll geschehen, wie mein Herr und König befiehlt. Zuvor aber gestatte mir, dich in einer Angelegenheit um Rat zu fragen."

„Rede," sprach der König.

Da fuhr Terach fort: „Gestern kam ein dir wohlbekannter Mann zu mir und wollte das schöne, große Pferd haben, das du mir gegeben hast. Dafür wollte er mir viel Gold und Silber, sowie mein ganzes Haus voll Stroh und Futter geben. Ich habe ihm erwidert, ich wollte dich erst fragen, und was du mir sagen würdest, das wolle ich dann tun. Und nun, mein Herr und König, befiehl, was ich tun soll!"

Da geriet der König in Zorn und rief: „Bist du ein Schurke oder ein Narr? Fehlt es dir etwa an Gold und Silber, oder an Futter und

Stroh, daß du dafür mein herrliches Roß hergeben willst?"

Da fiel Terach dem Könige zu Füßen und flehte: „Gnade, o König! Du selbst sagst es ja, daß es mir weder an Gold noch Silber gebricht, und dennoch bietest du es mir an, damit ich dir mein Kind dafür gebe! Und wer sollte dann mein Gold und Silber erben, wenn du mein Kind tötest? Es käme doch wieder alles in deinen Besitz zurück."

Da nun der König sah, daß er sich in seinen eigenen Worten gefangen hatte, ward er unmutig und darum um so zorniger. Deshalb fuhr Terach fort: „Ich weiß wohl, daß ich und mein ganzes Haus dem Könige gehören; auch mein neugeborenes Kind ist sein, wenn er es begehrt, und er braucht mir weder Gold noch Silber dafür zu geben. Gewähre mir aber drei Tage Zeit, damit ich meine Frau, meine Söhne und mein Hausgesind mit deinem Befehle bekannt gemacht und über den Verlust beruhigt habe!" Das gestand ihm der König bereitwillig zu.

Darauf ging Terach heim, erzählte, was geschehen, und das ganze Haus ward bestürzt. Am dritten Tage aber sandte der König zu Terach und ließ ihm sagen, wenn er ihm nicht sofort sein Söhnlein schicke, so werde er ihn selbst mit seinem ganzen Hause, Mensch und Vieh, töten lassen.

Da nahm Terach das Kind eines seiner Knechte, das am gleichen Tage wie Abraham geboren war, und sandte es dem Könige, der es sofort tötete.

Nun erst beruhigte sich Nimrod, und nach einiger Zeit dachte er nicht mehr an diese Sache.

II.

Terach aber hielt seinen Sohn samt der Mutter und der Amme in einer Höhle verborgen und versorgte sie jeden Monat mit Lebensmitteln. Nachdem Abraham zehn Jahre alt geworden und weder Nimrod, noch sonst einer der Weisen und Sterndeuter mehr an ihn dachte, verließ er die Höhle und begab sich in die Schule zu Noah und dessen Sohn Sem. Von ihnen wurde er in der Religion des wahren Gottes unterwiesen, lernte das schriftliche und mündliche Gesetz und blieb Gott treu, so lange er lebte.

Die anderen Menschen aber, selbst Abrahams Vater Terach, trieben Götzendienst und vergaßen Gottes, ihres Schöpfers. So hatte Terach in seinem Hause zwölf Götzen, nach den zwölf Monaten des Jahres, und jeden Monat diente er einem andern und verehrte ihn mit Speise- und Trankopfern. Abraham aber hatte die Nichtigkeit solcher Götzen und die Torheit der Menschen, die ihnen dienten, schon in seiner Kindheit erkannt und in Noahs Hause noch mehr an Einsicht und Erkenntnis Gottes zugenommen.

Als er fünfzig Jahre alt geworden war, kehrte er in das Haus seines Vaters zurück. Da sah er die zwölf Götzen, die sein Vater aus Holz und Stein hatte machen lassen, und sein Zorn entbrannte. „So helfe mir Gott, mein Schöpfer," schwur er in seinem Herzen, „wie ich innerhalb dreier Tage sie alle zerschmettere!"

Damit verließ er die Halle und begab sich zu seinem Vater. Der saß im äußersten Hofe, umgeben von seinen Untergebenen. Hier nahm auch Abraham seinem Vater gegenüber Platz und begann: „Sage mir doch, mein Vater, wo wohnt denn der Gott, der Himmel und Erde samt allen Menschen darauf und also auch dich und mich geschaffen hat?" Da führte Terach seinen Sohn in den innersten Hof zu der Halle, in welcher sich neben den zwölf Götzen noch zahlreiche kleinere befanden. „Hier siehst du, mein Sohn," sprach Terach, „die Schöpfer und Herren der Welt." Und damit beugte er sich ehrerbietig vor seinen Götzenbildern und verließ die Halle.

Abraham aber begab sich zu seiner Mutter und sprach zu ihr: „Nun mich mein Vater die Götter kennen gelehrt hat, die Himmel und Erde samt allen Menschen geschaffen haben, so will ich sie auch durch Opfer ehren. Hole mir denn ein Ziegenböcklein und bereite es gut zu, damit ich es den Göttern meines Vaters als ein Speiseopfer darbringe und mir ihre Huld gewinne!"

Die Mutter tat also, und Abraham setzte die Speise den Göttern vor. Seinem Vater hatte er nichts davon gesagt. Da nun keiner von den Götzen sich auch nur regte, um von den Speisen zu genießen, so ging er zu seiner Mutter und teilte ihr mit, daß die Götter seine Speisen verschmäht hätten; vermutlich hätten sie ihnen nicht geschmeckt; vielleicht auch wäre es ihnen zu wenig gewesen; sie möchte heute besser und reichlicher kochen.

Sie wählte nun drei der besten Böcklein aus und bereitet sie aufs beste zu. Und wieder sagte Abraham seinem Vater nichts davon. Die Speisen aber setzte er auch diesmal vor jeden Götzen hin und ließ den ganzen Tag verstreichen; aber keiner von ihnen hatte seine Speisen angerührt.

Da kam der Geist Gottes über Abraham und er rief aus: „Wehe über deinen Vater und dieses ganze Geschlecht von Toren, das da dienet Göttern aus Holz und Stein, die wohl einen Mund haben, aber nicht essen und nicht reden können; Augen haben und nicht sehen, Ohren und nicht hören, Hände und nicht greifen, Füße und nicht gehen können! Wer sie macht und sich auf sie verläßt, der verdient ihnen gleich zu sein!" (Ps. 115, 5.) Und es entbrannte sein Zorn wider die Götzen, und er ergriff eine Axt und zertrümmerte sie alle, die großen samt den kleinen, und nur den allergrößten ließ er stehen und steckte ihm die Axt unter den Arm.

Terach hörte die Axtschläge, eilte herbei und traf noch seinen Sohn, als er eben heraustrat. Als er die Verwüstung sah, rief er in höchster Erregung aus: „Was hast du da getan an meinen Göttern!"

„Nicht doch!" erwiderte Abraham; „ich habe den Göttern Opferspeise gebracht, um mir ihre Huld zu gewinnen, und freundlich griffen sie alle zu. Aber der größte von ihnen ergrimmte heftig, weil sie ihre Hände nach den Speisen streckten, bevor er seinen Teil genommen hatte; er ergriff deshalb die Axt und zertrümmerte einen nach dem andern. Noch kannst du die Axt unter seinem Arme sehen."

Aber Terach rief zornig aus: „Wie kannst du dich unterstehen, mir mit solcher Lügenrede zu antworten! Sind doch diese Götterbilder aus Holz und Stein gefertigt und haben weder Leben noch Bewegung; wie sollte einer von ihnen mit der Axt auf die anderen dreinschlagen können?"

Da antwortete Abraham: „Wenn diese Götter kein Leben und keinerlei Kraft in sich haben, wie kannst du denn ihnen dienen und dich auf sie verlassen, daß sie dich beschirmen werden? Können sie etwa dein Gebet hören und dir im Kampfe gegen deine Feinde beistehen? Darum ist es Torheit, und du wie alle anderen, ihr tut nicht wohl daran, diesen Göttern zu dienen, die euch vor keinerlei Leid bewahren können. Bekehret euch lieber zu Gott, der Himmel und Erde und alle Menschen erschaffen hat, und dienet ihm, damit er nicht wieder zürne, wie schon einmal, als er die Sündflut über die Menschen brachte! Beharret ihr aber in eurem Götzendienste, so werdet ihr Unheil bringen über euch und eure Kinder."

Nach diesen Worten ergriff er die Axt und zertrümmerte auch den großen Götzen.

III.

Terach war außer sich. Er eilte sogleich zum König, offenbarte ihm, daß er noch einen Sohn habe, der nun fünfzig Jahre alt sei, und was der getan und gesprochen habe; er möge ihn kommen lassen und ihm sein Urteil sprechen, damit nicht noch weiteres Unheil durch ihn angerichtet werde.

Darauf sandte der König drei Diener, um den Abraham vor seinen Richterstuhl zu führen. Er saß auf seinem Throne, und Terach und alle die Großen seines Reiches saßen ihm gegenüber. Und der König hub an und sprach: „Was ist es, was du an den Göttern deines Vaters verübt hast, und warum hast du das getan?" Da erzählte Abraham, wie es ihm mit den Speisen ergangen, die er den Göttern vorgesetzt, und wie der große Götze die kleineren zertrümmert habe.

Und der König antwortete: „Bist du denn so töricht, nicht zu wissen, daß diese Götter weder essen noch reden können, da sie überhaupt kein Leben haben?"

„Nun denn," erwiderte darauf Abraham, „warum verführst du die Menschen dazu, solchen Göttern zu dienen, die weder viel noch wenig helfen können, anstatt an Gott zu glauben, der die ganze Welt geschaffen und der allein die Macht hat, zu töten und zu beleben? Es ist dir sehr wohl bekannt, wie er schon einmal die Welt um ihrer Sünden willen zerstört hat, und dennoch sündigst du gegen ihn und verführst die Menschen dazu, daß sie dasselbe tun! Höre auf meine Worte, laß ab von den Götzen, diene deinem Schöpfer im Himmel, damit du nicht von Gott gestraft werdest, du und alle, die dir anhangen!"

Ob dieser Rede entrüstet, ließ Nimrod den Abraham ins Gefängnis werfen. Nach zehn Tagen aber sandte er aus in alle Länder, um die Vornehmen und Weisen seines Reiches zu sich zu berufen, damit sie über Abraham zu Gericht sitzen sollten.

Als diese versammelt waren und Abrahams Tat und Rede vernommen hatten, sprachen sie: „Ein Mann, der den König lästert, verdient den Tod am Galgen; wer aber unsere Götter lästert, verdient den Tod im Feuerofen." Darauf ließ der König einen Ofen, in dem man Ziegeln brannte, drei Tage und drei Nächte lang heizen und gab Befehl, den Abraham am dritten Tage darin zu verbrennen. Auf die Kunde davon sammelten sich zahlreiche Menschen, hoch und niedrig, jung und alt, bei 900 000 Menschen, um Abraham verbrennen zu sehen; sie standen nahe und fern um den Ofen, auf Bäumen, Türmen und Dächern und wo sie nur irgend Platz fanden.

Inzwischen hatten auch des Königs Zauberer und Sterndeuter herausbekommen, daß Abraham das Kind sei, das vor fünfzig Jahren geboren war und dessen Stern die anderen vier Sterne verschlungen hatte, und meldeten es dem Könige. Dieser ließ den Terach rufen, fuhr ihn zornig an und sprach: „Dein Leben hast du durch deinen Ungehorsam verwirkt. Nun aber sage mir, warum du mich getäuscht hast und wer dir dazu geraten hat!"

Terach verneigte sich und rief: „Gnade, o König! Ich hatte Mitleid mit meinem eigenen Kinde, darum nahm ich das Kind meiner Magd und gab es dir; mein älterer Sohn Haran hatte es mir angeraten."

Da befahl der König, Haran zugleich mit Abraham zu verbrennen.

Abrahams Glaube an Gott stand felsenfest; Haran aber war schwankend in seinem Herzen: er hätte sich gern zu Abraham bekannt, aber er fürchtete sich vor dem Könige, und so wollte er erst abwarten, welchen Verlauf Abrahams Sache nehmen werde. Darum stand ihm Gott nicht bei. Denn als er samt Abraham in den Feuerofen geworfen ward, wurde er sofort von der Glut verzehrt; Abraham aber blieb am Leben, und nur die Stricke, mit denen er gleich Haran gefesselt worden war, verbrannten.

Drei Tage und drei Nächte wandelte er unversehrt im Feuerofen. Als das die Diener des Königs diesem berichteten, glaubte er es nicht, sondern schickte andere hin, um nachzusehen. Sie kamen zurück und berichteten ihm dasselbe. Da stand der König auf von seinem Throne, um selbst nachzusehen. Als er zum Feuerofen kam, sah auch er den Abraham darin auf und ab gehen, verwunderte sich sehr und befahl, ihn sogleich herauszuführen; aber der Ofen war noch so voller Glut, daß keiner sich heranwagte. Auf seinen wiederholten Befehl gingen sie endlich heran, aber die Glut versenkte ihr Gesicht, und es starben acht Mann.

Nun rief der König dem Abraham zu: „Komm heraus, Abraham, du Diener des Gottes im Himmel, aus dem Feuer und tritt zu mir!" Da ging Abraham heraus und trat vor den König. Dieser sagte: „Wie kommt es, Abraham, daß du nicht im Feuer verbrannt bist?" Abraham erwiderte: „Der Gott des Himmels und der Erde, auf den ich vertraute, hat mich vor dem Feuer bewahrt." Als sie das hörten, neigten sie sich alle vor Abraham und bückten sich vor ihm zur Erde. Abraham aber sprach: „Nicht vor mir beuget euch, sondern vor Gott, der die ganze Welt geschaffen hat, dessen Geist auch euch belebt, und der alle beschirmt, die sich auf ihn verlassen!"

Nun beschenkte der König Abraham mit Gold und Silber und Edelsteinen; desgleichen taten alle seine Mannen, hoch wie niedrig, und Abraham kehrte mit hohen Ehren zu seinem Vater zurück. Viele von den Leuten des Königs aber schlossen sich Abraham an, und so folgten ihm an dreihundert Menschen, um seinem Gotte zu dienen.

IV.

Zwei Jahre später hatte König Nimrod in seiner Residenz in Babylon einen Traum. Er träumte, daß er mit seinem Kriegsvolk vor dem Feuerofen stand, und aus dem Ofen trat eine Gestalt, die sah aus wie Abraham, und sie eilte mit gezücktem Schwerte gerade auf den König zu. Erschreckt wandte sich der König zur Flucht; aber der Mann warf ein Ei nach dem Haupte des Königs, das Ei zerbrach, und es entstand ein großer Fluß, in dem des Königs ganzes Volk ertrank. Entsetzt floh der König; aber der Fluß ward wieder zum Ei, aus dem Ei kam ein Hähnchen, das flog auf des Königs Kopf und hackte ihm ein Auge aus.

Als der König erwachte, pochte sein Herz vor Aufregung und sein Gemüt ward von Furcht gequält. Sogleich ließ er seine Zauberer und Weisen kommen und erzählte ihnen seinen Traum. Da sprach der Weiseste von ihnen: „Der Traum kündet dir das Unheil, das dich von Abraham und seinen Nachkommen in künftigen Zeiten treffen wird. Sie werden dich und deine Völker besiegen, alle töten und dich selbst nicht verschonen. Darum o König, ist es nötig, daß du den Abraham töten lassest; denn so lange er lebt, wirst du und dein Reich nicht zur Ruhe kommen."

Hierauf sandte der König Leute aus, die den Abraham ergreifen und vor ihn bringen sollten, damit er sterbe. Elieser aber, der Diener Abrahams, den der König dem Abraham geschenkt hatte, als er unversehrt aus dem Feuerofen hervorgegangen war, Elieser hatte das zufällig gehört. Er eilte sogleich heim, meldete das dem Abraham, und dieser entfloh und begab sich zu Noah und seinem Sohne Sem, wo er sich früher schon viele Jahre aufgehalten hatte. Als daher die Leute des Königs kamen, um ihn zu fangen, fanden sie ihn nicht und mußten unverrichteter Sache zurückkehren.

Als Terach einmal zu Noah kam, um seinen Sohn zu besuchen, sprach dieser zu ihm: „Du weißt, mein Vater, daß Nimrod mir nach dem Leben trachtet; wohlauf denn, wir wollen dieses Land verlassen und nach Kanaan ziehen, damit wir endlich in Ruhe leben! Denn auch dir hat der König alle die Ehren nicht aus Liebe zugeteilt, sondern nur zu seinem eigenen Vorteil; sobald es einmal sein Vorteil so verlangt, wird er dich stürzen und töten. Aber auch wenn er dich noch mehr mit Reichtum und Ehren überhäufen wollte, was hilft das alles an dem Tage, da der Zorn Gottes hereinbricht? Entsage darum den nichtigen Dingen, denen du bisher nachgejagt hast, und gehe mit mir nach Kanaan! Da wollen wir Nimrods Bosheit meiden und Gott, der Himmel und Erde geschaffen hat, mit ganzem Herzen dienen." Auch Noah und Sem redeten zu Terach in derselben Weise.

Da entschloß sich Terach zur Auswanderung und zog mit seinem Sohne Abraham, dessen Frau Sarah und seinem Enkel Lot und allen seinen Knechten und Mägden und Herden nach Kanaan.

Abraham aber lehrte überall, wohin sie kamen, den Namen Gottes. (T. wej. 8 c–14 a.)

74. Mose

I.

Der König Pharao hatte einen seltsamen Traum: Er saß auf seinem Throne, da trat ein alter Mann ein, der hatte eine Waage in der Hand, die er dem Könige gegenüber aufhängte. Dann holte er alle die Ältesten und Vornehmsten Ägyptens, band sie zusammen und tat sie in die Waagschale. Danach holte er ein Milchlämmchen, legte es in die andere Waagschale – und es überwog alle Ältesten und Vornehmsten in Ägypten. Darüber staunte Pharao sehr, und als er erwachte, siehe, da war es nur ein Traum. Er stand eilig auf, rief nach seinen Leuten und erzählte ihnen seinen Traum, und sie wurden sehr bestürzt.

Nun befand sich unter den Weisen Pharaos ein Mann, der als Flüchtling nach Ägypten gekommen war und dort wegen seiner Weisheit eines großen Ansehens genoß, Namens Bileam, der sprach: „Dieser Traum bedeutet nichts Gutes für Ägypten! Es wird unter den Israeliten ein Sohn geboren werden, der wird Ägypten verwüsten und die Israeliten daraus führen. Dir aber, o König, kommt es zu, dem drohenden Unheil vorzubeugen."

„So rate nur," erwiderte der König, „was wir tun sollen! Denn alles, was wir bisher gegen dieses Volk unternommen haben, hat sich als nutzlos erwiesen."

Aber Bileam sprach: „So laß zuvor auch deine anderen beiden Räte kommen, daß wir auch ihren Rat hören! Alsdann will ich sagen, was mein Rat ist."

Da sandte der König hin und ließ seine anderen beiden Räte kommen: den Jethro aus Midjan und den Hiob aus dem Lande Uz.

Als sie vor ihm Platz genommen hatten, erzählte der König seinen Traum und sprach: „Nun gebet Rat, wie wir uns vor den Israeliten schützen!"

Da antwortete Jethro: „Lange lebe der König! Mein Rat ist der, sich von dem Volke fernzuhalten und ihm keinerlei Gewalt anzutun. Denn es steht in dem besonderen Schutze seines Gottes, der es sich vor alters zu seinem Volke auserkoren hat. Es ist dir nicht unbekannt, wie er ihren Vorfahren beistand: so dem Abraham gegen einen deiner Vorfahren, dem Isaak gegen den Philister Abimellech, dem Jakob gegen Esau und Laban. So hat auch dein Vorgänger sich freundlich gegen dieses Volk gezeigt, und das errettete ihn und sein Volk vom Hungertode. Darum, o König, laß deine Hand von diesem Volke! Willst du es aber nicht in deinem Lande dulden, so laß es nach Kanaan ziehen, in das Land, woher es gekommen ist!"

Ob dieser Rede war der König sehr erbittert, und Jethro mußte noch an demselben Tage mit Schimpf und Schande das Land verlassen und zog heim nach Midjan.

Nun wandte sich der König an Hiob: „Sprich, welchen Rat gibst du?"

„Herr," erwiderte dieser, „alle Bewohner Ägyptens sind ja in deine Hand gegeben, und so darfst du mit ihnen verfahren, wie dir gut dünkt."

„Nun, Bileam," sprach der König zuletzt, „wie lautet dein Rat?"

Und Bileam antwortete: „Es ist wahr, o König, dieses Volk hat einen mächtigen Beschützer an seinem Gotte, und deswegen kannst du ihm schwer beikommen. Willst du sie verbrennen, so rettet er sie, wie den Abraham aus dem Feuerofen; willst du sie mit dem Schwerte töten lassen, so hilft er ihnen, wie dem Isaak, als er geopfert werden sollte; willst du sie mit Arbeit drücken, er stärkt sie, wie den Jakob bei Laban. Aber eins hast du noch nicht versucht: das Wasser! Daraus hat ihr Gott noch keinen errettet. Laß alle neugeborenen Knäblein ins Wasser werfen!"

Dieser Rat gefiel dem Pharao und seinen Fürsten. Sogleich wurde der Befehl bekannt gemacht und Aufseher nach der Landschaft Gosen geschickt, um nach neugeborenen Knäblein zu spähen und sie ins Wasser zu werfen.

II.

Amram und Jochebed, ein gottesfürchtiges Ehepaar aus dem Stamme Levi, hatten zwei Kinder, Aaron und Mirjam. Über Mirjam kam der Geist Gottes, und sie weissagte im Hause, ihrem Vater werde ein Sohn geboren werden, der werde Israel aus der Sklaverei der Ägypter erlösen.

Ihr Wort ging bald in Erfüllung, und als das Knäblein zur Welt kam, da ward das Haus von einem Lichte erfüllt, als wenn darin die Sonne schiene. Die Mutter verbarg das Kind, das von wunderbarer Schönheit war, drei Monate lang vor den Augen der Späher, dann aber legte sie es in ein wasserdicht gemachtes Binsenkästchen und setzte dieses Kästchen in das Schilf am Ufer des Nil. Mirjam aber bleib in der Nähe, um zu sehen, was mit ihrem Brüderchen geschehen werde.

An demselben Tage hatte Gott eine ungewöhnliche Hitze über Ägypten gesandt, so daß die Königstochter mit ihren Jungfrauen zum Flusse ging, um zu baden. Da bemerkte sie das Kästchen, streckte ihre Hand danach und öffnete es – da lag ein Knäblein drin, das weinte. Das erbarmte sie, und sie beschloß, das schöne Kind zu retten.

Aber es wollte von der ägyptischen Frau, die die Königstochter herangerufen hatte, nichts annehmen, so daß Mirjam herbeieilte und fragte, ob sie eine hebräische Amme holen solle. Auf den bejahenden Bescheid hin eilte sie zu ihrer eigenen Mutter. Diese kam, und Bathja, so hieß die Königstochter, sprach zu ihr: „Dieses schöne Knäblein will ich an Sohnes Statt annehmen; ernähre es mir zwei Jahre lang, und ich gebe dir täglich zwei Silberlinge dafür!"

Die Mutter sagte gerne zu und empfing mit heißem Danke gegen Gott ihr gerettetes Kind. Nach zwei Jahren aber brachte sie es der Königstochter wieder, und diese gab ihm den Namen Mose, d.h. „der aus dem Wasser Gezogene".

III.

Einst saß der König Pharao bei Tische. Zu seiner Rechten saß die Königin, zu seiner Linken seine Tochter mit dem kleinen Mose auf dem Schoße; ihm gegenüber Bileam, der Zauberer, und andere vornehme Herren.

Da streckt das Kind seine Hand nach der Krone des Königs, holt sie herunter und setzt sie sich auf. Erschrocken sehen das die Tischgenossen und verwundern sich gewaltig.

Der König aber ruft hinüber: „Ihr weisen Männer, sagt an, was muß mit diesem vorwitzigen hebräischen Kinde geschehen?"

Da sprach Bileam: „O König, gedenke des Traumes, den du vor Jahren gehabt hast, und der Auslegung, die ich dir gegeben habe! Mich dünkt, das ist der hebräische Knabe, von dem dir Unheil droht. Laß dich nicht etwa der Gedanke betören, daß er das in kindlichem

Unverstande getan habe! So jung er ist, er weiß doch schon, was er will, und hat das mit klugem Bedacht getan. Darum ist mein Rat, dieses Kind zu töten."

Aber der König sprach: „Wir wollen doch zuvor die weisen Richter Ägyptens berufen, und wie sie entscheiden, so soll es geschehen!"

Da berief man schnell die weisen Richter. Aber ein Engel Gottes nahm die Gestalt eines Richters an und setzte sich mitten unter sie.

Als nun der König berichtet hatte, was das Kind getan, und daß sie entscheiden sollten, was dafür mit ihm geschehen solle, sprach der Engel: „Wenn es dir gefällt, o König, so bringe man zwei Schalen, die eine mit Edelsteinen, die andere mit glühenden Kohlen gefüllt. Wenn das Kind nach den Edelsteinen langt, so hat es mit bewußter Absicht gehandelt und soll sterben; greift es aber nach den glühenden Kohlen, so ist es kindlicher Unverstand, und dann bleibe es am Leben!"

Dieser Vorschlag gefiel dem Könige und allen Anwesenden. Man brachte die zwei Schalen und stellte sie vor das Kind. Schon wollte es nach den Edelsteinen greifen, aber der Engel lenkte seine Hand nach den Kohlen; es ergriff eine und führte sie nach Kinderart in den Mund und verbrannte sich Lippen und Zunge.

Nun erkannten der König und alle Herren, daß Mose ein Kind wie andere sei und nur aus Unverstand nach seiner Krone gegriffen habe, und ließen ihn nicht töten.

Aber Mose blieb sein Leben lang ein Mann mit schwerem Munde und schwerer Zunge.

IV.

Obgleich bei Hofe erzogen, besuchte Mose doch oft seine geknechteten Brüder in Gosen und erfuhr dort auch, daß Bileam dem Könige die bösen Anschläge gegen die Israeliten und gegen ihn geraten hatte. Darüber ergrimmte Mose und beschloß, den Bileam zu töten.

Als dieser davon hörte, fürchtete er sich und entfloh mit seinen beiden Söhnen nach Kusch (Äthiopien), dessen König Kikonus ihn freundlich aufnahm und zu seinem Ratgeber machte. Und als er bald darauf gen Osten zog, um zwei abgefallene Völker Asiens wieder zu unterwerfen, ließ er Bileam als Reichsverweser in seiner Hauptstadt zurück.

Aber Bileam benutzte die Abwesenheit des Königs, um sich selbst zum König ausrufen zu lassen. Dann befestigte er die Stadt, indem er sie auf zwei Seiten mit hohen Mauern, auf der dritten Seite bis zum Flusse, der ganz Kusch umfließt, mit Wasser umgab; auf der vierten Seite aber nistete er vermöge seiner Zauberkraft allerlei Schlangen und Gewürm ein. So glaubte er die Stadt uneinnehmbar gemacht zu haben.

Als der König aus dem Kriege heimkehrte und nicht in seine Stadt hineingelassen wurde, auch eine versuchte Bestürmung der Stadt nichts half, entschloß er sich, die Stadt mit seinem Kriegsvolke zu belagern.

Nun hatte Mose den ägyptischen Aufseher getötet, weil er einen Israeliten geschlagen, und sollte deshalb vom Pharao getötet werden; aber er entfloh nach Kusch, traf vor der Hauptstadt dieses Landes den König Kikonus und half ihm die Stadt belagern.

Mose war damals 18 Jahre alt, aber von wunderbarer Schönheit, von großer Klugheit und stark wie ein Löwe. Er wurde gern aufgenommen, und als nach Verlauf von neun Jahren Kikonus starb, wählte sein Kriegsvolk den Mose zum König und gab ihm die Witwe des Kikonus, die Adonia, zum Weibe. Dem Kikonus aber errichteten sie ein steinernes Denkmal und schrieben seine Kriegstaten darauf.

Aber die Krieger wurden ungeduldig, weil sie die Stadt schon neun Jahre lang belagert und doch nicht erobert hatten und sich nach ihren Weibern und Kindern sehnten. Sie kamen also zu Mose und baten ihn um Rat. Da befahl Mose, es sollte jeder ausgehen und sich einen jungen Storch fangen, ihn aufziehen und zur Jagd abrichten. Das geschah, und als die Störche groß genug waren, machte Mose bekannt, daß sie drei Tage lang nichts zu fressen bekommen sollten. Am dritten Tage aber gebot Mose: „Nun gürtet eure Schwerter um, steigt auf eure Rosse und nehmt jeder seinen Storch mit! Wir wollen heute die Stadt auf der Seite bestürmen, wo sich die Schlangen und das Gewürm aufhalten."

Und so geschah es. Sobald sich die Scharen der Schlangenseite genähert hatten, befahl Mose, daß jeder seinen Storch freiließe. Da stürzten sich die Störche auf die Schlangen und Würmer, so daß bald

keine mehr übrig waren. Dann erhob das Heer ein gewaltiges Kriegs-
geschrei und gewann den Eingang der Stadt mit Leichtigkeit. Bileam
und seine zwei Söhne und acht Brüder entkamen dem Blutbade nur
dadurch, daß sie fliehend die Stadt verließen.

Nun wurde Mose von neuem zum König erhoben, auf den königlichen Thron gesetzt und mit des Kikonus Krone geschmückt.

Als aber die von Kikonus bezwungenen Länder hörten, daß dieser gestorben sei, fielen sie von Kusch ab; doch Mose zog wider sie
und bezwang sie von neuem, so daß sie ihm untertan blieben. So
herrschte er gewaltig, gefürchtet von seinen Feinden, geliebt und
geehrt von seinem Volke.

Kikonus aber hatte einen Sohn hinterlassen, Menacherus mit
Namen. Der war inzwischen zu einem Helden herangewachsen, und
seine Mutter Adonia hätte ihn gern auf dem Throne seines Vaters
gesehen. Als nun einst die Vornehmen des Reiches bei Mose versammelt waren, hob sie an und sprach: „Hört doch, ihr Männer von
Kusch, was ich euch sagen will! Vierzig Jahre sind es nun, daß Mose
euer König ist und ich sein Weib, und in der ganzen Zeit hat er mich
nicht ein einziges Mal als sein Weib betrachtet, und nicht ein einziges Mal unsern Gott angebetet. Was dünkt euch nun? Ist es nicht
eine Schande, einen Fremden über euch herrschen zu lassen, der
nicht von eurem Fleisch und Blut ist, während Menacherus, mein
und eures letzten Königs Sohn, gar stattlich einhergeht und wohl
angetan ist euer König zu sein?"

Wie nun das Volk diese Worte der Königin hörte, erkannte es,
daß sie wahr gesprochen und wählte am andern Morgen den Menacherus zu seinem Könige. Da sie aber auch des Eides gedachten,
den sie Mose geschworen, als sie ihn zum Könige machten, so taten
sie ihm nichts zu leide, sondern brachten ihm reiche Geschenke.

So verließ Mose in Ehren das Land, das er vierzig Jahre lang
glücklich regiert hatte.   *(T. wej. 70 a ff.)*

75.   Salomo und Noëmi

Als Salomo von dem Geiste Asmodai vierhundert Meilen weit ge-
schleudert war, so daß er als Bettler unherirrte, kam er auch in die

Hauptstadt der Ammoniter, wo der König wohnte. Auf dem Markte bemerkte ihn der Küchenmeister des Königs, gab ihm einige von den gekauften Vorräten zum Heimtragen und behielt ihn dann auf sein inständiges Bitten zu allerlei Handlangerdiensten in der Küche.

Eines Tages gab ihm Salomo eine Anweisung zur Herstellung von Speisen, die dem Könige vortrefflich schmeckten; und als er sie deshalb noch öfter zu essen bekam, lobte er sie nicht nur sehr, sondern fragte den Küchenmeister auch, wie es komme, daß die Speisen jetzt besser schmeckten als bisher. Da teilte ihm dieser mit, wer ihm geholfen, und der König machte den Salomo zum Küchenmeister.

Aber des Königs schöne und sittsame Tochter Noëmi hatte den Salomo liebgewonnen und sich ihm versprochen. Als nun ein reicher König um sie freite, offenbarte sie ihrem Vater, daß ihr Weisheit und Geschicklichkeit höher ständen als Macht und Reichtum und sie sich deshalb dem weisen Küchenmeister verlobt habe.

Als der König das hörte, ward er so zornig, daß er beide töten lassen wollte; aber die Königin, die die Verlobung längst wußte, beschwichtigte ihn soweit, daß er sie beide in die Wüste verbannte.

So zogen sie mittellos landaus, landein und kamen in eine Stadt, wo man eben auf dem Markte Fische verkaufte. Auch Salomo kaufte einen. Als er ihn aber öffnete, fand er den Ring, den Asmodai ins Meer geworfen hatte, und steckte ihn an seine Hand. Sogleich kam der Geist Gottes über ihn, und er ward ein anderer Mensch.

Mit seiner treuen Noëmi eilte er nun nach Jerusalem und meldete sich beim Synhedrion.

Nachdem er seine unbestrittene Herrschaft wieder erlangt hatte, schrieb er an den König von Ammon, er solle samt der Königin sogleich vor ihm erscheinen, sonst werde er ihn mit Kriegsvolk heimsuchen. Der Ammoniterkönig geriet in Furcht und kam sogleich; aber er ward freundlich empfangen und herrlich bewirtet.

Bei der Tafel fragte ihn Salomo, warum er seine schöne Tochter nicht mitgebracht habe. Da erzählte ihm der Ammoniter, wie er sie samt dem Küchenmeister vertrieben habe. „Da habt ihr Unrecht getan," erwiderte Salomo, „denn er war ja ein geschickter Mann." Dann stand er von ungefähr vom Tische auf, legte die Kleider an, in denen er vertrieben worden war, und erschien so mit Noëmi im Saale. Der König und die Königin waren nicht wenig verwundert, sie hier zu sehen, und als sich König Salomo zu erkennen gab, fielen sie ihm zu Füßen und baten um Verzeihung. Aber Salomo hob sie auf, tat ihnen große Ehre an und entließ sie hocherfreut in ihre Heimat. *(R. Mb. 84 b–d.)*

76. Haman und Mordechai

Als Haman das Pferd und die königlichen Gewänder zu Mordechai brachte, um ihn dem königlichen Befehle gemäß durch die Stadt Susa zu führen, da sagte Mordechai: „Ich muß mir erst mein Haar scheren lassen, da es nicht Sitte ist, mit langem Haar vor den König zu erscheinen."

Die Königin Esther aber hatte allen Bartscherern verboten, dem Mordechai das Haar zu scheren. Also blieb nichts anderes übrig, als daß Haman eine Schere holte und den Mordechai schor. Bei dieser Arbeit seufzte Haman schwer. „Warum seufzest du so sehr?" fragte ihn Mordechai.

„Wie sollte ich nicht traurig sein und seufzen," erwiderte Haman, „wenn ich gedenke, wie hoch in Ansehen ich beim König stand und jetzt eines Bartscherers Arbeit tun muß!"

„Ei, was bist du für ein Bösewicht," sagte da wieder Mordechai, „daß du so hochmütige Rede führst, da du doch an die zwanzig Jahre lang ein Bader gewesen bist!"

Nachdem er den Mordechai geschoren hatte, legte er ihm die königlichen Gewänder an und hieß ihn auf das Pferd steigen. Aber Mordechai sprach: „Das dreitägige Fasten hat mich so angegriffen, daß ich noch nicht recht fest auf meinen Beinen stehen kann, wieviel weniger sie so hoch heben, um das Pferd zu besteigen." Da mußte sich Haman bücken, damit Mordechai über seinen Rücken auf das Pferd steigen konnte.

Dann begann der Ritt durch die Straßen der Stadt. Dabei entfuhr dem Mordechai manches spottende Wort über Haman. Dieser sprach: „Es steht doch in eurer heiligen Schrift (Spr. Sal. 24, 17): ‚Über den Fall deines Feindes freue dich nicht!' und du freust dich über meinen Fall?"

Mordechai erwiderte: „Ja, wenn du nicht ein solcher Bösewicht wärest! Dir gegenüber heißt es: ‚Ob der Gerechten Glück frohlockt die Stadt, und wenn die Frevler untergehen, ist Jubel'" (Spr. Sal. 11, 10). Also reitet er weiter, und Haman ruft vor ihm aus: „So geschieht dem Manne, den der König zu ehren wünscht!" (Esther 6, 11.)

Als sie an Hamans Hause vorbeikamen, stand seine Tochter auf der Treppe und dachte in ihrem Herzen: „Der dahergeritten kommt ist sicherlich kein anderer als mein Vater; und der ihm die Zügel hält, ist der Jude Mordechai!" Alsobald ging sie hin, holte einen Topf mit Unrat und schüttete ihn über Hamans Kopf. Als aber Haman sein Antlitz nach seinem Hause hinauf wandte, erkannte ihn seine Tochter und erschrak so heftig, daß sie von der Treppe fiel und starb.

(R. Mb. 37 d.)

77.   Der alte Gott lebt noch

Als Haman vom König Ahasverus die Erlaubnis erbat, alle Juden im persischen Reiche vertilgen zu lassen, erwiderte der König: „Das geht nicht an, denn ihr Gott wird das nimmer zulassen. Schon haben weit größere und mächtigere Könige als ich in früheren Zeiten Hand an sie legen wollen; aber sie haben ihre Absicht niemals ausführen können, und ihr Unternehmen brachte ihnen selbst nur Spott und Schaden. Uns würde es nicht besser ergehen. Drum gib dein Vorhaben auf und rede mir nicht mehr davon!"

Aber Haman wiederholte sein Anliegen immer wieder, seine Verleumdungen wurden immer kühner, um den König mehr und mehr gegen die Juden zu erbittern, bis dieser endlich sprach: „Nun denn, wenn die Juden wirklich so hochmütig, so ungehorsam und so gefährlich sind, wie du sagst, so mag ihnen geschehen, wie du wünschest. Doch wollen wir zuvor noch alle Weisen und Schriftkundigen meines Reiches zusammenrufen und auch ihre Meinung hören."

Sofort ließ Haman sie berufen, und als sie vor dem Könige erschienen waren, fragte er sie, ob auch sie der Meinung wären, daß alle Juden in dem Perserreiche ausgerottet werden sollten. Mit Staunen und Entsetzen hörten die Weisen diese Frage. „Wer ist der Verwegene," riefen sie, „in dessen Herz solch ein Gedanke kommen konnte? Ihr Gott ist mächtig genug, sie zu beschützen, und er hat sie beschützt und wird sie beschützen, wie er durch seinen Propheten Jeremias verheißen hat (33, 25): ‚Gilt nicht mein Bund noch mit dem Tage und mit der Nacht? So werde ich auch nie verschmähen den Stamm Jakobs.‘ Ihr Gott nennt sich ihren Vater und sie seine Kinder. ‚Ihr seid Kinder des Ewigen, eures Gottes,‘ lehrte sie Moses (5. B. 14, 1). ‚Mein erstgeborener Sohn ist Israel,‘ sagte ihr Gott zum mächtigen Pharao (2. B. M. 4, 22). Und keinem Volke ist sein Gott so nahe, wenn sie ihn anrufen, wie diesem, was du in dem Buche dieses selben Moses lesen kannst (5. B. 4, 7). Wie willst du dich also unterstehen, den Kindern Gottes Gewalt anzutun oder gar ans Leben zu gehen? Wie kannst du hoffen, seiner Strafe zu entgehen? Weißt du nicht, wie es dem Pharao von Ägypten und dem Assyrerkönig Sancherib erging? Darum, o König, laß dich warnen und tue diesem Volke nichts zu leide!“

Aber Haman erwiderte: „Das sind alte Geschichten aus den Tagen der Vorzeit und beweisen nichts für heute. Dieser Gott der Vorzeit, der den Pharao und sein Heer ins Meer stürzte, die Israeliten aber unter großen Wunderzeichen und Machttaten errettete, ist inzwischen alt und schwach geworden. Er rettet schon lange nicht mehr und mußte sein Volk preisgeben. Hat er es doch nicht verhindern können, daß Nebukadnezar von Babylonien hinauszog nach Jerusalem, seinen Tempel zerstörte und verbrannte, die Juden aber in alle Welt zerstreute. Oder ist das ein Zeichen von Kraft und Stärke? Nein, ihr Gott ist alt und schwach geworden und kann sie nicht mehr schützen.“

Nach dieser Rede Hamans wurde sein Antrag, die Juden zu vernichten, angenommen und Briefe in alle Provinzen des Reiches geschickt mit folgendem Inhalt:

„Unbegrenzter Friede sei mit euch! Es sei euch hiermit kundgetan, daß Haman, selbst ein Fremder in unserem Lande, aber aus königlichem Geblüte vom Stamme Amalek und von mir hochgeehrt, eine kleine Bitte an mich gerichtet hat, ein unter uns lebendes Volk betreffend. Dieses Volk, obwohl verachtet, dünkt sich mehr als andere, schmäht den König, lästert uns und will nicht unser Bestes. Es erkennt die Wohltaten, die es von uns genießt, nicht an, wie es schon dem König von Ägypten, der sie doch freundlich aufgenommen hatte, mit Undank lohnte. Was tat ihr Anführer Moses weiter? Die Amalekiter überwand er durch eine ausgewählte Mannschaft; ich kenne die Männer nicht, die er ausgesucht; ich weiß nicht, ob es Zauberer oder Kriegskundige waren; aber die Amalekiter erlagen ihnen. Dann haben sie noch manchen König geschlagen, wodurch, das weiß ich nicht. Und was hat Josua, der Schüler jenes Moses, getan? Er hat 31 Könige erlegt und ihr Land schonungslos an die Israeliten verteilt; die Überlebenden aber machte er zu Sklaven. Ihr erster König Saul überfiel die Amalekiter, erschlug 100 000 Reiter an einem Tage und schonte weder Mann noch Weib, weder jung noch alt. Wodurch er sie tötete, weiß ich nicht. Dann folgte ein König, Namens David, der schonungslos alle Reiche zugrunde richtete. Sein Sohn und Nachfolger Salomo baute den Israeliten ein Haus, er nannte es ein Heiligtum – was darin war, weiß ich nicht. In dieses gingen sie hinein, ehe sie in den Krieg zogen, trieben Zauberkünste darin, und wenn sie herauskamen, schlugen sie alles nieder und verwüsteten die Welt. Aus Übermut empörten sie sich gegen ihren Gott, der freilich alt geworden war, so daß Nebukadnezar kam und ihren Tempel verbrannte und das Volk aus seinem Lande wegführte und unter uns versetzte. Ihre häßliche und gemeingefährliche Handlungsweise haben sie bis heute nicht verändert, und obgleich sie Fremde unter uns sind, spotten sie doch unser und verhöhnen unseren Glauben. Wir haben daher ihren Untergang beschlossen und das Los geworfen, um zu erfahren, zu welcher Zeit sich unser Plan, sie aus der Welt zu vertilgen, ausführen läßt; das Los ist auf den 13. Adar gefallen. Haltet euch darum, wenn dieser Brief an euch gelangt, auf diesen Tag bereit, alle Juden, die unter euch leben, jung und alt, auch Kinder und Frauen, ohne Ausnahme zu erschlagen und lasset keinen Rest von ihnen übrig!"

Dieses Schreiben, ein schmähliches Zeugnis seiner Unwissenheit und Bosheit, wurde vervielfältigt, untersiegelt und in alle Städte gesandt. Der böse Anschlag Hamans wurde, wie männiglich bekannt, vereitelt, das Verderben ereilte ihn selbst und sein Haus. Aber seine Verleumdungen und böswilligen Entstellungen leben fort und sind von den Feinden der Juden immer wieder vorgebracht worden.

(Midr. meg. Esth. 3, 9.)

78. Trost im Leid

Als Alexander der Große, der König von Mazedonien, merkte, daß er sterben werde, sandte er an seine Mutter einen Brief, in welchem folgendes geschrieben stand:

„Geliebte Mutter! Denke daran, daß alles Irdische vergänglich ist und alle Menschen einmal sterben müssen. Desgleichen sollst du daran denken, daß dein Sohn ein großer König war und du als Mutter eines großen Königs anders dich benehmen mußt, als die Mutter eines kleinen Königs. Vernimm denn! Sobald du sichere Kunde hast von meinem Tode, so laß ein großen Gastmahl zubereiten und lade dazu alle Großen meines Reiches. Damit jedoch nur eitel Lust und Fröhlichkeit bei diesem Mahle herrsche, so laß zugleich verkünden: wen irgendwelches Leid betrübt hat, der bleibe fern! Ich will nur fröhliche Gesichter bei dem Mahle sehen."

Die Mutter tat, wie Alexander ihr geheißen hatte, rüstete ein königliches Mahl und lud die Gäste. Doch was geschah? Sie wartete vergebens, nicht ein einziger erschien. Verwundert und bekümmert fragt die Königin die Diener alle: „Habt ihr denn die Gäste nicht geladen? Warum kommt denn keiner?"

Da erwiderte ein alter Diener: „O Königin, du fügtest deiner Einladung hinzu: wen irgendwelches Leid betrübt, der bleibe fern! Ich will nur fröhliche Gesichter bei dem Mahle sehen. Nun gibt es keinen Menschen, der nicht irgendwelches Leid erfahren hat, und darum konnte keiner kommen."

Als die Königsmutter diese Worte hörte, rief sie aus: „O weiser Alexander, nun begreife ich, warum du mir gebotest, ein Gastmahl anzusagen und nur diejenigen zu laden, die noch kein Leid erfahren haben. Damit wolltest du mich lehren, daß es solche Menschen gar nicht gibt, und dieses soll mich trösten." *(S. han. 6 c–d.)*

79. Gib deinen Zehnten!

Ein frommer Mann besaß einen Acker, der trug ihm reichlich Korn; und wenn er seine Ernte beendet hatte, so vergaß er niemals, wie es Gott befohlen, den zehnten Teil der Ernte an den Priester abzuliefern. Ob dieser Redlichkeit verlieh ihm Gott so reichen Segen, daß ihm der Acker jährlich tausend Scheffel brachte und er jährlich hundert Scheffel Korn dem Priester geben konnte.

Als nun die Zeit kam, daß er sterben sollte, rief er seinen einzigen Sohn und sprach zu ihm: „Mein Sohn, ich weiß nicht, ob ich mich von diesem Krankenlager noch erheben werde. Doch wenn ich sterbe, so achte stets gewissenhaft darauf, daß du den Zehnten deiner Ernte an den Priester lieferst! Dann wird der Segen Gottes dir nicht fehlen."

Dann starb der Mann, und sein Sohn tat, wie er ihm anempfohlen hatte. So trug auch ihm der Acker tausend Scheffel Korn das Jahr, davon er hundert Scheffel an den Priester sandte.

Doch bald verdroß es ihn, alljährlich soviel abzugeben, und er behielt den Zehnten lieber für sich selbst. Alsbald verlor der Acker seine Fruchtbarkeit, und bei der dritten Ernte gab er nur noch hundert Scheffel Korn. Darüber war der Sohn sehr betrübt und grämte sich.

Als seine Freunde das vernahmen, legten sie festliche Kleidung an und kamen in sein Haus, um ihn wie einen Priester zu begrüßen. Als er sie so gekleidet sah, da rief er aus: „Ei, sagt mir nur, wie soll ich das verstehen? Wollt ihr mir etwa zeigen, wie ihr euch freut, daß mir's so übel geht?"

„O nein," erwiderten sie, „es tut uns herzlich wehe, daß dein Wohlstand so zurückgegangen ist. Allein daran ist niemand schuld als du allein. Warum hast du denn den Zehnten nicht entrichtet, wie dein Vater es getan, und wie er dir empfohlen hat? Solange du den Zehnten gabst, warst du der Eigentümer, und Gott der Priester, der ihn nahm. Er nahm die hundert Scheffel an, und dir verblieben noch neunhundert. Seit du den Zehnten aber nicht entrichtest, ward Gott, dem alles Land gehört, der Eigentümer, und du selbst der Priester nur: er hat dir hundert Scheffel abgegeben, und die neunhundert für sich selbst zurückbehalten." *(W. Mb. No. 100.)*

80.   Der stolze Arme

Rabbi Judas Weib ging auf den Markt und kaufte Wolle; die spann sie und ließ einen Mantel daraus machen. So oft sie auf den Markt ging, hatte sie diesen Mantel an.

Auch R. Juda hüllte sich in diesen Mantel, so oft er in das Gotteshaus ging; und jedesmal, wenn er ihn sich umlegte, pries er Gott, der in seiner Gnade die Nackten kleidet.

So waren sie des Mantels froh und hatten beide außer ihm kein weiteres Gewand.

Einst setzte das Oberhaupt der Schule, R. Simon ben Gamliel, einen Fasttag an. Die Gelehrten und die Schüler kamen alle, nur nicht R. Juda,

Da sprach der eine und der andere: „Er kommt nicht, weil er keinen Mantel hat." Da sandte R. Simon ihm durch einen Jünger einen Mantel.

R. Juda saß auf seiner Decke, als man ihm den Mantel brachte. Er wies ihn zurück und sagte: „Sieh doch, wieviel Geld ich habe!" und hob die Decke auf.

Da sah man freilich Geld genug – und der Jünger ging mit seinem Mantel wieder heim zu R. Simon.

Dem R. Juda aber war das Wunder geschehen, weil er keine Gabe nehmen wollte. *(W. Mb. No. 78.)*

81. Der Hochmütige

Ein frommer Mann ging über Land, und der Prophet Elias ging mit ihm. Da kamen sie an einem Aas vorbei, das auf dem Wege lag und das so übel roch, daß sich der fromme Mann die Nase zuhielt und seinen Gang beschleunigte. Elias aber blieb bei seinem Schritt, und da der fromme Mann sich wunderte, so gab er ihm zur Antwort: „Ich rieche nichts."

Sie gingen weiter. Da kam ein Mann ihnen entgegen, gar stolz und selbstbewußt, dem man den Hochmut schon von weitem ansah. Da hielt sich der Prophet die Nase zu und sprach zum frommen Manne: „Mein Freund, jetzt merk' ich auch, wie schlecht es riecht!"

„Wie," rief der fromme Mann, „jetzt, wo kein Aas zu sehen, hältst du dir die Nase zu, und vorhin, als der Moderduft mich fast betäubte, hast du nichts gerochen? Wie soll ich das verstehen?"

Da sprach Elias: „Sieh diesen stolzen Mann! Sein Hochmut macht ihn unerträglicher als jenes Aas. Wer das berührt, beschmutzt

sich äußerlich; doch wer mit diesem Manne in Berührung kommt,
der nimmt an seiner Seele Schaden." *(K. haj. c. 7.)*

82.   Kaiser Titus und die Mücke

Als der böse Titus Jerusalem erobert hatte, rief er prahlend aus: „Wo
ist der Gott der Juden, dessen sie sich so gerühmt haben? Warum
kommt er nicht zu ihrer Hilfe?" Dann entweihte er den Tempel,
indem er in das Allerheiligste drang, das niemand betreten durfte
außer dem Hohenpriester, und auch dieser nur einmal im Jahre – am
Versöhnungstage –, trieb Unfug darin, durchstach den heiligen Vor-
hang mit dem Schwerte, daß Blut herausquoll und benutzte ihn
dann als Tuch, in welches er die kostbaren Tempelgeräte schlug und
mit sich nahm.

Als er mit seinem Raub zu Schiffe heimwärts fuhr, erhob sich ein
so gewaltiger Sturm, daß alle ihren Untergang vor Augen sahen. „Es
scheint," rief Titus aus, „der Gott der Juden ist nur mächtig auf dem
Wasser! Drum mußte Pharao im Meer ertrinken, und Sisera fand
seinen Tod im Bache Kison. Nun will er auch an mich. Wär's auf
dem Lande nur, ich wollte mich schon wehren!"

Da erscholl ein Himmelsruf, der also lautete: „Du ruchloser Bösewicht! Das winzigste meiner Geschöpfe ist die Mücke. Komm auf
das Land und wehr' dich gegen diese!"

Alsbald hörte der Sturm auf, und das Schiff kam ungefährdet
heim. Kaum aber war Titus an das Land gestiegen, so flog ihm eine
Mücke in die Nase, durchdrang das Sieb und drang ihm ins Gehirn.
Er fühlte, wie sie sich von seinem Hirne nährte, bei jedem ihrer
Bissen dröhnte es in seinem Kopfe wie ein Hammerschlag, und so
ging's ohne Unterbrechung Tag und Nacht. Kein Arzt vermochte
ihm zu helfen, ihn von dem bohrenden Schmerze zu befreien.

Eines Tages ging der Kaiser an einer Schmiede vorüber. Vor seinem Amboß stand der Schmied und schlug mit seinem Hammer auf
das glühende Eisen. Erschreckt vom ungewohnten Schlage, hielt die
Mücke an, und der Kaiser rief hocherfreut: „Habt Dank, ihr Götter,
daß ihr mir dieses Heilmittel gezeigt habt!"

Nun ging er täglich vor die Schmiede, und sobald die Mücke den lauten Hammerschlag vernahm, hielt sie in ihrer quälenden Arbeit inne, und der Kaiser schöpfte neue Hoffnung. Allein nach dreißig Tagen hatte sich die Mücke an den Hammerschlag gewöhnt und achtete nicht mehr darauf.

Nach sieben Jahren war das ganze Gehirn aufgezehrt, und der Kaiser mußte sterben. Doch da er gemerkt hatte, daß ihm das Unheil von dem Gotte der Juden gesandt war, den er so trotzig verhöhnt hatte, so fürchtete es dessen Rache noch nach dem Tode. Er befahl deshalb, man solle seinen Leichnam verbrennen und die Asche über sieben Meere streuen, damit der Judengott ihn nicht finde und ihn weiter strafe.

Sein Befehl ward ausgeführt.

Zuvor jedoch öffnete man den Kopf des Kaisers, um zu sehen, was ihm eigentlich die Pein verursacht hätte. Da fand man denn die Mücke, die war so groß wie eine Taube und wog zwei Pfund.

(Zeënu ur'enu, S. 369.)

83.   Der brave Alte

Der Kaiser Hadrian lustwandelte einst in der Nähe der Stadt Tiberias. Da sah er einen alten Mann, der damit beschäftigt war, Feigenbäume zu pflanzen.

„Alter, Alter," rief er ihm zu, „begnüge dich damit, in jüngeren Jahren gearbeitet zu haben! Jetzt solltest du daran denken Feierabend zu machen."

„Wohl habe ich von Jugend auf gearbeitet," versetzte der Alte, „aber die Arbeit macht mir Freude, und so arbeite ich weiter und wünsche mir nur ein langes Leben, um noch recht lange nützlich arbeiten zu können."

„Wie alt bist du denn schon?"

„Hundert Jahre."

„Und da pflanzest du noch Feigenbäume? Bist du so sicher, daß du ihre Früchte noch genießen wirst?"

„Wenn es Gott gefällt, so erlebe ich die Früchte noch; gefällt es ihm nicht, so genießen sie meine Kinder. Haben doch meine Eltern für mich gearbeitet, warum sollte ich nicht für meine Kinder arbeiten?"

Diese Antwort gefiel dem Kaiser. „Höre Alter," sagte er deshalb, „ich beschwöre dich, daß du es mir mitteilest, falls du die Früchte noch erlebst."

Der Kaiser setzte seinen Weg fort, manches Jahr verging, und endlich trugen die Bäume Feigen.

„Das muß ich dem Kaiser melden," rief der Greis freudig aus, füllte einen Korb mit den auserlesensten Früchten und brachte ihn zum Palaste.

Am Eingange wird er angehalten, und ein mürrischer Posten ruft ihm zu, was er begehre.

„Saget dem Kaiser," erwiderte der Greis, „ein alter Jude bitte um die Gnade, bei Sr. Majestät vorgelassen zu werden."

Er wurde dem Kaiser gemeldet, und dieser befahl, den Alten herein zu lassen. Er trat ein, verbeugte sich, und der Kaiser fragte nach seinem Anliegen.

Da sprach der Greis: „Erinnerst du dich noch, mein Kaiser, des alten Mannes, den du vor Jahren beim Pflanzen von Feigenbäumen fandest? Du stauntest, daß ein Mann von hundert Jahren noch Bäume pflanzen mochte, deren Früchte er doch nach menschlicher Berechnung nicht mehr genießen konnte, und befahlst ihm, falls er die Früchte noch erlebte, es dir mitzuteilen. Nun denn, jener alte Mann bin ich, und dieses sind die Früchte!" Bei diesen Worten erhob sich der Kaiser, eilte auf den Alten zu, begrüßte ihn herzlich und setzte ihn mit eigener Hand auf einen goldenen Stuhl. Dann gab er Befehl, die Feigen für seine eigene Tafel aufzuheben, den Korb aber mit Goldstücken zu füllen.

Erstaunt sahen die Diener den Kaiser an, der einen alten Juden so auszeichnete. Aber Hadrian sagte: „Sollte ich nicht einem Manne Ehre erweisen, den sein Gott so sichtbarlich geehrt hat?"

Der Greis zog fröhlich heim und erzählte seinen Nachbarn von der Auszeichnung, die ihm geworden war. Da war auch einer, ein einfältiger Mann, der eine böse Frau hatte, die aus der ganzen Erzählung nichts weiter entnahm, als daß der Greis dem Kaiser Feigen gebracht und dafür soviel Gold bekommen hatte.

Sie fuhr deshalb ihren alten Mann mit dieser Rede an: „Dummkopf, der du bist, daß du nicht siehst, was dein Nachbar längst gesehen hat. Siehst du nicht, daß der Kaiser Feigen gerne ißt? Daß er sie mit Golde bezahlt? Ich dächte, was andere können, solltest du auch können."

Der gute Mann beeilte sich, seinem bösen Weibe zu gehorchen, füllte nicht nur einen Korb, sondern einen ganzen Sack mit auserlesenen Feigen und zog damit zum Kaiser. Vor dem Palaste angehalten und nach seinem Begehren gefragt, gibt er zur Antwort: „Ich habe gehört, daß der Kaiser die Feigen so gerne ißt, daß er sie mit Golde bezahlt; darum bringe ich ihm einen ganzen Sack voll."

Das wird dem Kaiser gemeldet, der Bauer wird vorgelassen und wiederholt sein Anerbieten. Hadrian aber ließ den einfältigen Mann vor das Tor des Palastes stellen, und jeder, der hineinging oder herauskam, warf ihm eine von den Feigen ins Gesicht. Erst als keine Feigen mehr im Korbe waren – es war inzwischen Abend geworden –, hatte das Spiel ein Ende.

Traurig kehrte der Mann mit dem leeren Sacke heim und überhäufte sein Weib mit Vorwürfen: „Alle mir gewordene Ehre habe ich dir zu verdanken."

Aber das böse Weib erwiderte: „Danke Gott, daß es nur Feigen und nicht Orangen, und daß es keine unreifen, sondern reife Feigen waren!"   *(Midr. Koh. 2, 20.)*

84. Am Tage des Gerichts

Einst, am Tage des Gerichts, ergeht an jeglichen die Frage: „Wie hast du dich zu Gottes Wort gestellt? Hast du mit Fleiß darin geforscht, wie ich es einst durch meinen Diener Mose anbefohlen? Hast du der Weisen Wort und Auslegung gelauscht, um Gottes Wort auch richtig zu verstehn und zu befolgen?"

Dann gibt ein Armer wohl die Antwort: „Ach Herr, ich war ein armer Mann, von Not und Elend heimgesucht, und hatte es so schwer, mich und die Meinen kärglich zu ernähren, daß ich nicht Zeit noch Kraft erübrigte, im Gotteswort zu forschen."

Da wird ihm die Erwiderung: „Warst du denn ärmer noch als Hillel?"

Hillel war ein armer Mann aus Babylon und nach Jerusalem gekommen, um sich dort die Kenntnis der Gesetze und der Lehren, wie Semaja und Abtalion sie lehrten, anzueignen. Von dem geringen Lohn, den er als Holzhacker verdiente, gab er die Hälfte an den Türsteher des Lehrhauses und lebte mit den Seinen von der anderen Hälfte. Einst aber hatte er gar nichts verdient und konnte so den Eintritt in das Lehrhaus nicht bezahlen. Da setzte er sich draußen vor das Fenster, um den Worten der berühmten Lehrer zuzuhören. Es war gerade zu Beginn des Winters, ein starker Schneefall setzte ein, und Hillel, ganz erstarrt vor Kälte, wurde vollständig vom Schnee bedeckt. So fand man ihn, als man das Hindernis entfernen wollte, um das Tageslicht hereinzulassen. Nur mühsam brachte man ihn wieder zum Bewußtsein und zum Leben.

Seitdem gilt auch die Armut nicht mehr als Entschuldigung für unterlassene Beschäftigung mit Gottes Wort.

Dann wird dieselbe Frage an den reichen Mann gerichtet. „Ach Herr," erwidert der, „ich war ein reicher Mann und hatte viel zu tun, war viel begehrt und hatte keine Zeit, nicht abends und nicht morgens, daheim nicht und nicht auf der Reise – wie hätte ich mich da mit deinem Wort befassen können?"

Darauf wird ihm die Antwort: „Warst du denn reicher noch als Eleasar, Sohn des Charsom?"

Von diesem Eleasar wird berichtet, daß ihm sein Vater 1 000 Dörfer auf dem Lande und 1 000 Schiffe auf dem Meere hinterlassen hatte. Gleichwohl ließ er das alles unbeachtet und wanderte von Ort zu Ort, zu lauschen und zu lernen, wo er einen Weisen fand, der Gottes Wort ihm auszulegen wußte. Einmal begegnet ihm der Diener einer, der aber nicht den Herrn in ihm erkennt, und spricht: „Halt an, du Träger! Weißt du nicht, daß wir beim Ernten sind und jeder mitarbeiten muß?" Doch Eleasar antwortet: „Laß mich in Ruh, ich habe keine Zeit, ich lerne Thora." Da ruft der Knecht: „Beim Leben Eleasars, Sohn des Charsom, ich lasse dich nicht fort! Komm an die Arbeit!" Da gibt ihm Eleasar all sein bares Geld, damit er ihn in Ruhe lasse und geht unerkannt des Weges weiter. So tat er all sein Leben lang. Seitdem gilt auch der Reichtum nicht mehr als Entschuldigung für unterlassenes Forschen in dem Worte Gottes.

Ein Sünder auch, an den dieselbe Frage, wie an jene zwei, gerichtet wird, gibt diese Antwort: „Ach Herr, ich war so schön, daß jeder, der mich sah, mich lieb gewann, mir schmeichelte und meine Liebe suchte. Das hat dann all mein Sinnen, alle meine Zeit und Kräfte so gefordert, daß mir für dich und deine Lehre weder Zeit noch Sinn geblieben ist."

Darauf wird ihm die Antwort: „Warst du denn schöner als Josef?"

Nicht Schmeicheleien, nicht Geschenke und nicht Drohungen vermochten diesen von der Bahn der Tugend abzulenken. Er sprach bei jeglicher Versuchung: „Wie sollte ich so Übles tun und sündigen wider Gott!"

Und so muß dieser Sünder auch verstummen.

Die drei genannten Männer aber: Hillel, Eleasar (Charsoms Sohn) und Josef, sollen deshalb allen Armen, allen Reichen, allen Sündern ein Vorbild bleiben allezeit. *(All. Gesch. No. 64.)*

85. Vom Beten

R. Jose ging einmal über Feld, und da es Zeit zum Beten war, so trat er in ein verfallenes Haus, um darin sein Gebet zu verrichten. Nachdem er das getan hatte, kam er wieder heraus.

Aber der Prophet Elias, der an der Tür gestanden hatte, um seiner zu warten, trat auf ihn zu und rief: „Friede dir, mein Rabbi!" Sogleich erwiderte R. Jose: „Friede auch dir, mein Rabbi und Meister!"

Und Elias fuhr fort: „Mein Sohn, warum trittst du in ein solches Haus, um zu beten? Hast du gar nicht an die Gefahr gedacht, die in einem so verfallenen Hause dir drohen kann?"

„O Meister," erwiderte R. Jose, „ich fürchtete, die vielen Leute, die auf der Straße hin und her gehen, möchten mich in meinem Gebete stören und meine Gedanken ablenken."

„Aber was brauchst du denn unterwegs ein so langes Gebet?" antwortete Elias, „da genügt ja ein ganz kurzes."

Hieraus ist dreierlei zu lernen: Erstens soll man ein verfallenes Haus nicht betreten; zweitens kann man sein Gebet auch auf dem Wege verrichten; und zum dritten: das Gebet unterwegs soll kurz sein. *(W. Mb. No. 76.)*

86.   Der Sünder hat nicht Ruhe im Grabe

Ein Landmann war gestorben.

Nach einiger Zeit ging sein Knecht aufs Feld, um dort seine Arbeit zu verrichten. Aber wie erschrak er, als er dort seinen Herrn erblickte! Er wandte sich sofort zur Flucht, doch rief sein Herr ihm zu: „Sei ohne Furcht, ich bitte dich, und bleibe!"

Unschlüssig blieb der Knecht stehen und fragte schüchtern: „O Herr, wie kommt ihr denn daher, da wir euch doch schon längst begraben haben?"

„Ich habe keine Ruhe," rief der Tote, „immer wieder jagt man mich auf diesem Feld umher, das ich zu Unrecht in Besitz genommen habe; so gehe hin und sage meiner Frau, daß sie es wiedergibt!" und nannte ihm den Bauern, dem das Feld von Rechts wegen gehörte.

Doch der Knecht erwiderte: „Wenn aber deine Frau mir nicht glauben will, was soll ich tun? Willst du mir nicht ein Zeichen geben?"

„So sage ihr, sie möge morgen früh herauskommen, so wird sie mich unter jenem Baum sitzen sehen."

Der Knecht richtete seinen Auftrag aus. Aber die furchtsame Frau getraute sich nicht allein aufs Feld hinaus, und so ging noch eine ganze Anzahl anderer Leute mit ihr. Sie fanden den toten Mann richtig unter dem Baume sitzen, gehorchten seiner Bitte und gaben das Feld dem rechtmäßigen Eigentümer zurück.   *(W. Mb. No. 254.)*

87.   Die drei Geldladen

Es war einmal ein reicher Mann, der gab den Armen und Bedürftigen mit voller Hand und freundlichem Gesichte. Sein Weib jedoch war böse, gönnte niemand etwas und sah recht unfreundlich auf jeden Armen.

Der Mann hatte auf seinem Söller drei Geldladen. In der ersten lagen Goldstücke, die gab er den Gottesgelehrten und Talmudbeflissenen; in der zweiten lagen Silberstücke, die er an Witwen und Waisen gab; in der dritten Lade hatte er kleinere Münze, die er je nach Bedarf unter die Armen verteilte.

Einstmals war der wohltätige Mann abwesend. Als nun die Armen hörten, er sei nicht zu Hause, wollten sie nicht eintreten, sondern blieben vor dem Hause stehen. Das gefiel aber der hochmütigen Frau gar nicht; sie wollte ihnen deshalb ihr Almosen geben, damit sie wieder fortgingen.

Sie öffnete also die erste Lade, in der das Gold lag, und war entsetzt, als ihr darin einige Frösche entgegenhüpften; von Gold war nichts zu sehen. Hastig schloß sie die Lade zu und öffnete die zweite, in der das Silbergeld zu liegen pflegte. Aber sie schloß sie noch hastiger, denn zahllose Ameisen drängten sich hervor. Nun öffnete sie die dritte Lade scheu und vorsichtig – da sprangen muntere Flöhe heraus, und zornig schloß sie auch diese Lade.

Dann setzte sie sich hin und weinte laut; und da sie sich vor den Armen schämte, weil sie ihnen nichts zu geben hatte, so blieb sie auf dem Söller, bis ihr Mann nach Hause kam.

Als der die Armen vor seiner Türe sitzen sah, verdroß es ihn, und er zürnte seiner Frau, daß sie sie nicht ins Haus hineingelassen habe. Diese aber hatte kaum gehört, daß er daheim sei, als sie ihm schreiend und weinend entgegen kam. „Du böser Mann," rief sie ihm zu, „du abscheulicher Mann, ich lasse mich nicht länger so geringschätzig behandeln, ich will von dir geschieden sein. Nicht einmal die richtigen Kassenschlüssel hast du mir anvertrauen mögen, so daß ich beschämt bin vor allen Leuten."

Da erwiderte der fromme Mann: „Bei Gott, ich habe dir die rechten Schlüssel übergeben; was du damit begonnen hast, das weiß ich nicht. Doch gib sie her, damit ich selber sehe!" Und nahm die Schlüssel und schloß die Laden auf und fand das Gold, das Silber und die kleine Münze, ein jegliches in der dazu bestimmten Lade.

Als das böse Weib das sah, schämte es sich und verstummte.

(W. Mb. No. 195.)

88.   Zwei Brüder, die sich opfern

Ein König hatte eine einzige Tochter: Da geschah es eines Tages, daß man sie tot auf dem Felde fand, und keiner konnte sagen, wer sie getötet habe.

Der König, der ein großer Feind der Juden war, lenkte den Verdacht der Täterschaft gleich auf die Juden seiner Stadt und gab Befehl, sie allesamt zu töten.

Sobald die Juden das erfuhren, kamen sie zusammen, um sich zu beraten, was zu machen wäre. Sie fanden aber weder Trost noch Rat, und die Not war groß.

Nun lebten unter ihnen auch zwei Brüder. Als sie die Not vernahmen, entfernten sie sich schweigend und beschlossen, sie wollten sich beim König als die Täter melden und den Tod erleiden, um das Verderben von den Juden abzuwenden.

Alsbald begaben sie sich zum Palast des Königs und bekannten sich als die, die seine Tochter umgebracht; es sei aus Irrtum zwar geschehen, denn sie hätten eine andere töten wollen, indessen seien sie bereit zu sterben; die Juden aber solle er verschonen, denn sie hätten keine Schuld. Da sprach der König spottend: „Seid ihr aus demselben Volke wie Hananja, Misaël und Asarja, so laßt uns sehen, ob Gott auch euch erretten wird aus meiner Hand, gleichwie er jene aus dem Feuerofen rettete."

Da sprachen sie: „O König, wir sind nicht so fromm wie jene waren, und du bist nicht so mächtig wie Nebukadnezar war. Zudem sind wir des Todes schuldig. Wenn Gott uns hat in deine Hand gegeben, so ist es nur deshalb geschehen, um unser Blut an dir zu rächen."

Durch diese Worte ward der König noch gereizter, ließ die beiden Brüder grausam unter Martern töten und zog heim.

Zwei Grafen aber, die schon lange seine Feinde waren und ihm heute aufgelauert hatten, überfielen und erstachen ihn.

(Pr. Mb. No. 220.)

89.   Verleumde nicht!

Ein Kaufmann in Jerusalem unternahm einst eine Reise in das Ausland, um Waren einzukaufen. Er hatte aber eine schöne, tugendhafte Frau, die empfahl er der Fürsorge und dem Schutze seines Bruders, der auch bestens für sie zu sorgen versprach.

Allein es währte nicht zu lange, so bestürmte der Bruder seine schöne Schwägerin mit Liebesbeteuerungen und Anträgen, die ihr

schließlich so unerträglich wurden, daß sie sich nur mit Gewalt ihrer
erwehren konnte. Nun dürstete dem Mann nach Rache, ging hin
und kaufte sich zwei falsche Zeugen, die vor dem Richter aussagten,
sie hätten es mit eigenen Augen gesehen, daß die Frau sich mit einem
jungen Manne eingelassen und dergestalt dem eigenen Gatten die
Treue gebrochen habe. Darauf wurde sie zum Tode verurteilt, auf
ein freies Feld – fern von der Stadt – geführt, mit Steinen zu Tode
geworfen und ein Steinhaufen auf ihr errichtet.

Es geschah aber, daß ein Mann, der mit seinem Sohne nach Jerusalem wollte, des Weges kam und sich gerade an diesem Steinhaufen
zum Rasten niederließ. Da hörten sie ein Ächzen und Stöhnen, das
unter dem Steinhaufen hervordrang; sie gingen dem Tone nach,
wälzten die Steine fort und fanden schließlich die arme Frau. Sie war
also nicht tot gewesen, wie das Volk geglaubt hatte, sondern nur
ohnmächtig hingestürzt, und als sie zum Bewußtsein kam, war sie
nicht imstande gewesen, sich aus ihrer fürchterlichen Lage zu befreien. Sie hätte also umkommen müssen. Um so inniger dankte sie
Gott für ihre Rettung und erzählte dem Manne, der sie vor allem
mit Speise und Trank versah, ihr ganzes Mißgeschick. Voll Teilnah-
me hörte der ihr zu und berichtete auch seinerseits, daß er nach
Jerusalem ziehe, um seinen Sohn daselbst in die Schule zu geben.

Da sprach die Frau: „Nach Jerusalem gehe ich nicht wieder.
Willst du dich aber meiner annehmen und mich mit dir ziehen las-
sen, so erbiete ich mich, deinen Sohn zu unterrichten; denn in den
Büchern der heiligen Schrift weiß ich wohl Bescheid."

„Steht es so mit dir," erwiderte der Mann, „dann nehm' ich deinen Vorschlag gerne an und freue mich, daß ich auf diese Art meinen
Sohn nicht unter fremde Leute zu geben brauche."

So wandte sich der Mann wieder heimwärts, und die schöne
Frau zog mit ihm. Um sie aber vor jeder ferneren Gefährdung zu
bewahren und für sich selbst jedes böse Gerede zu vermeiden, wies
er ihr und seinem Sohne ein einsames Haus auf einem fernen Acker,
fern von der Stadt, zur Wohnung an. Hier sollte sie den Knaben
erziehen und unterrichten, und ein Diener brachte alles zum Leben
Notwendige hinaus. Dieser Diener, auf dessen Treue der Mann sich
verlassen zu können glaubte, war der einzige, der um das Geheimnis
wußte.

Eine Weile ging es so nach Wunsch. Allein der Diener faßte bald eine heftige Leidenschaft für die schöne Frau, die aber alle seine Werbungen kühl zurückwies. Als er jedoch eines Tages sie besonders ungestüm bedrängte und sie ihn sehr unzweideutig abwies, geriet er so in Zorn, daß er sein Schwert zog, um sie zu töten. Da sprang ihr Zögling erschrocken auf, um dem Diener in den Arm zu fallen, und empfing den Streich, der der edlen Frau zugedacht war. Mit gespaltenem Schädel lag er tot am Boden, der Diener aber floh hinaus in den Wald, wo er von einem Löwen zerrissen wurde.

Die Frau, als sie sich von ihrem Schrecken erholt hatte, überlegte, was nun zu tun. Da sie aber den Jammer des Vaters, der sein einziges Kind verloren hatte, nicht mit ansehen wollte, so entschloß sie sich, ebenfalls zu fliehen.

Sie ging der sinkenden Sonne nach und kam endlich an das Meer. Da erblickte sie ein Schiff, das nach dem Ufer steuerte, und konnte nicht umhin, sich an dem Ufer hinzusetzen und seine Ankunft abzuwarten. Meer und Schiff waren für sie etwas Neues, noch nie Gesehenes. Allein das Schiff war von Seeräubern besetzt, und als diese die schöne Frau einsam am Ufer sahen, so ergriffen sie sie, brachten sie auf ihr Schiff und fuhren weiter.

Da erhob sich ein gewaltiger Sturm, daß die Schiffer meinten, elend umkommen zu müssen, und doch war nicht ein Wölkchen zu bemerken, und die Sonne schien hell am Himmel. Da erkannten sie, daß ein Gott ihrem Schiffe zürne und beschlossen, das Los zu werfen, um zu erfahren, um wessen willen sie in solche Todesnot geraten seien: der sollte dann ins Meer geworfen werden, um den Gott zu versöhnen. Das Los fiel auf die schöne Frau. Da fragten sie sie, wer sie sei und was sie getan habe. Sie erwiderte: „Ich bin eine Jüdin, ich erkenne nur den einen Gott an, der Himmel und Erde und das Meer geschaffen hat, dem Wind und Wolken gehorchen müssen." Und dann erzählte sie ihre Schicksale.

Da erkannten die Seeräuber, daß sie eine gottesfürchtige Frau und offenkundig von ihrem Gatten beschützt sei, warfen sie nicht ins Meer, sondern steuerten sogleich zurück zum Lande, das sie schnell erreichten, denn der Sturm hatte sofort nachgelassen, setzten die Frau aus und fuhren weiter.

Nun war sie wieder frei – aber was beginnen? Wieder Menschen aufzusuchen, dazu verspürte sie nicht die geringste Lust. Sie errichtete sich also in der Nähe des Meeres eine Hütte und suchte Kräuter und Früchte, um ihr Leben zu fristen. Da sie aber alle Wurzeln und Pflanzen genau kannte, so fand sie auch allerlei heilkräftige Kräuter, die sie aufbewahrte.

Bald genug fand sie Gelegenheit, an manchem Landmann in der Nähe ihre Kunst zu erproben; die Kunde davon drang immer weiter, und es währte nicht lange, so stand sie in dem Rufe, alle Krankheiten heilen zu können. Von allen Seiten strömten Kranke und Gebrechliche herbei, denen sie Hilfe und Heilung verschaffte, und die dann ihrerseits der Frau so reiche Gaben spendeten, daß sie zu großem Wohlstande gelangte. So konnte sie sich bald Haus und Hof, Gesinde und Haustiere anschaffen und war somit für alles Ungemach, das sie ertragen hatte, reich entschädigt.

Inzwischen war ihr Mann von seiner Reise heimgekehrt und brachte Waren und Gewinn. Sein erster Gang war zu seinem Bruder und seine erste Frage nach seiner Frau, die er zu seiner Verwunderung nicht sah. Der Bruder antwortete, die Frau sei auf Abwege geraten und wegen ihres schändlichen Lebenswandels auf die Aussage zweier Zeugen gesteinigt worden. Wer beschreibt den Schmerz des Mannes! Wohl hatten zwei Zeugen ihr Verbrechen bestätigt, aber er wollte es nicht glauben, daß sein frommes Weib ihm die Treue gebrochen habe, war tiefbetrübt und trauerte um sie.

Allein die ruchlose Tat des Bruders wie der beiden falschen Zeugen blieb nicht ungestraft; mit ihrem eigenen Munde mußten sie sie bekennen. Und das kam so:

Alle drei wurden von einem starken Aussatz befallen, und kein Arzt vermochte sie von der schrecklichen Krankheit zu befreien. Da hörten sie endlich auch von der Frau am Meere, die alle Ärzte an Wissen und Geschicklichkeit übertreffe und deren wunderbare Kunst alle Krankheiten zu heilen vermöge. So faßten auch sie neue Hoffnung und beschlossen, die berühmte Ärztin aufzusuchen.

Sie teilten ihren Entschluß dem Manne mit, der immer noch untröstlich wegen seines so schmachvoll getöteten Weibes war, und als er ihn hörte, sagte er: „Was soll ich hier allein mit meinem Kummer tun? Ich will mit euch gehen; vielleicht bringt mich der Weg auf andere Gedanken, daß ich mein Leid vergesse und neuen Lebensmut gewinne."

So zogen sie selbviert und kamen zu der berühmten Frau. Die erkannte sie sogleich, tat aber, als ob sie sie nicht kennte und fragte sie, woher sie kämen und was ihr Begehren wäre.

Da antwortete der eine, sie hätten daheim von ihrer Kunst gehört, auch daß sie Aussätzige heilen könnte, und da hätten sie sich ein Herz gefaßt und wären zu ihr gekommen und bäten sie, sich ihrer anzunehmen. An reichem Lohne solle es ihr nicht fehlen, denn sie wären wohlhabende Leute.

Da sprach die Frau: „Ich sehe wohl, daß ihr aussätzig seid; ich sehe aber auch, daß ihr schwer gesündigt haben müßt; denn Gott straft keinen Menschen mit Aussatz, er habe denn recht schwer gesündigt. Darum, bevor ich an die Heilung gehen kann, und damit ihr um so sicherer möget geheilt werden, so bekennet mir zuvor, was ihr gesündigt habt!"

So hoben sie denn an, der eine nach dem andern, und erzählten dies und das, was sie getan. Allein die Frau erwiderte: „Das kann es doch nicht sein; das sind ja Kleinigkeiten! Um solcher Kleinigkeiten willen straft Gott nicht mit Aussatz. Wenn ihr mir nicht die ganze Wahrheit saget, so richtet meine Kunst bei euch nichts aus und ihr müßt ungeheilt von hinnen gehen."

Das aber sagte sie, damit ihr Mann es aus dem Munde der Bösewichte hören sollte, welch ein schändlich Bubenstück sie miteinander ausgeführt hatten. Sie begannen also jetzt ausführlich zu erzählen, wie sie die brave Frau verlästert hätten und diese auf Grund eines falschen Zeugnisses verurteilt und gesteinigt worden wäre.

Da rief die Frau aus: „O ihr Bösewichte, da habt ihr ja zwei Verbote Gottes mit Füßen getreten! Denn einmal heißt es: ‚Gehe nicht als Verleumder umher in deinem Volke!' (3. B. Mos. 19, 16) und ebenda: ‚Stehe nicht zurück beim Blute (d.h. der Lebensgefahr) deines Nächsten!' Denn Verleumdung führt zum Morde! Und so ist eure Sünde so groß, daß ich euch nicht heilen kann. Doch ehe ihr von hinnen ziehet, vernehmet dieses noch! Ich selber bin die Frau, die ihr verleumdet und durch falsches Zeugnis habet steinigen lassen; Gott aber hat mich wunderbar errettet und eure Bosheit an den Tag gebracht. So gehet heim und bleibet aussätzig bis ans Ende eures Lebens!"

Da wandten sich die drei Männer tief beschämt und voller Reue heimwärts.

Der unglückliche Ehemann aber fiel seiner schwer geprüften Gattin um den Hals und rief unter Tränenn der innigsten Rührung und Freude: „Gott sei gelobt, der deine Unschuld an den Tag gebracht! Ich hab' es nie von dir geglaubt; doch da sich zwei Zeugen gefunden hatten, so habe ich wohl oder übel glauben müssen."

Nun waren beide wieder glücklich vereinigt und lebten fortan in Wohlstand und in Ehren. Die Verleumder aber blieben aussätzig bis an ihr Lebensende. *(All. Gesch. No. 204.)*

90. Salomo Gabirol

Zu den schönsten Männern Spaniens gehörte Salomo Gabirol; dabei war er ein Weiser und Gelehrter, dazu ein Dichter, dessen Kunst und frommen Sinn noch heute manches Lied verkündet. Kein Wunder, daß er hoch in Ehren stand bei Juden und bei Arabern.

Nun lebte damals auch ein hochgestellter Mann in Spanien, den verdroß es sehr, daß Salomo mit solchen Vorzügen des Körpers und des Geistes ausgestattet und deshalb bei allen hochgeachtet und beliebt war; ihn erfüllte Neid und Haß, und er beschloß, ihn zu verderben.

Er ließ ihn also ehrenvoll und freundlich zu sich bitten: er habe Wichtiges mit ihm zu reden. Gabirol argwöhnte nichts Böses und begab sich gleich zu ihm. Kaum aber war er bei dem Araber erschienen, als dieser sich erhob, ihn tötete und dann in seinem Garten neben einem Feigenbaum begrub.

So war der fromme Philosoph und Dichter meuchlings hingemordet, und keiner wußte, wo er hingekommen wäre.

Der Feigenbaum indes begann zu blühen und trieb so reiche Blüten, wie keiner je getrieben, und ehe ein Monat noch zu Ende ging, so waren schon die schönsten Feigen reif.

Darüber staunte jedermann, man sprach nur noch vom Wunderfeigenbaum, und bald erfuhr es auch der König. Er ließ den Herrn des Feigenbaumes zu sich kommen und fragte ihn, wie er es angefangen habe, daß der Baum so reiche Blüten und so reife Früchte trug; er könnte solche Kunst für seine Gärten wohl gebrauchen.

Der Araber ward sehr verlegen und blieb jede Antwort schuldig. Da ward der König sehr ungehalten und ließ ihn ins Gefängnis werfen; allein er blieb dabei, er wisse nicht, woher der Feigenbaum die Wunderkraft gewonnen habe. Erst auf der Folter legte er ein reuiges Geständnis ab.

Da sprach der König: „Nun erst begreife ich das Wunder. Es ist wahrhaftig deinetwegen nicht geschehen, sondern um des frommen Blutes willen, welches du so ruchlos hast vergossen."

Dann ward der Araber gehängt und so des frommen Dichters Blut gerächt. *(M. ad. 30 d–31 a.)*

91.   Moses Maimonides (1135–1204)

In Spanien lebte der fromme und gelehrte Rabbi Maimon. Dem war das Studium der Gotteslehre so ernst und heilig, daß er deshalb beschloß, für immer unbeweibt zu bleiben. Zwar drangen Freunde und Verwandte oft in ihn, ein Weib zu nehmen, doch er blieb dabei, daß Frau und Kinder und die Sorge um den Lebensunterhalt ihn hindern würden, sich ernstlich seinen Studien hinzugeben.

Einst träumte Rabbi Maimon einen sonderbaren Traum: er solle nach Cordova gehen, dort eines Metzgers Tochter heiraten, so werde er der Vater eines gewaltigen Gelehrten werden. Als er erwachte, glitt ein Lächeln über sein Gesicht, doch schenkte er dem Traume weiter keine Beachtung; als aber der Traum sich mehrmals wiederholte, entschloß er sich, nach Cordova zu ziehen und zu sehen, was am Traume Wahres sei.

In Cordova war R. Maimons Name wohlbekannt, und die angesehensten Männer der jüdischen Gemeinde daselbst beeilten sich, ihn zu begrüßen und ihm Ehre zu erweisen. Hiernächst befragten sie ihn, was ihn wohl zu ihnen führte, und er erwiderte, er sei in einer eigenen Angelegenheit gekommen. Dann ging er mit dem ältesten Vorsteher als Gast in dessen Haus.

Hier wurde von dem Besten aufgetragen, um den Gast zu ehren, man aß und trank und plauderte recht lebhaft, und als von den Gemeindemitgliedern die Rede war, so fragte R. Maimon nebenbei auch nach dem Metzger. Das sei ein armer Teufel, ungebildet, von niemanden beachtet, der sich kümmerlich ernähre. So lautete die Auskunft. Der Rabbi sagte nichts darauf, man sprach noch eine Weile dies und das, und endlich legte man sich schlafen.

Nachts träumte R. Maimon abermals, er solle doch des Metzgers Tochter heiraten und seines Wirtes Rede nicht beachten; dann werde er der Vater eines unvergleichlichen Gelehrten werden, der die Welt mit seinem Lichte erfüllen werde.

Am Morgen bat der Rabbi die Gemeindevorsteher zu sich, ließ auch den Metzger rufen und sprach zu ihnen: „Ihr seid verwundert wegen meiner Ankunft, und mehr noch, daß ich euch hierher gebeten habe. So höret denn! Ich werbe um die Tochter dieses Metzgers und wünsche sie noch heute als Gemahlin heimzuführen. Und daß ihr's wisset: Mein Entschluß steht fest und keine Rede bringt mich davon ab."

Wer beschreibt das Staunen des würdigen Gemeindevorstehers und gar des armen Metzgers! „Unmöglich," rief er endlich aus, „es kann nicht sein! Ihr treibet argen Scherz! Ist meine Tochter doch nicht würdig, eure Magd zu sein, geschweige euer Eheweib! Und ich gar euer Schwäher! Nein, ihr spottet!"

„Verhüte Gott," sprach aber R. Maimon, „daß ich euer spotte! Es ist mein voller Ernst." Und dann erzählte er, wie ihm derselbe Traum daheim und hier in Cordova gekommen sei und ihm des Metzgers und der Tochter Namen mitgeteilt und aufgefordert habe, sie als Gattin heimzuführen. Er sehe darin ein Gebot des Himmels und wolle ihm gehorchen.

Der Metzger willigte mit Freuden ein, die Tochter ward noch an demselben Tage Maimons Weib, und beide zogen heim.

Hier wurde ihm ein Sohn geboren, den er Moses nannte. Doch starb das Weib nach der Geburt des Knaben, der nun ohne Mutter aufgezogen wurde und niemals treue Mutterliebe kennen lernte.

Denn der Vater nahm ein anderes Weib, und dieses wie die Söhne dieses Weibes verachteten den Sohn der Metzgerstochter, schalten ihn und prügelten ihn oft. So zurückgesetzt, verleumdet und vernachlässigt, war er wohl achtzehn Jahre alt geworden und noch nicht recht imstande, auch nur die Bücher Moses zu verstehen.

Endlich ward er solches Lebens überdrüssig und beschloß, das

Vaterhaus zu verlassen. Er zog hinweg und kam in eine Stadt, in der er niemand kannte. Da er keinem sagen wollte, daß er ein Sohn des R. Maimon sei, so ging er, weil es eben gegen Abend war und die Juden in die Synagoge gingen, auch hinein. Müde, wie er war, setzte er sich still in eine Ecke und schlief ein. Niemand hatte ihn bemerkt, und so kam es, daß der Synagogendiener ihn einschloß.

Um Mitternacht erwachte er, sah sich um und wußte nicht, wo er sich in der Welt befinde. Doch bald erblickte er ein brennendes Licht, das er als die ewige Lampe erkannte, und nun erinnerte er sich erst, daß er in der Synagoge war. Da überfiel ihn eine große Furcht, und er begann zu weinen. Er fühlte sich so einsam und verlassen, aus dem Vaterhause verstoßen und verachtet, während seine Brüder wegen ihrer Gelehrsamkeit in hohem Ansehen standen und gemächlich lebten. „O Gott," so sprach er seufzend, „gib mir ein ander Herz, daß ich mich der Erforschung deiner Lehre auch hingebe, meinen Brüdern gleich. Denn ich bereue es von ganzem Herzen, daß ich nicht eifriger bestrebt gewesen bin. Darum ergeht es mir so übel." Und wieder fing er an zu weinen und weinte, bis der Schlaf die Oberhand gewann.

Als er zum zweiten male erwachte, war es Tag geworden. Aber der Schlaf hatte ihn wunderbar erquickt, nicht bloß leiblich, sondern auch geistig, und es dünkte ihn, er wäre ein ganz anderer geworden und hätte helleren Verstand als je vorher.

Bald kam der Synagogendiener auch und öffnete. Da ging der junge Moses auf ihn zu, erzählte, daß er unfreiwillig in der Synagoge übernachtet habe, daß er elternlos und arm und jetzt vor allem einen Lehrer suche, der ihn beten lehre und im Worte Gottes unterrichte.

Der Synagogendiener führte ihn zum Rabbiner, dem er auf alle Fragen nicht mehr erwiderte, als daß er ein elternloser, armer Jüngling wäre, der ein heißes Verlangen nach religiöser Unterweisung habe.

Alsbald tat ihn der Rabbiner zu einem Lehrer, der mit ihm beim Alphabet begann; aber der ungewöhnlich beanlagte und mit einem wunderbaren Gedächtnis begabte Schüler lernte so schnell das Elementare und das Höhere, den Text und die Auslegung, daß er nach einem Jahre mehr wußte, als sein Lehrer. So nahm ihn der Rabbi selber zu sich, um ihn im Talmud und dem rabbinischen Schrifttum weiter zu fördern. Allein auch dieser Unterweisung war er bald entwachsen, zog weiter und verweilte überall, wo er sein Wissen zu vermehren Gelegenheit fand. So gewann er auch Kenntnis mancher Sprache und manches Wissens, insbesondere der Mathematik, Astronomie und Medizin.

Mit solchem reichen Wissen ausgestattet, erwarb er nicht nur das, was er zum Leben brauchte, leicht, sondern gelangte auch zum Wohlstand.

Nun gedachte Moses seines Vaterhauses und beschloß, die alte Heimat aufzusuchen. Doch gab er sich nicht zu erkennen, kehrte auch nicht bei seinem Vater ein, sondern nahm Herberge bei einem der Gemeindevorsteher und erbat von diesem die Ehre, am nächsten Sabbat in der Synagoge einen Vortrag halten zu dürfen. Das ward ihm gern gestattet.

Der Sabbat kam, und Moses gab der Gemeinde eine Schrifterklärung, so voller Scharfsinn und Beredsamkeit, so klar und allgemein verständlich, wie sie es in ihrem Leben nicht gehört hatten; das Bibelwort beleuchtete die täglichen Verhältnisse so schlagend und paßte so genau auf sie, als wäre es für sie geschrieben. Hoch horchten alle auf: vom Bibelwort erstrahlte heute neues Licht und neues Leben, und alles klang so selbstverständlich, daß jeder Unbelehrte es begreifen konnte. „Mit Gottes Hilfe," schloß er, „und mit gutem Willen ist auch das scheinbar Schwerste und Unmögliche zu erreichen; keiner ist zu schwach und keiner ist zu alt und niemand zu gering! Und ob der Ahn ein Metzger ist gewesen, so kann der Enkel doch noch eine Leuchte seines Volkes werden."

Noch hatte er die Worte nicht gesprochen, mit denen jeder Vortrag schloß; man wußte also, daß der fremde Rabbi noch nicht fertig sei und freute sich deshalb. Aller Augen waren auf ihn gerichtet, alles lauschte mit gespannter Aufmerksamkeit, es war eine Stille, daß man sein eigenes Atmen hören konnte. Da fuhr Moses fort:

„Und daß das wahr ist, was ich eben sprach, dafür sehet hier in mir ein Beispiel! Ich bin des R. Maimon und der Metzgerstochter Sohn, und der und der sind meine Brüder!"

Groß war das Erstaunen der Gemeinde, ein freudiger Schrecken überkam seinen Vater und seine Brüder, und als Moses herunterschritt, fielen sie vor ihm nieder und küßten ihm die Füße; der Vater aber fiel ihm um den Hals und küßte ihn und weinte Freudentränen. Dann führten sie ihn unter Glück- und Segenswünschen der Gemeinde heim.

Moses hatte sich nicht nur ungewöhnliches religiöses Wissen angeeignet, das er mit wunderbarem Gedächtnis und Scharfsinn handhabte, sondern auch mancherlei weltliches Wissen, das man unter dem Namen der sieben freien Künste zusammenfaßte; außerdem aber war er sehr bewandert in der Heilkunde.

Diese war es, die ihn besonders berühmt und so gesucht machte, daß er kaum Zeit zum Essen hatte. Bald wurde er auch Leibarzt des Sultans, sowie seiner Frauen und Hofbeamten. Aber auch viele andere suchten seinen Rat und seine Hilfe, so daß, wenn er vom Hofe heimkehrte, schon sein Haus von Gesunden und Kranken angefüllt war, die ihn erwarteten. Kaum konnte er sich waschen und etwas zu sich nehmen; oft war er deshalb so abgespannt, daß er nur sitzend hören und Rat erteilen konnte. Deshalb blieb ihm nur die Nacht zum Studieren; am Sabbat aber hielt er der Gemeinde einen Vortrag in der Synagoge und traf Anordnungen für die Woche, da er auch zum Gemeindevorsteher gewählt worden war.

Aber das hohe Ansehen, in dem er bei hoch und niedrig stand, und das Vertrauen, das ihm der Sultan schenkte, schuf ihm auch Neider und Feinde, und diese brachten es endlich dahin, daß Moses in Ungnade fiel. Er verließ das Land und zog nach Ägypten, wo ihn die Juden sehr ehrenvoll empfingen. Der Ruf seiner Gelehrsamkeit und Geschicklichkeit drang auch hier bis an den Hof des Sultans, und dieser lud ihn an seinen Hof.

Der Sultan hatte die Gewohnheit, alljährlich einmal die Meister der sieben freien Künste um sich zu versammeln. Er ließ dann sieben Stühle für je eine dieser Künste aufstellen, und zwar in dieser Reihenfolge:

Wer in der G r a m m a t i k wohl bewandert war, der durfte auf den ersten Stuhl niedersitzen; dieser Stuhl stand am weitesten entfernt vom Sultan.

Wer in der D i a l e k t i k so geübt war, daß er kurz und siegreich ein gelehrtes Gespräch zu führen wußte, wurde auf den zweiten Stuhl gewiesen; der stand dem Sultan schon etwas näher.

Wer sich in der R h e t o r i k, das ist die Kunst der schönen

Rede, als Meister zeigte, durfte sich auf den dritten Stuhl setzen, wieder etwas näher zum Sultan.

Diese drei Künste nannte man das Trivium, das heißt: Dreigespann, und es bildete den ersten Teil der Prüfung.

Der zweite Teil, das Quadrivium (d.h. Viergespann) genannt, begann mit der A r i t h m e t i k, d.h. der Rechenkunst; wer sie verstand, nahm auf dem vierten Stuhle Platz, der wieder näher zum Sultan stand. Wer in der G e o m e t r i e zu Hause war, fand seinen Platz auf dèm fünften Stuhle, der Kenner der M u s i k auf dem sechsten, und wer in der A s t r o n o m i e (Sternkunde) bewandert war, auf dem siebenten Stuhle; dieser Stuhl stand bereits neben dem Sultan.

Da es sich nun ergab, daß Moses in allen diesen sieben Künsten gründlich unterrichtet war, so wies ihm der Sultan seinen Platz an seiner Seite an. Doch Moses wollte auf keinem der Doktorstühle sitzen, und diese Bescheidenheit gefiel dem Sultan besonders wohl.

Aber die anderen Doktoren verdroß es sehr, daß der Jude das größte Ansehen beim Sultan genoß, und sie beschlossen sein Verderben. Zuerst versuchten sie es mit allerlei Verleumdungen, aber vergebens; denn der Sultan verteidigte ihn mit solcher Wärme und so überzeugend, daß sie einsahen, auf diesem Wege sei dem Juden nicht beizukommen. Da beschlossen sie seinen Tod.

Eines Tages waren alle wieder beim Sultan versammelt, und auch Moses, des Maimon Sohn, war unter ihnen. Da wurde viel von Arzeneien gesprochen, auch von Giften und Gegengiften, und einer meinte, es dürfe doch von Rechts wegen keiner des Sultans Leibarzt sein, der nicht imstande wäre, auch einen Gifttrank wirkungslos zu machen. Alle stimmten dem bei, und man beschloß, sofort die Probe anzustellen. Jeder mußte sich verpflichten, eine giftige Arzenei zu trinken und sie durch seine Kunst wirkungslos zu machen. Damit aber keinerlei Betrug unterlaufen könne, sollte keiner seine Arzenei selbst bereiten, sondern von anderen bereiten lassen.

Den Anfang mit dem Trinken sollte natürlich Moses machen, als der eigentliche Leibarzt des Sultans; den Trank bereiteten die anderen Ärzte. Sie hatten sich aber verabredet, das Gift so stark zu machen, daß es unbedingt tödlich wirken müßte.

Nun, Moses durchschaute ihre Absicht, aber seine Ehre, wie die

Ehre des Sultans geboten ihm die Probe anzunehmen, und so ward der Tag bestimmt, an dem der giftige Trank in Gegenwart des Sultans und seiner obersten Beamten genommen werden sollte.

Als Moses heimkam und seinem Hausgesinde und seinen Schülern solches berichtete, erschraken sie sehr. Er aber bereitete sich vermöge seiner tiefen Kenntnisse manche heilkräftige Arzenei und gab seinen Schülern genaue Anweisung, in welcher Reihenfolge sie ihm diese Arzeneien geben, wie sie ihn betten und wie sie ihn behandeln sollten. Alles das schrieb er dann zur Sicherheit auch auf ein Blatt, das er ihnen übergab mit der Weisung, sich genau danach zu richten.

Mit großer Betrübnis übernahmen seine Schüler seine Anweisung und beteten und fasteten, daß Gott ihren treuen Meister in seine gnädige Obhut nehmen mögen.

Zur festgesetzten Zeit begab sich Moses, begleitet von einigen seiner Jünger, zu Hofe, wo der Sultan und die vornehmen Herren seiner Umgebung, sowie alle Doktoren bereits versammelt waren. Der Trank ward bereitet und dem Rabbi Moses überreicht; der nahm ihn ohne Zagen und trank ihn aus. Sofort traten seine Jünger hinzu und führten ihn in seine Wohnung und taten mit ihm, wie er ihnen anbefohlen hatte. Doch Gott verläßt die Seinen nicht; er ist der beste Arzt, und unter seinem Beistande war Rabbi Moses wieder hergestellt und trat frisch und gesund vor den Sultan. Alle staunten sehr, und die es hörten, mußten sich verwundern.

Alsbald sandte der Sultan nach den Doktoren, und als sie alle beisammen waren, sprach er also: „Ihr sehet, wie der brave Doktor hier die Probe bestanden und damit bewiesen hat, daß er seine Kunst gar wohl versteht. Nun ist's an euch, auch eure Kunst zu zeigen, wie ihr versprochen habt."

Die Doktoren erschraken sehr, doch wagte keiner, ein Wort dagegen einzuwenden; sie erklärten sich bereit. Da mischte ihnen Moses einen Trank, sie nahmen ihn, aber sie starben vor den Augen des Sultans und seiner Umgebung. So waren sie selbst in die Grube gefallen, die sie Moses gegraben hatten. Dieser aber wurde reich beschenkt, und sein Ruhm wuchs weit und breit.

Auf eine Zeit geschah es, daß der Sultan erkrankte und nur Moses die Krankheit recht erkannte und ihm eine Arzenei verschrieb, die in der Apotheke hergestellt werden mußte. Da suchten einige Ärzte, die dem Moses feind waren, den Apotheker zu bereden, daß er Gift in die Arzenei tun und, sobald das entdeckt würde, sagen sollte, er sei nur nach dem Rezepte des Moses verfahren. Das tat der Apotheker.

Als nun Moses mit der Arzenei im Glase an das Bett des Sultans trat, um sie ihm zu reichen, entstand ein leises Murmeln unter den übrigen Ärzten, die das Bett des Sultans umgaben, einer nahm das Glas zur Hand und roch daran und gab es weiter mit der Bemerkung, es müsse Gift darin sein, es rieche so sonderbar; der andere bestätigte die Wahrnehmung, und so fort, bis sie übereinkamen, die verdächtige Arzenei doch erst an einem Hunde zu probieren. Das geschah, und der Hund verendete sofort.

Als Moses solches sah, erschrak er auf den Tod. „O mein Gebieter," sagte er, „du weißt, daß ich unschuldig bin und daß ich das Gift nicht in den Trank getan habe. Was hätte ich davon?"

Auch der Sultan war sehr erschrocken; aber er war überzeugt, daß das Gift von anderer Hand hineingetan und Moses unschuldig war. Er sprach diese Überzeugung offen aus. Aber die Vornehmen des Landes, wie auch seine Räte wollten nichts davon hören; der Sultan sei es seinem und des Landes Wohle schuldig, ein gegen sein Leben geplantes Verbrechen mit dem Tode zu bestrafen. Nur weil Moses bisher dem Sultan ehrlich gedient habe, so solle ihm die Gnade werden, die Todesart sich selbst zu wählen.

Moses bat um eine Gnadenfrist von drei Tagen, und die ward ihm gewährt. Diese Frist benutzte er dazu, sein bestes Hab und Gut in Sicherheit zu bringen und seine Jünger zu belehren, wie sie es mit ihm zu halten hätten, wenn sie ihn für tot von dannen trügen.

Nach drei Tagen ließ er dem Sultan und den Herren melden, er habe seine Todesart gewählt: man solle ihm die Adern öffnen, dann werde er sich verbluten und schmerzlos sterben. Er wußte aber, daß eine Ader aus dem Herzen geht, die den Ärzten unbekannt war, die sie also nicht finden würden, und daraufhin hatte er seinen Jüngern Anweisung gegeben, wie sie ihn behandeln sollten, damit er am Leben bliebe.

Als man nun dem Moses die Adern geöffnet hatte, kamen seine Jünger und trugen ihn für tot in seine Wohnung, legten ihn aufs Bett und behandelten ihn nach Anweisung des Meisters, so daß er wirklich wieder zu sich kam und endlich ganz gesundete.

Er ging aber nicht mehr an den Hof, sondern zog hinweg und lebte zwölf Jahre lang allein in einer Höhle. Hier vertiefte er sich in die Gotteslehre, sann ihren Geheimnissen nach, suchte nach dem Schlüssel zu den Rätseln des Lebens und der Gotteslehre und verfaßte seine gewaltigen Bücher: den Mischnahkommentar, die „starke Hand", den „Führer der Verirrten".

In dem ersten dieser Bücher schreibt er tiefsinnig über das Verhältnis der menschlichen Willensfreiheit zur göttlichen Vorausbestimmung; im zweiten zeigt er sich als sicherer Führer auf dem Meere des Talmud; im dritten sucht er Religion und Philosophie zu versöhnen.

Moses starb in einem Alter von siebzig Jahren, und seine Leiche wurde in einer Lade nach dem heiligen Lande gebracht. Aber auf der Fahrt wurden sie von Seeräubern überfallen, die sich auch der Lade bemächtigen wollten, weil sie Schätze darin vermuteten. Erst als sie die Lade trotz aller Bemühungen nicht vom Platze bewegen konnten, glaubten sie der Versicherung, daß nur eine Leiche darin sei, erkannten auch, daß der Tote ein heiliger Mann gewesen sein müsse und ließen das Schiff in Frieden weiter ziehen.

Wohin aber die Nachricht drang, daß Moses, der Sohn des Maimon, gestorben sei, war große Trauer unter den Juden; sie fasteten und beteten, daß Gott sich ihrer erbarmen möge, und von Mund zu Munde ging das Wort: „Von Moses bis Moses war keiner wie Moses."

(M. ad. 31 a–33 a.)

92.   Die falsche Beschuldigung

In Frankreich herrschte einst ein König, der liebte Wahrheit und Gerechtigkeit. Vor diesen traten um die Osterzeit zwei Männer und berichteten, sie hätten es gesehen, daß ein Jude einen Christen mit Gewalt in sein Haus geschleppt habe, und das gewiß aus keinem andern Grunde, als um ihn dort zu schlachten, da das Passah vor der Türe stehe.

Der König, der ihre böse Absicht gleich erkannte, verwies ihnen diese Rede mit harten Worten und entließ sie sehr ungnädig.

Aber es verdroß die beiden Männer sehr, daß sie als Lügner und Verleumder sollten angesehen sein. Sie gingen also hin, erzählten überall, was geschehen war, und alles Volk schrie durcheinander: „Das geht nicht an, daß der König sich der ungläubigen Juden annimmt, uns Christen aber preisgibt. Das wollen wir doch sehen!"

Alsbald entsandten sie zwei Männer neuerdings zum König, die schwuren, sie hätten einen Mann ins Haus des Juden gehen sehen, aber nicht herauskommen. Nun wären sie zu zweien bei dem Juden eingetreten, um Geld bei ihm zu leihen. Da sei der Jude aus dem Nebenzimmer herausgekommen, ein blutiges Messer in der Hand.

Da ließ der König den Juden vor sich kommen und fragte ihn, woher das Blut am Messer rührte. Da antwortete der Jude: „Das rührte von den Hühnern her, die ich zu meinem Feiertag geschlachtet habe."

Des Königs Räte aber riefen aus: „Es ist nicht Brauch, daß man in einer Stube Hühner schlachte. Vielmehr sind wir der Überzeugung, daß der Jude den Christen wirklich hat geschlachtet. Man bringe ihn auf die Folter, so wird er die Tat bekennen, daß die fünfzig Ältesten der Gemeinde es ihm aufgetragen haben."

Man tat alsbald, wie sie geraten hatten, und unter den gräßlichen Folterqualen gestand der Jude, daß er, von den fünfzig Ältesten angestiftet, den Christen ermordet habe. Natürlich sollten alle Juden dafür büßen.

Als die Juden das erfuhren, bemächtigte sich ihrer eine große Bestürzung. Doch im Vertrauen auf des Königs Wahrheitsliebe und Gerechtigkeit gingen sie zu ihm und sprachen: „Gnädiger König! Du weißt, daß man es immer so gehalten hat: wozu sich einer auf der Folter selbst bekennt, das glaubt man; doch wessen er die andern zeiht, das glaubt man nicht. Darum darfst du nicht glauben, daß der Jude von den fünfzig Ältesten der Gemeinde angestiftet worden sei. Zudem ist es eine Lüge, wenn behauptet wird, wird brauchten für das Passah Christenblut; denn unsere Religion verlangt das wahrlich nicht. Auch sind wir nicht so töricht, daß wir etwas tun sollten, was uns samt unseren Familien ins Verderben stürzt. Darum, o König, wenn auch der Jude in der Folterpein das eingestanden hat, so glaube es nicht! Bedenke nur: so jemand heute oder morgen etwas stiehlt und wird gefoltert und bekennt, daß einer von den Räten es gestohlen hat, willst du es glauben?"

Diese Rede fand der König ganz verständig, und da auch seine Räte nichts dagegen einzuwenden hatten, so wurden die fünfzig Juden wieder freigelassen. Nur der eine Jude, der den Mord gestanden, wurde einbehalten, zumal man wirklich einen Toten bei ihm gefunden hatte.

Zu selbiger Zeit befand sich an des Königs Hofe ein Muselman, der Gesandte eines mohammedanischen Fürsten. Diesen fragte der König eines Tages, ob solche Sachen auch in seiner Heimat vorkämen. Der Gesandte erwiderte: „Niemals! Solche Sachen sind bei uns unerhört; auch ist gottlob! unser Herr nicht so töricht, daß er Dinge glauben sollte, für die gar kein glaubwürdiger Grund ersichtlich ist. Oder ist es glaublich, daß ein Jude einen Christen erschlagen wird, da doch die Juden den Christen untertänig sind? Noch weniger glaublich aber ist es, daß der Jude überhaupt das Christenblut zum Opfern braucht; das ist einfach unerhört, und kein Mensch hat es jemals noch gesehen. Ein solches Opfer ist so unnatürlich, daß ich mich wundere, wie man in eurem Lande und selbst an eurem Hofe solche Torheit glauben kann."

Diese Rede verdroß den König sehr. „Und wenn es zehnmal töricht und unnatürlich wäre," rief er aus, „so muß ich es doch glauben, nachdem der Jude selbst es eingestanden hat, und muß dem Rechte seinen Lauf lassen."

„Auch damit halten wir es anders," versetzte der Gesandte. „Wenn einer bei uns auch bekennt, so glauben wir es dennoch erst, sofern sich Zeugen oder sonst Beweise finden."

Da sprach der König: „Bei euch ist's eben etwas anderes; die Juden haben keinen Grund, sich an euch zu rächen, wohl aber an uns. Darum ergreifen sie einen Christen, geben ihm den Namen Jesu, töte ihn und genießen dann sein Blut – und das ist ihre Rache an Jesus."

Da antwortete der Gesandte: „Nun sehe ich klar, daß ihr den Juden Unrecht tut und sie vergewaltigt. Denn entweder hat Jesus an den Juden gesündigt, indem er eine neue Religion begründete, und dann müßten sich doch die Juden an ihm selbst rächen und nicht an denen, die diese neue Religion annahmen; und sie haben Rache an ihm genommen, indem sie ihn peinigten und ans Kreuz schlugen, – wie ihr wenigstens behauptet und im Bilde darstellet. Oder die Juden haben sich an Jesus versündigt, indem sie ihn töteten, wie ihr saget, und dann wäre es doch billig, daß Jesus selbst und nicht die Christen dafür Rache an den Juden nehmen. Das ist so klar, daß ich mich wundere, wie nur die Christen das nicht selbst bedenken."

Des Königs Räte aber riefen: „Das haben wir schon längst bedacht, und ist nicht nötig, daß ihr uns darauf hinweiset. Denn wahrlich, der Juden Frevel an dem Sohne Gottes ist hart genug an ihnen heimgesucht; Jerusalem mitsamt dem Tempel ist zerstört, die Juden selbst verachtet und zerstreut in alle Länder."

Da sprach der Muselman: „Nun denn, wenn Gott den Juden das Ungemach gesandt hat, um das Blut seines Sohnes an ihnen zu rächen, wäre es dann nicht töricht von den Juden, wenn sie noch ferner daran denken wollten, an Jesu Rache zu nehmen, wie ihr behauptet? Würden sie dadurch nicht fort und fort den Zorn seines Vaters erregen? Haltet ihr die Juden für so töricht? Und endlich: wenn das ganze Ungemach der Juden eine Strafe Gottes dafür ist, daß sie seinen Sohn gemartert und getötet haben, wie ihr saget: wie kommt ihr dazu, auch eurerseits euch an den Juden zu vergreifen?"

Und da der Gesandte merkte, wie seine Rede den König und die Räte mehr und mehr erbitterte, so schloß er mit den Worten: „Alles dieses sage ich durchaus nicht als ein Freund der Juden, denn das bin ich keineswegs; im Gegenteil, ich mag sie gar nicht; denn ich weiß, wie sie gegen ihre Propheten gehandelt haben. Auch habe ich nicht die Absicht, sie zu schützen; denn sie haben weder meinen Glauben, noch dasselbe Vaterland wie ich. Nur einzig, weil der König mich um meine Meinung fragte, so habe ich mir erlaubt, sie offen auszusprechen."

Diese Rede verdroß den König und die Räte sehr, da sie als Torheit und als Unrecht geißelte, was sie bisher als recht und gottgefällig angesehen hatten. Doch da sich gegen das, was der Gesandte geredet hatte, nicht gleich etwas Stichhaltiges vorbringen ließ, so schwiegen sie; der König aber sann und sann darüber nach.

Als die Kunde sich verbreitete, wie der Muselman die Juden verteidigt, die Christen aber verlästert habe, so meldeten sich beim Könige zwei Zeugen, die sprachen also:

„Wir kamen in das Haus des Juden, um etwas mit ihm zu verrechnen. Da trafen wir daselbst die fünfzig Ältesten der Juden. Bei unserem Eintritt schwiegen alle still. Nun dachten wir uns gleich, die Juden führten etwas Heimliches im Schilde. Wir gingen also wieder hinaus und verbargen uns hinter der Haustür. Da hörten wir den Juden zu den anderen Juden diese Worte sagen: ‚Wenn ich den Christen töte, und es wird bekannt, so werdet ihr euch meiner nicht annehmen, sondern mich im Stiche lassen.‘ Aber die anderen Juden erwiderten: ‚Sei ohne Furcht! Wir haben Geld und Gut in Fülle, damit wollen wir dich schon beschirmen.‘

Als der König dieses von den Zeugen hörte, war er froh; denn nun konnte er dem Muselman beweisen, daß er sehr mit Unrecht sich der Juden angenommen hatte. Er ließ ihn also zu sich kommen, teilte ihm mit, was er soeben selbst vernommen hatte, und fragte schließlich, ob er auch jetzt noch auf seiner guten Meinung von den Juden bestehen und den König der Ungerechtigkeit und Torheit zeihen wolle. Der Muselman erwiderte: „Es liegt mir fern, den König oder sonst jemanden zu beschuldigen; nur die habe ich getadelt, die unwahre Beschuldigungen glauben oder weitersprechen. So halte ich die Aussage der beiden Zeugen auch für unwahr. Oder glaubst du wirklich, daß die Juden eine so gewaltige Sache an einem Ort besprechen werden, wo jeder sie belauschen kann? Für so dumm halte ich sie nicht.“

Als aber das Volk hörte, daß der König wieder mit dem mohammedanischen Gesandten wegen dieser Sache gesprochen habe, geriet es in großen Zorn. „Wie,“ rief es aus, „ist denn dieser Ungläubige unser Richter, oder der König? Deswegen fordern wir vom Könige Gerechtigkeit und Schutz für unser Leben. Wird der uns nicht, so geht ein Sturm durchs Land und facht ein Feuer an, das keiner wird löschen können.“

Da gab der König endlich nach, zumal die spöttischen Reden des Gastes ihn ohnehin schon längst verdrossen, und verurteilte die fünfzig Juden zu grausamem Tode: es sollte jeder einzeln in ein Faß gesteckt, das Faß geschlossen und lange Nägel durch die Dauben getrieben und die Fässer dann durch die Straßen der Stadt gewälzt werden.

Da erbarmte Gott sich der Unschuldigen. Er sandte einen Engel nieder, der die Gestalt eines der Räte annahm und also sprach: „Gestatte mir, o König, dich an eine alte Sitte zu erinnern! Sobald ein Urteil über fünfzig oder mehr erging, so hat zu allen Zeiten erst der König seine Hand erhoben gegen die Verurteilten, und dann erst folgten alle anderen. So gib denn du dem ersten Faß den ersten Stoß, dann folgen wir!"

„Ist das so Sitte und Gesetz," erwiderte der König, so will ich danach handeln." Damit hob er den Fuß, um durch einen Stoß das Faß ins Rollen zu bringen. Aber sein Bein ward starr und steif, er wurde ohnmächtig und fiel zu Boden, daß man ihn aufheben und nach Hause tragen mußte.

Daran erkannten alle, daß die Juden unschuldig wären, und der König ließ ihnen sagen, sie möchten zu Gott beten, daß er ihn wieder heile. Das taten die Juden, und sein Bein wurde wieder gesund.

Bald kamen wieder die Feinde der Juden zum Könige und sprachen: „Durch das Wunder Gottes ist doch nur bewiesen, daß die fünfzig Juden unschuldig waren; der eine Jude aber, bei dem man den Leichnam des ermordeten Christen gefunden hat, ist geständig und muß seine Strafe haben."

Der König, der Wahrheit und Gerechtigkeit liebte und nur durch ein Wunder davor bewahrt geblieben war, unschuldiges Blut zu vergießen, ließ sich diesmal nicht drängen, sondern stellte eine sorgfältige Untersuchung an. Da kam es heraus, daß ein Christ dem Juden den Leichnam ins Haus geworfen hatte. Zur Strafe ließ ihm der König beide Hände abhauen.

Damit hatte diese Sache ein Ende. Die Juden aber hatten nun eine Zeitlang Ruhe. *(M. ad. 54 b–56 a.)*

93. Der geizige Reiche

Es war einmal ein reicher Mann, der war sehr geizig und hatte kein Herz für die Armen; und am Montag und Donnerstag, wo der Jude nach dem Morgengottesdienste seine Gabe in den Gotteskasten zu legen pflegt, kam er gar nicht in die Synagoge.

Während er so eines der Grundgebote des Judentums, die Mildtätigkeit, nicht übte, war er doch immer mit der größten Bereitwilligkeit dabei, wenn es galt, ein achttägiges Knäblein in den Bund Abrahams aufzunehmen. Um diese heilige Handlung (Bris miloh) vorzunehmen, scheute er selbst größere Reisen nicht, ohne sich jemals dafür bezahlen oder die Reisekosten wiedergeben zu lassen.

Eines Tages kam ein Mann zu ihm und bat ihn, auf den dritten Tag an seinem neugeborenen Sohne die heilige Handlung zu vollziehen. Der Reiche war sogleich bereit, am dritten Tage fuhr ein Wagen vor, der Fremde übernahm die Führung, und vorwärts ging's im Trab.

Nachdem sie einige Meilen zurückgelegt hatten, fuhren sie einen hohen Berg hinauf, dann in einen dichten Wald, in dem nicht Weg noch Steg zu sehen war, so daß der Reiche ganz erschreckt seinen Führer fragte: „Wo führst du mich denn hin?"

„Sei unbesorgt," erwiderte dieser, „ich kürze nur den Weg ein wenig ab; wir werden bald in unserem Dorfe sein."

In der Tat dauerte es nicht lange, so sahen sie an zwanzig schmucke Häuser, in deren eines der Wagenlenker den Reichen führte. Ein Knecht erschien, schirrte ab und führte das Pferd in den Stall. Beim Eintritt merkte unser Reicher, daß sein Wirt ein sehr wohlhabender Mann sein müsse; denn er fand alles stattlich eingerichtet, und ein üppiges Gastmahl war gerüstet. Während der Hausherr sich nun den mancherlei Geschäften zuwandte, die noch zu erledigen waren, bat er den Gast, es sich bequem zu machen und zu tun, als ob er zu Hause wäre. Dieser legte ab und fragte dann nach der jungen Mutter. Man wies ihn in ein Zimmer, und als er eintrat, staunte er über die Pracht in demselben. Aber mit einem Freudenruf begrüßte ihn die Frau: „Gelobt sei Gott," rief sie aus, „daß ich doch wieder einen Menschen sehe! Denn wisse und erschrecke nicht: mein Gatte ist kein Mensch, er ist ein böser Geist; ich aber bin ein Menschenkind wie du; ich ward als Kind geraubt, und wie es mir noch gehen wird, das weiß ich nicht; denn die Geister, die das Dorf bewohnen, üben wenig segensreiche Werke. Doch dich zu retten, geb' ich dir den Rat: nimm nichts von meinem Manne, noch von irgendeinem anderen an, es sei nun Speise oder Trank, auch keinerlei Geschenk, es heiße, wie es wolle! Nimmst du aber irgend etwas an, so bist du ihrer Macht verfallen."

Der reiche Mann erschrak nicht wenig über diese Worte, und

man kann sich denken, daß ihm angst und bange ward. Allein was war zu tun? Nun hieß es ausharren und den Rat der armen Frau befolgen.

Zum Mahle gegen Abend kamen Männer und Frauen angefahren, die setzten sich zu Tische und aßen und tranken. „Mein lieber Gast," begann der Hausherr, „willst du nicht auch zugreifen? Es war ein langer Weg hierher, da kannst du wohl schon rechten Hunger haben."

„Gerade weil der Weg so lang war, bin ich so ermüdet, daß ich nicht essen kann; gestatte, daß ich mich zur Ruhe begebe!"

So zog er sich zurück und hatte nichts gegessen noch getrunken.

Am andern Morgen fand die religiöse Handlung statt, um deretwillen der Reiche die Reise gemacht hatte, und ein heiteres Frühstücksmahl schloß sich, wie üblich, daran. Aber der Gast weigerte sich abermals, zu essen und zu trinken: „Ich hatte einen bösen Traum; das Unheil abzuwenden, will ich heute fasten."

Da sprach der Wirt: „Da unser Gast nur uns zuliebe den weiten Weg hierher gemacht hat, so ist es recht und billig, daß wir mit dem Mahle warten, bis er ausgefastet hat. Wir warten also bis zum Abend." So hoffte er es zu erreichen, daß sein Gast doch endlich etwas äße und er über ihn Gewalt bekäme. Er wußte aber nicht, daß der von seiner Frau gewarnt war.

Am Abend setzten sie sich all an den Tisch, der Gast mit ihnen. Aber ihm ward unter all den bösen Geistern so unheimlich und seine Schwäche nach dem langen Fasten so offensichtlich, daß man ihm leichtlich glaubte, er sei krank und könne gar nichts essen. Die Geister aber ließen es sich schmecken, aßen, tranken, sangen und wurden ausgelassen.

Da sprach der Wirt zu seinem Gaste: „Da du durchaus nichts essen oder trinken willst, so will ich mich auf andere Weise dir erkenntlich zeigen. Komm denn und folge mir!"

Dem Gaste ward unheimlich zumute; er folgte zwar, doch war es ihm, als ginge es zum Tode.

Sie traten nun in eine Kammer, die war gefüllt mit Schätzen aller Art: mit goldenen und silbernen Gefäßen, mit Edelsteinen, Perlen und Schmucksachen, wie sie nur der Sultan zu Konstantinopel hat. „Blick' nun um dich," sprach der Wirt, „und was von allen diesen

Kostbarkeiten dir am besten gefällt, das nimm als Lohn für deine Mühe, daß du mir hierher gefolgt bist, und zum Andenken an mich und mein Haus!"

Allein der Gast erwiderte: „Den Dienst, den ich dir tat, tat ich um Gottes willen, und Sünde wär' es, wollt' ich dafür etwas nehmen. Zudem bin ich ein reicher Mann und habe selber Gold- und Silberzeug und Schmuck genug; behalte also, was du hast, und sei versichert, daß ich auch ohne kostbares Geschenk dich und dein Haus niemals vergessen werde!"

Der Wirt gab sich zufrieden und sprach: „Wenn du durchaus nichts annimmst, so sollst du wenigstens alles sehen, was bei mir zu sehen ist." Damit führte er ihn in eine andere Kammer, in der lauter Schlüsselbunde an den Wänden hingen, so viele, daß der Gast sich hoch verwunderte.

Da sprach der Wirt: „Alle meine Schätze hast du ruhig angesehen, ohne ein Wort der Verwunderung zu äußern; über diese einfachen Schlüssel aber gerätst du in Verwunderung?"

Der Gast erwiderte: „Deine Schätze konnten mich nicht blenden, da ich deren selbst genügend habe. Aber unter diesen vielen Schlüsselbunden erkenn' ich ganz genau das meinige: ich seh' den Kassenschlüssel, die Schlüssel zu den Truhen und den Schränken; sie sind zum Teil recht sonderbar geformt, und ich erkenne sie nur um so sicherer." Und dabei zeigte er auf jeden seiner Schlüssel.

Da sprach der Wirt: „Du hast dich nicht geirrt, die Schlüssel sind die deinen in der Tat."

Und nun erhob er seine Stimme und jedes seiner Worte klang dem Gaste wie ein ferner Donner, und fuhr also fort: „Vernimm und merke wohl! Wir alle, die wir dieses Dorf bewohnen, sind keine Menschen, wie du wähnest; wir sind böse Geister und beherrschen alle die, die Reichtümer zusammenscharren und verschließen, doch nichts den Armen geben. Nun siehst du wohl, warum sie das nicht können: weil wir, die bösen Geister, ihre Schlüssel in Verwahrung haben. Auch deine Schlüssel siehst du hier, weil du auch über deinen Reichtum keine Macht hast. Kein Wunder, daß die Not der Armen dich nicht rührt."

Dann fuhr er freundlicher fort: „Doch da du mir gefällig warst und um des frommen Zweckes willen mit mir den weiten Weg hierher gefahren bist, so schenke ich dir deinen Schlüsselbund, daß du fortan über deinen Reichtum selber schalten kannst, wie dir's beliebt."

Damit übergab er ihm den Schlüsselbund, geleitete ihn durch den Wald den Berg hinab, bis er die rechte Straße nach der Heimat nicht verfehlen konnte, und nahm Abschied. Doch da er merkte, daß sein Gast noch immer nicht beruhigt war und seine Ängstlichkeit gar nicht verbergen konnte, fügte er hinzu: „Sei unbesorgt! Ich versichere dich, und auch die bösen Geister halten Wort, daß dir nichts Böses widerfahren soll." Dann kehrte er zurück.

Der Reiche aber ward seit jenem Tage, da ihn der böse Geist nicht mehr beherrschte, ein andrer Mensch. Er tat den Armen Gutes, kleidete die Nackten, gab den Hungrigen zu essen, ließ elternlose Kinder unterrichten und erziehen, baute eine Synagoge und beteiligte sich bei jedem menschenfreundlichen Werke. So tat er bis zu seinem Lebensende. *(K. haj. 25.)*

94. Der Überfromme oder Der Schein trügt

Es war einmal ein reicher Mann, in Bibel und Talmud wohlbewandert und von frommem Lebenswandel. Der faßte den Entschluß, das heilige Land der Väter zu besuchen und an der Tempelmauer zu Jerusalem zu beten. Mit Geld und Geldeswert versehen wie ein Fürst, begann er eines Tages seine Reise.

Er war schon glücklich bis zur Grenze der Türkei gekommen, da hörte er, wie unsicher der Weg sei, wie leicht man Räubern in die Hände falle, die den Reisenden berauben, in die Sklaverei verkaufen oder gar ermorden. Tief bekümmert trat er in die Synagoge eines kleinen Städtchens an der Grenze. Hier sah er unter den Betenden einen, der, eingehüllt in seinen Tallis (Gebetmantel) und unbekümmert um alle übrigen, so inbrünstig betete, daß er Vertrauen zu ihm faßte, nach beendetem Gebete zu ihm trat, mit ihm von seiner Reise und von seiner Sorge sprach und ihn dann fragte, ob er ihm sein Geld bis zur Rückkehr aufbewahren wollte. Der fromme Mann war gern dazu bereit, der Reiche übergab ihm einen schweren Beutel und zog dann sorglos seines Weges weiter.

Glücklich kam er in das heilige Land, sah Jerusalem und manche andere Stadt und zog endlich wieder heim. Als er in die Grenzstadt kam, ging er zu dem frommen Manne, um das anvertraute Geld zurückzufordern. Der Fromme sah ihn ganz verwundert an und meinte, daß er sich wohl irren müsse; und als der Pilger ihn dringender erinnerte, da lachte er ihn aus; kurzum, der arme Mann sah ein, daß er um seine Habe betrogen sei und war um so trauriger, als alles, was er für seine weite Reise mitgenommen hatte, aufgebraucht war. Er stand also völlig mittellos da.

In seiner Not ging er wieder in die Synagoge, aber der Anblick gerade der Andächtigsten widerte ihn an. Hatte er sich doch durch einen solchen Anblick täuschen lassen und war nun ein armer Mann! Ja, der Schein trügt, das hatte er nun zu seinem eigenen Schaden erfahren. Seine Gedanken wurden bitter, die Andacht wollte ihm nicht kommen, die Andacht der anderen wurde ihm lästig, und er verließ die Synagoge.

Als er heraustrat, begegnete ihm ein alter, ehrwürdiger Mann. Es war der Prophet Elias, den Gott dem frommen Manne zum Trost sandte.

Elias bot ihm, wie es Sitte alter Zeiten war, die Hand zum Gruß und sprach: „Ich seh' an eurer Tracht, daß ihr hier fremd, und seh' an eurem Antlitz, daß ihr traurig seid. Sagt mir, was euch bedrückt, und gerne will ich helfen, wenn ich kann."

Diese Worte klangen so teilnehmend und herzlich, der alte Mann selbst sah so treu und bieder aus, daß der betrogene Reiche Vertrauen faßte und seinen bösen Handel mit dem heuchlerischen Frommen erzählte.

Elias lachte. Dann aber sprach er: „Sei unbesorgt, dein Eigentum sollst du zurückbekommen. Geh in die Wohnung dieses Mannes, sage seiner Frau, du kämst in seinem Namen, das hinterlegte Gut zurückzunehmen. Und daß sie wisse, daß ihr Mann dich schickt, so sage ihr als Merkmal: am Peßach habt ihr Brot gegessen und am Jom Kippur (Versöhnungstag) früh gefrühstückt."

Der Mann tat so, wie ihm Elias angeraten hatte, und die Frau, obgleich betroffen, lieferte den Beutel schweigend aus. Wer außer ihrem Manne konnte denn wissen, was sie vor jedem Menschen in der Gemeinde sorgfältig verheimlichten!

So war der Reiche wiederum zu seinem Eigentum gekommen und zog sehr fröhlich heim.

Den Heuchler aber erwartete ein übler Empfang. Denn bei seinem Eintritt in sein Haus rief ihm seine Frau entgegen: „Bist du von Sinnen, daß du uns mit deinem eignen Munde verrätst? Mußt du es selbst verraten, daß wir am Peßach Brot gegessen und am Jom Kippur nicht gefastet haben? Auf die zwei Merkmale hin habe ich dem Manne, wie du es geheißen, seinen Beutel ausgeliefert."

Was half aller Streit und Hader? Was half der Ärger und Verdruß? Sie waren überlistet worden. Und wie, wenn die Gemeinde ihre Übeltaten erfuhr? Um allen Unannehmlichkeiten zu entgehen, verließen sie das Judentum.   *(K. haj. 52.)*

95.   Der geheimnisvolle Mord

In der Stadt Posen lebte ein Mann, noch jung an Jahren, Isaak geheißen, der ging eines Tages seinen gewohnten Geschäften nach. Da begegnete ihm in einer Straße ein Christ, zog seinen Degen und erstach den Juden, der sich noch bis in das Haus eines Barbiers zu schleppen vermochte, dort aber zusammenbrach und starb.

Nun flüchtete der Christ in ein Kloster, während Juden, die den Mord bemerkt hatten, ihn verfolgten. Sie umringten das Kloster, um den Mörder herauszuholen, hatten es aber im Eifer der Verfolgung unterlassen, hineinsagen zu lassen, um was es sich handle und um Einlaß zu bitten; auch den Vorstehern der jüdischen Gemeinde war von der Sache nichts berichtet worden.

Inzwischen hatte sich auch eine Menge Christen um das Kloster gesammelt, die riefen den Mönchen zu, sie sollten doch nicht die Schande auf sich laden, den Juden einen Mann auszuliefern; das wäre ja noch schöner, wenn sie der ungestümen Forderung von Juden gehorchen wollten; was würde die Welt dazu sagen? „Würde das nicht aussehen, als wären sie die Herren und wir die Untertänigen? Und es ist doch gerade umgekehrt!"

Immer größer wurde die Menge, allerlei loses Gesindel war dazugekommen, und nun verlangten sie, es sollte die Sturmglocke geläutet werden, damit alles Volk zusammenströme, über die Juden herfalle und sie erschlage.

Aber die Klosterleute ließen sich nicht fortreißen, sondern suchten die aufgeregte Menge zu beruhigen. „Vor allen Dingen," sagten sie, „müssen wir doch wissen, ob die Vorsteher oder etwelche Beamte der jüdischen Gemeinde von der Keckheit dieser Juden Kunde haben; wo nicht, dann sind sie unschuldig, und nur diese hier sind wegen ihres Eindringens in das Kloster zu bestrafen."

Nun ergriff man die verfolgenden Juden, und es stellte sich heraus, daß weder der Vorsteher, noch sonst ein Beamter darunter war. Darauf wurden sie trotz ihrer Unschuld durch schwere Martern gepeinigt, die jüdische Gemeinde mit einer stattlichen Geldbuße belegt, den Mörder aber ließ man entkommen.

Einige Wochen später, um die Pfingstzeit, fand man in einem Walde bei Posen einen ermordeten Studenten. Der Leiche waren Hände und Füße abgeschnitten, Herz und Zunge herausgerissen und der Schädel zerschmettert; außerdem fehlten die Kleider des Erschlagenen. Man brachte die Leiche in die Stadt, und eine ungeheure Menge Volkes strömte herbei, sowohl weil der Ermordete der Sohn eines sehr angesehenen Mannes, als auch weil die Leiche in so unerhörter Weise verstümmelt war. Da trat ein Mann mit der Behauptung auf, er habe vor einiger Zeit den Erschlagenen in Gesellschaft dreier Juden gesehen, er wisse aber nicht, was sie miteinander gehabt hätten.

Sofort erhob sich ein großes Geschrei unter dem Volke: „Ja, die Juden haben ihn erschlagen! Einen so schändlichen Mord können nur die Juden verüben! Sie wollten sich dafür rächen, daß wir den Mörder eines Juden haben entkommen lassen! Auf, laßt uns über sie herfallen und Rache nehmen, daß keiner am Leben bleibe!" Andere riefen: „Warten wir noch bis zum Sonntag! Da kommen auch noch alle Bauern in die Stadt, dann wollen wir uns im Blute der Juden baden!"

Das Wort fand Beifall, und man beschloß, das Blutbad bis zum Sonntag aufzuschieben. Der Schrecken und die Angst der Juden waren um so größer, als die Bösewichter sich rühmten, sie wollten kein Geschlecht und kein Alter, nicht den Säugling an der Mutterbrust verschonen. Zuvor jedoch müßten die Juden ihr Geld und Gut ausliefern.

Die Juden verbrachten böse Tage; sie fasteten und beteten und boten alles auf, daß die Behörden, insbesondere der Woiwode von Posen sie beschützen möge. Der zeigte sich bereit, ließ die Tore schließen und Wachen aufstellen; nur sollten die Juden sich zu Hause halten und an jenem Tage nicht einmal in die Synagoge gehen, was ihnen ganz besonders wehe tat. Aber auch die Feinde der Juden bedauerten, daß diese sich nicht sehen ließen und so die Gelegenheit zum Beginn des Gemetzels ausblieb.

Da kommt ein Jude dahergeeilt und berichtet, eine christliche Frau habe ihm einen Anzug zum Kaufe angeboten, und als er den Anzug sehen wollte, habe sie sich geweigert, ihm denselben zu zeigen. Sogleich gingen einige Juden auf die Suche nach der Frau, andere eilten zum Woiwoden und teilten es ihm mit. Auch er sandte Leute aus, die Verkäuferin zu suchen. Sie fanden sie denn auch, nahmen ihr die Kleider ab und sahen, daß sie blutbefleckt waren. Auf die Frage, woher sie diese Kleider habe, antwortete sie, sie habe sie auf dem Felde gefunden.

Sobald der Woiwode hiervon Kunde erhielt, ließ er die Frau ins Gefängnis werfen. Das war aber den Judenfeinden gar nicht recht. „Was beweist das?" riefen sie aus. „Die Juden haben den Studenten erschlagen, seine Kleider aufs Feld geworfen, und die arme Frau hat sie gefunden. Und dafür soll sie büßen?"

Nun suchten sie vor allem den Vater des Erschlagenen, einen vornehmen Mann, zur Rache an den Juden aufzustacheln. Aber der Vater war ein rechtschaffener und besonnener Mann, dem es nicht unbekannt war, wie oft die Juden fälschlich beschuldigt wurden. Er berief daher seinen Bruder und seine Verwandten, und sie alle sprachen sich dahin aus, daß die Juden an dem Morde unschuldig seien. Darum beschlossen sie auch, die Bestattung der Leiche zu beschleunigen, daß dann die Aufregung in der Stadt sich legen werde.

So ward denn der Leichnam begraben, und die Juden atmeten ein wenig auf. Ihre Feinde aber ließen keine Ruhe. Die Eile, mit der der Vater das Begräbnis hatte vornehmen lassen, schien ihnen verdächtig, und sie sprachen es offen aus, daß er von den Juden bestochen sein müsse. Denn er habe nicht einmal die alte Sitte befolgt, die Leiche des Erschlagenen an jeder der vier Ecken des Marktplatzes anhalten und dazu feierlich ausrufen zu lassen, daß der Mörder oder wer etwa an dem Morde teil habe, herantreten möge. Darum sei es sicher, daß er von den Juden Geld bekommen habe. Daraufhin begab sich der Vater zu den Juden und meldete ihnen seinen Entschluß, die Sache zu untersuchen, und wenn sich eine Mitschuld ihrerseits ergeben sollte, so würde keiner von ihnen verschont werden.

Nicht weit von Posen liegt das Städtchen Rogasen. Auch dahin war die Kunde von dem grausigen Morde gedrungen und daß eine christliche Frau festgenommen worden sei, bei der man die blutigen Kleider des Ermordeten gefunden habe.

Als nun die Juden von Rogasen erfuhren, diese Frau sei aus ihrer Stadt, so erkundeten sie das Haus, in welchem sie wohnte, und etliche gingen hinein. Da trafen sie die Tochter, die eben ein blutiges Hemd wusch. Sie fragten sie, woher das Hemd so blutig sei. Sie erwiderte, ihr Bruder habe es ihr so gegeben. Auf die weitere Frage, wo denn ihr Bruder sei, antwortete sie, das wisse sie nicht.

Nun war den Juden in Rogasen viel daran gelegen, diesen aufzufinden; denn wenn es in Posen zu einer Judenmetzelei kam, so wirkte das Beispiel der Hauptstadt auch auf andere Städte. Hatten doch die Judenfeinde in Posen dieses ausdrücklich als ihre Absicht bezeichnet. Die Juden in Rogasen ließen also in ihren Nachforschungen nicht nach und entdeckten den Mörder endlich in einem Wirtshause.

Sie teilten das sofort der Obrigkeit mit, die nahm ihn gefangen, und der Mörder, dem man im Falle des Leugnens mit der Folter gedroht hatte, gestand alsbald den Mord ein. Er sei mit dem Sohne seines Brotherrn hinausgegangen zum Fischfang, und als sie in den Wald gekommen, habe er ihm mit einem derben Stocke hinterrücks auf den Kopf geschlagen, ihn dann vollends getötet und die Kleider seiner Mutter gebracht.

Inzwischen hatten die Posener Juden in nicht geringer Aufregung gelebt. Um so größer war die Freude, als ein Jude auf schnellem Rosse in Posen mit der Botschaft eintraf, der Mörder sei gefunden und befinde sich im Polizeigefängnis zu Rogasen. Diese Botschaft überbrachte er schriftlich dem Woiwoden in Posen, der sie sogleich dem Vater des Ermordeten mitteilte. Darauf wurde der Mörder unverzüglich nach Posen überführt.

Aber die Zuversicht der Juden, daß sie nunmehr gerettet seien, erwies sich als trügerisch. Denn die Feinde der Juden wußten sich zu dem Mörder im Gefängnis Zutritt zu verschaffen und versprachen ihn zu retten, wenn er aussagen wollte, die Juden hätten ihn mit Gelde bestochen, daß er den Mord beginge. Das versprach er gern, und sie ließen ihn bestens mit Speise und Trank versorgen, damit er rechten Mut hätte vor dem Richter.

Als er nun im Verhör stand, sagte er frei heraus, ein Jude mit seinen drei Söhnen habe ihn um 20 Gulden gedungen, den jungen Mann zu ermorden. Bei dieser Aussage blieb er am zweiten und am dritten Tage, und die Feinde der Juden sprachen ihm Mut zu. Da überkam die Juden großer Schrecken, als sie das erfuhren, und die Vorsteher gingen vor die Richter und baten, als letztes Mittel, ihre Unschuld zu beweisen, den Mörder auf der Folter zu befragen. Das ward ihnen bereitwillig zugestanden, aber zugleich hinzugefügt, wenn er auch da bei seiner Aussage bleiben werde, so sei ihr Untergang besiegelt, denn der Pöbel sei kaum noch zurückzuhalten.

Mit diesem Bescheide kamen die Vorsteher zurück, und nun machten sich die Juden auf das Schlimmste gefaßt. Es wurde sofort ein Buß- und Fasttag abgehalten, von dem selbst das Kind an der Mutterbrust nicht ausgenommen wurde; Freund und Feind baten einander, wie vor dem Versöhnungstage, um Verzeihung für jede Beleidigung, die sie bewußt oder unbewußt sich zugefügt hätten, um versöhnt zu sterben; reiche Gaben wurden unter die Armen verteilt und jung und alt ermahnt, dem Glauben der Väter treu zu bleiben, auch wenn sie alle ihr Leben lassen müßten. Dann versammelten sie sich in der Synagoge, bereit, dort zu sterben.

Inzwischen hatten die Judenfeinde auch den Henker zu bestechen gesucht, damit er dem Mörder auf der Folter nicht allzuhart zusetze und bedrohten ihn, wenn er es dennoch tun sollte. Dabei verhehlten sie ihm nicht, daß sie es dahin bringen wollten, daß kein Jude mehr in Posen wohne; dazu könne und müsse er also behilflich sein.

Bei dem Woiwoden war große Mittagstafel; auch der Vater des

Erschlagenen war dabei, denn er war ein angesehener Mann; seine Ansicht von der Unschuld der Juden hatte sich soweit geändert, daß er sich äußerte: „Wenn der Mörder auch auf der Folter bei seiner Aussage bleibt, so bin ich auch dafür, daß kein Jude mehr in Posen zu dulden sei, sondern alle erschlagen werden müssen."

Um das Rathaus aber sammelte sich eine große Volksmenge, und ihre Haltung wurde immer bedrohlicher. Kaum mochte sie noch das peinliche Verhör, das vorgenommen werden sollte, abwarten.

Drinnen aber ward der Mörder auf die Folter gespannt und noch einmal verhört. Er blieb bei seiner Rede; so auch ein zweites Mal. Aber er ward ungeduldig. „Wie kommt es," rief er aus, „daß man einen ehrlichen Christen so peinigt, während man die Juden unbehelligt läßt?"

Da das der Vater des Ermordeten hörte, ward er zornig und rief, man solle den Mann frei lassen und die Juden niederschlagen. Aber die Ratsherren beruhigten ihn soweit, daß er sich zu gedulden versprach, bis man, wie üblich, den Mörder zum dritten Male befragt hätte. Zugleich ermahnten sie den Scharfrichter, etwas kräftiger als bisher seines Amtes zu walten. Dieser mochte selbst schon Reue empfinden, denn er rief aus: „Bloß um den armen Juden zu schaden, will ich meine Seele doch nicht verkaufen," und zerrte den Mörder so gewaltig, daß dieser anhob zu schreien und zu bekennen, daß seine bisherige Aussage eitel Lüge gewesen, daß er von Männern aus der Stadt bestochen sei und kein Jude ihm zum Morde gedungen habe; seine Mutter sei eine Hexe, und auf ihren Wunsch habe er den Mord vollbracht. Sie habe ihm den Auftrag gegeben, hinauszugehen und den ersten, der ihm begegnen würde, umzubringen. „Da begegnete mir," fuhr er fort, „der Student, den ich längst kannte, und wir gingen im Gespräche miteinander immer weiter, bis kein Mensch uns mehr sah, und da erschlug ich ihn. Mit einem scharfen Messer, das meine alte Mutter mir zu diesem Zwecke mitgegeben hatte, schnitt ich ihm Hände und Füße ab, desgleichen schnitt ich Herz und Zunge heraus und brachte ihr das alles. Sie zerschnitt das Herz, tat alles in einen Topf und schloß ihn fest, um damit ihre Hexenkünste zu üben und viele Menschen zu verderben; mit dieser Zunge vermag sie den Regen zu verhindern, und mit Hilfe der Hände und Füße des Ermordeten will sie machen, daß viele schöne Häuser niederbrennen. Zum Zeichen aber dafür, daß ich die Wahrheit sage, so werdet ihr alle diese Stücke bei ihr finden."

Alles das ward zu Protokoll genommen und beschlossen, Stillschweigen zu beobachten; doch erfuhren es die Juden durch einige Ratsherren, die ihnen wohlgesinnt waren, und ihre Freude war natürlich groß; aber sie waren so eingeschüchtert, daß sie sich noch nicht ganz für gerettet hielten, sondern fortfuhren zu fasten und zu beten. Denn wie leicht konnten Mutter und Sohn ihre Aussagen ändern!

Alsbald wurde die Mutter herbeigeschafft, auf die Folter gespannt und stark gepeinigt, aber sie gab auf keine Frage eine Antwort; auch nicht, als man sie mit glühender Zange faßte, sondern sie lag ruhig da, als schliefe sie – denn der Geist Asmodai schützte sie. Plötzlich blies sie den Scharfrichter an der Folter mit ihrem Atem an, daß er ohnmächtig zu Boden sank und in sein Haus gebracht werden mußte; nach zwei Tagen starb er. Die Frau aber wurde noch heftiger gepeinigt, bis sie ihren Mund auftat und ihre Unschuld beteuerte: ihr Sohn habe die Tat allein begangen, sie selber habe von nichts gewußt.

Nun ward beschlossen, noch zehn Tage zu warten, bis der Mörder sich etwas erholt haben würde, und ihn dann noch einmal peinlich zu befragen. Er blieb aber bei seiner Aussage und fügte hinzu, seine Mutter habe die abgeschnittenen Glieder unter der Schwelle ihres Hauses verborgen; man möge hinsenden, so werde man sie finden. Man fand aber nichts mehr, denn Asmodai hatte sie bereits geholt. Nachdem er auch bei erneuter peinlicher Befragung sich als den Mörder bekannte, ward ihm das Urteil gesprochen, daß auch ihm Hände und Füße abgehackt und Herz und Zunge herausgerissen werden, sein Leichnam aber geviertelt und an den Galgen gehängt werden sollte. Das geschah denn auch unter großem Andrang von Juden und Christen.

Die Juden waren aber um so froher, daß ihre Unschuld erwiesen werden konnte, als Gewalttätigkeiten in Posen auch solche in anderen jüdischen Gemeinden des Landes hervorgerufen hätten. Gab es doch zu der Zeit keinen König in Polen, da der alte gestorben und ein neuer noch nicht gewählt war. *(M. ad. 49 c–52 a.)*

96.   Saul Wahl, der Eintagskönig von Polen

Zu Padua in Italien lebte in hohen Ehren der gelehrte Rabbiner Samuel Juda. Dessen Sohn Saul wollte nicht nur andere Länder sehen, sondern auch die scharfsinnigen Talmudisten Polens, deren Ruhm damals die Judenheit erfüllte, kennen lernen. Er begab sich also auf den Weg in jenes große Land und ließ sich endlich in der Stadt Brzesc nieder. Hier hat er sich verheiratet und in ärmlichen Verhältnissen gelebt.

Es begab sich aber um dieselbe Zeit, daß ein polnischer Fürst aus dem Hause Radziwill gleichfalls auszog, um sich die Welt anzusehen. Er machte großen Aufwand, wie es manche Fürsten lieben, und geriet dadurch allmählich in Geldverlegenheit. In Padua angelangt, mußte er Halt machen, da seine Mittel gänzlich erschöpft waren.

Nun hatten die polnischen Edelleute die Gewohnheit, in Geldgeschäften sich der Juden zu bedienen. Der Fürst beschloß also, sich hier an einen zuverlässigen Juden zu wenden, ließ sich zum Rabbiner führen und offenbarte ihm seine Not. Juda Samuel verschaffte ihm auch bereitwillig soviel Geld, als der Fürst begehrte.

Erfreut sprach dieser: „Mein lieber Rabbi, ihr habt mir da so große Freundlichkeit gezeigt und Hilfe in der Not verschafft, daß ich mich euch verpflichtet fühle. Drum, habt ihr einen Wunsch, den ich erfüllen kann, so sagt ihn mir!"

„Mein gnädiger Fürst," erwiderte der Rabbiner, „erweiset Huld den Juden, die eurer Herrschaft untergeben sind! Und wollt ihr weiter mir gefällig sein: ich habe einen Sohn zu Brzesc im Lande Polen, so nehmt euch seiner an, wenn's nötig ist!"

Der Fürst versprach das gern, schrieb sich den Namen dieses Sohnes auf, und als er nach vollbrachten Reisen heimgekehrt, so war sein erstes, daß er ihn aufsuchte. Er gefiel ihm so, daß er ihn zu seinem Freunde machte, sich seiner Klugheit und Weisheit, zumal in Staatsangelegenheiten, oft bediente und ihn auch den anderen Herren des hohen Adels empfahl. Alle fanden an dem klugen Juden, der auch ein schöner, stattlicher Mann war, ein solches Wohlgefallen, daß er geradezu ihr Liebling wurde.

Da starb der König von Polen, und es sollte ihm ein Nachfolger gewählt werden. Hierzu versammelte sich der höchste Adel des Landes, aber über die Person des zu Wählenden konnte keine Einigkeit erzielt werden. Tag um Tag verging, schon erschien der festgesetzte Tag, bis zu welchem nach dem polnischen Wahlgesetze ein König gewählt sein mußte, und noch hatte man sich nicht geeinigt. Schon neigte sich der Tag, da schlug Fürst Radziwill den Herren vor, den Juden Saul bis zum folgenden Tage zum König auszurufen. Das geschah, und alle riefen aus: „Es lebe unser König Saul!"

Hiervon behielt Saul den Beinamen W a h l. Er regierte zwar nur bis zum nächsten Tage, doch hat er auch in dieser kurzen Zeit es nicht versäumt, das Wohl der Juden zu befördern. Ins Buch, worin die Könige von Polen ihre Wünsche und Gesetze schrieben, schrieb er so manche günstige Bestimmung für die Juden.

Am folgenden Tage wurde man endlich über die Person des Thronfolgers einig. Saul Wahl legte seine Würde nieder, und der neue König konnte gewählt werden.

Ob auch der Königsglanz Saul Wahl nur kurze Zeit bestrahlte, die Kunde davon lebt bei seinen Nachkommen und wird in seinem Volke nicht vergessen. *(Nach Ph. Bloch in Z. h. G. IV 233.)*

97.   Das abgewandte Unheil

Ein polnischer Edelmann hatte einen jüdischen Faktor (Geschäftsführer), dem er wegen seiner Geschicklichkeit und Ehrlichkeit sehr gewogen war. Als er nun einst nach Warschau reisen wollte, um dort im Reichstage zu Nutz und Frommen seines Vaterlandes mitzuberaten, gab er diesem neben manchem Auftrage, den er ausführen sollte, noch einen im Geheimen, der also lautete: „Merk' auf und sage keinem Menschen, was ich dir jetzt anvertraue! Ich werde dir von Warschau einen Eilboten mit verschlossenem Schreiben senden. Sobald du das erhalten hast, so packe all dein Hab und Gut zusammen und begib dich mit Weib und Kindern auf mein Gut Schrodki, wo alles vorbereitet ist, euch aufzunehmen. Nun hüte deine Zunge und lebe wohl!"

Der Jude sah den Edelmann erstaunt und fragend an, doch dieser wehrte jede Frage strengstens ab und fuhr davon.

In peinlicher Erwartung vergingen dem Juden Wochen und Monate, aber kein Eilbote kam, und endlich wurde der Reichstag zu Warschau geschlossen, und der Edelmann kehrte heim.

Nachdem der Jude ihn begrüßt hatte, teilte er ihm mit, daß kein Schreiben an ihn gelangt wäre und bat noch einmal um Aufklärung. Diesmal gewährte sie ihm der Edelmann. „Ihr Juden alle," sprach er, „habt in größter Gefahr für Leben und Besitz geschwebt. Denn ehe wir in Warschau zusammenkamen, war es bereits beschlossen, alle Juden Polens für vogelfrei zu erklären, also daß ihr beraubt, vertrieben und getötet werden solltet. Dich aber wollte ich zum Lohn für deine treuen Dienste retten. Als nun der Vorsitzende die Frage, ob es alle so wollten, zum letzten Male an die Versammelten richtete, erhob sich ein uns allen unbekanntes Mitglied des Reichstages und rief laut und vernehmlich: „Nie pozwalam (ich will es nicht)!" Da somit die erforderliche Einstimmigkeit nicht vorhanden war, so fiel der Antrag, und die Juden Polens sind gerettet. Es scheint, daß Gott euch diesmal in seinen Schutz genommen hat."

„Das Reichstagsmitglied, das ihr alle nicht kanntet," rief der Jude hocherfreut, „war der Prophet Elias; er erscheint uns immer in der höchsten Not, um unverschuldetes Unheil abzuwenden."

(Nach Ph. Bloch in Z. h. G. VI 466.)